## 인생이 즐거워지고 비즈니스가 풍요로워지는
## SNS소통연구소 교육 소개

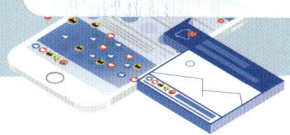

현재 전국에 수백 명의 스마트폰 활용지도사 자격증을 취득한 뉴미디어 마케팅 전문 강사들이 강사로 활동 중에 있습니다.

● **스마트폰 활용지도사 2급 및 1급 자격증**
스마트폰 기본 활용부터 스마트폰 UCC, 스마트폰 카메라, 스마트워크, 스마트폰 마케팅 교육 등 스마트폰 전문강사를 양성하고 있습니다.

● **유튜브 크리에이터 전문지도사 2급 및 1급 자격증**
유튜브 기본 활용부터 실전 유튜브 마케팅까지 실질적으로 도움이 되고 돈이 되는 교육을 실시하고 있습니다.

● **SNS마케팅 전문지도사 2급 및 1급 자격증**
다양한 SNS채널을 활용해서 고객을 유혹하고 매출을 증대시킬 수 있는 실전 노하우와 SNS마케팅 효과를 극대화하기 위한 광고 전략 구축 노하우 교육을 하고 있습니다.

● **스마트워크 전문지도사 2급 및 1급 자격증**
스마트폰 및 SNS를 활용해서 실전에 꼭 필요한 기능과 업무효율을 높일 수 있는 노하우에 대해서 교육을 진행하고 있습니다.

● **디지털문해교육 전문지도사 2급 및 1급 자격증**
디지털문해교육 전문지도사가 초등학교부터 대기업 임원을 포함한 퇴직 예정자들까지 디지털 기술 활용에 대한 교육을 진행할 수 있도록 교육하고 있습니다.

● **디지털범죄예방전문지도사**
**4차 산업혁명시대!** 디지털리터러시 시대에 어린아이들부터 성인들에게 이르기까 각종 디지털 범죄로 인해 입을 피해를 방지하고자 교육합니다.

● **AI 챗GPT 전문지도사 2급 및 1급 자격증**
디지털 대전환시대에 누구나 배우고 익혀야 할 AI챗GPT 각 분야별 전문 강사를 양성하고 있습니다.

### SNS소통연구소는

2010년 3월부터 **뉴미디어 마케팅 교육(스마트폰, SNS 마케팅, 유튜브 크리에이터, 프리젠테이션, 컴퓨터 활용 등)** 을 진행해오고 있으며 4,000여 명의 스마트폰 활용지도사를 양성해오고 있으며 전국 73개의 지부 및 지국을 운영해오고 있습니다.

**교육 문의**  02-747-3265 / 010-9967-6654
**이메일**  snsforyou@gmail.com

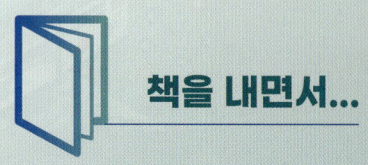 **책을 내면서...**

AI 챗GPT는 자연스러운 대화 능력으로 다양한 분야에서 주목받고 있는 최신 인공지능 챗봇 기술입니다.
이 기술은 사람과 유사한 수준의 자연스러운 대화를 가능하게 하여, 다양한 분야에서 활용되고 있습니다.

고객 서비스 분야에서는 상담, 예약, 주문 처리 등의 업무를 자동화하는 데 활용될 수 있습니다.
예를 들어, 고객이 웹사이트를 방문하여 상품에 대한 질문을 하면, AI 챗GPT는 고객의 질문에 대한 답변을 제공하고, 필요한 경우 고객이 원하는 상품을 예약하거나 주문할 수 있도록 도와줍니다.

이렇게 하면 고객 서비스 팀의 업무 부담을 줄일 수 있으며, 고객은 더 빠르고 편리하게 서비스를 이용할 수 있습니다.

마케팅 분야에서는 고객 맞춤형 콘텐츠 제작, 광고 효과 분석 등에 활용될 수 있습니다. AI 챗GPT는 고객의 관심사와 선호를 파악하여, 고객에게 가장 적합한 콘텐츠를 제공할 수 있습니다.

또한, AI 챗GPT는 광고 캠페인의 효과를 분석하여, 마케팅팀이 더 효과적인 전략을 수립할 수 있도록 도와줍니다.

교육 분야에서는 초·중·고등학교부터 대학원에 이르는 교육 현장에서 활용될 수 있습니다. AI 챗GPT는 학생들의 질문에 대한 답변을 제공하거나, 복잡한 개념을 쉽게 설명하는 등의 역할을 할 수 있습니다.

이 밖에도 AI 챗GPT는 창의적인 생각을 자극하고, 새로운 아이디어를 제안하는 등의 역할도 할 수 있습니다.

하지만 아직 AI 챗GPT를 제대로 이해하고 활용하는 사람은 많지 않습니다. 이 책은 AI 챗GPT에 익숙하지 않은 분들을 위해 AI 챗GPT의 기본 개념과 원리, 그리고 주요 활용 방법과 사례를 중심으로 AI 챗GPT의 이해와 기본 활용에 필요한 정보를 제공합니다.

이 책을 통해 여러분은 AI 챗GPT의 활용에 대한 기본적인 지식을 쌓는 것은 물론, 다양한 분야에서 새로운 가능성을 제시할 수 있습니다.
또한, AI 챗GPT의 활용 방법을 익힘으로써 여러분의 삶을 더욱 풍요롭게 만들 수 있습니다.

AI 챗GPT에 관심이 있는 분들은 이 책을 통해 AI 챗GPT의 활용 방법을 익히고, AI 챗GPT를 활용하여 여러분의 삶을 더욱 풍요롭게 만들어 보시기 바랍니다.

이 책을 통해 AI 챗GPT에 대한 이해를 높이고, AI 챗GPT의 무한한 가능성을 탐색하는 데 도움이 되길 바랍니다.

## 시니어 실버의 활력, 그것이 전세계의 에너지입니다

디지털 리터러시의 장벽을 해결하고
최고 수준의 강사를 양성하여
교육생들과의 활발한 연결을 구축합니다.

국내를 넘어 전 세계의 시니어 실버 세대를 위한
상생과 평생학습을 지향하는 플랫폼을 구현하여
모든 세대가 함께 웃는 공간을 만들어가겠습니다.

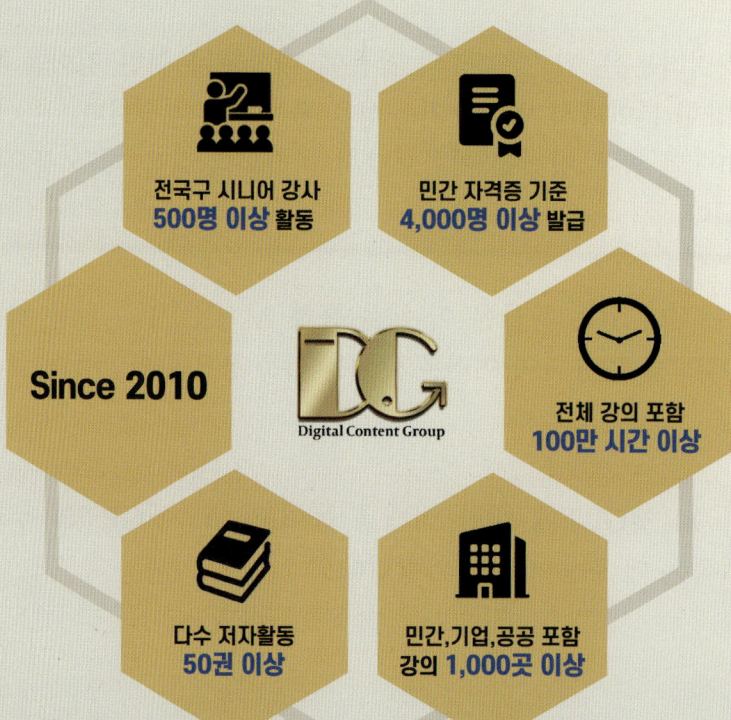

- 전국구 시니어 강사 **500명 이상** 활동
- 민간 자격증 기준 **4,000명 이상** 발급
- Since 2010
- Digital Content Group
- 전체 강의 포함 **100만 시간 이상**
- 다수 저자활동 **50권 이상**
- 민간,기업,공공 포함 강의 **1,000곳 이상**

디지털콘텐츠그룹   digitalcontentgroup.com

### (주)디지털콘텐츠그룹의 History

**2010**  4월부터 스마트폰 및 SNS마케팅 교육 진행

**2011**  SNS소통연구소 출판사 운영
(2024년 500여권 책 출판-뉴미디어 마케팅책 중심)

**2014**  국내 최초 스마트폰 및 SNS마케팅 강사 자격증
스마트폰활용지도사 민간 자격증 발행시작

**2019**  SNS소통연구소 정식 지부 및 지국 출범

**2023**  3월 디지털콘텐츠큐레이터 자격증 발행시작
7월 ㈜디지털콘텐츠그룹 신설 (기존 SNS소통연구소 유지)
8월 ㈜디지털콘텐츠그룹 출판사 설립
9월 디지털콘텐츠뉴스 언론사 설립
11월 디지털콘텐츠 R&D센터 설립
11월 디지털콘텐츠 평생교육원 설립
11월 디지털콘텐츠 e-러닝평생교육원 설립

**2024**  1월부터 본격적으로 디지털콘텐츠 플랫폼
비즈니스를 시작하고자 사업 확장 중

디지털콘텐츠그룹 e-러닝평생교육원    dcgplatform.com

● **스마트폰 활용지도사 자격증에 대해서 아시나요?**

과학기술정보통신부가 검증하고 한국직업능력개발원이 관리하는 스마트폰 자격증 취득에 관심 있으신 분들은 살펴보세요.

**상담 문의**

이종구 010-9967-6654
E-mail : snsforyou@gmail.com
카톡 ID : snsforyou

## 스마트폰 활용지도사 1급

● **해당 등급의 직무내용**

초/중/고/대학생 및 성인 남녀노소 누구에게나 스마트폰 활용교육 및 SNS 기본 교육을 실시할 수 있습니다. 개인 및 소기업이 브랜딩 전략을 구축하는 데 있어 저렴한 비용을 들여 브랜딩 및 모바일 마케팅 전략을 구축할 수 있도록 필요한 교육을 할 수 있습니다.

## 스마트폰 활용지도사 2급

● **해당 등급의 직무내용**

시니어 실버분들에게 스마트는 활용교육을 실시할 수 있습니다. 개인 및 소기업이 모바일 마케팅 전략을 구축하는데 있어 기본적인 교육을 할 수 있습니다. 1인 기업 및 소기업이 스마트워크 시스템을 구축하는 데 제반 사항을 교육할 수 있습니다.

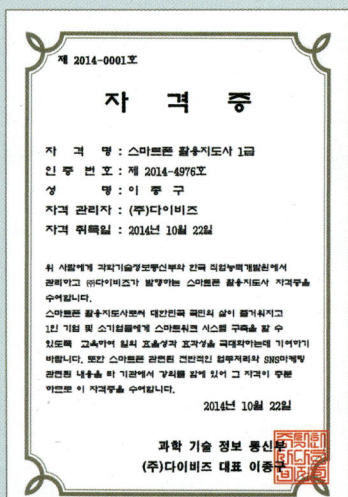

- **시험 일시** : 매월 둘째 주, 넷째 주 일요일 5시부터 6시까지 1시간
- **시험 과목** : 2급 – 스마트폰 활용 분야 / 1급 – 스마트폰 SNS마케팅
- **합격점수**
  1급 – 80점 이상(총 50문제 각 2점씩, 100점 만점에 80점 이상)
  2급 – 80점 이상(총 50문제 각 2점씩, 100점 만점에 80점 이상)

### 시험대비 공부방법

1. 스마트폰 활용지도사 2급 교재 구입 후 공부하기
2. 정규수업 참여해서 공부하기
3. 네이버에서 [디씨플] 사이트 검색 후 상단 [자격증 강좌]에서 수강하기

### 시험대비 교육일정

1. 매월 정규 교육을 SNS소통연구소 전국 지부에서 실시하고 있습니다.
2. 스마트폰 활용지도사 **SNS소통연구소 블로그** **(blog.naver.com/urisesang71)** 참고하기
3. 디지털콘텐츠 e-러닝 평생교육원 사이트 참조**(dcgplatform.com)**
4. NAVER 검색창에 **(SNS소통연구소)**라고 검색하세요!

| 시험 응시료 : 3만원
| 자격증 발급비 : 7만원

- 일반 플라스틱 자격증
- 종이 자격증 및 우단 케이스 제공
- 스마트폰 활용지도사 강의자료 제공비 포함

### 스마트폰 활용지도사 자격증 취득 시 혜택

1. 디지털콘텐츠평생교육원 스마트폰 활용 교육 강사 위촉
2. SNS소통연구소 스마트폰 활용 교육 강사 위촉
3. 스마트 소통 봉사단에서 교육받을 수 있는 자격부여
4. SNS 및 스마트폰 관련 자료 공유
5. 매월 1회 세미나 참여 (정보공유가 목적)
6. 향후 일정 수준이 도달하면 기업제 및 단체 출강 가능
7. 그 외 다양한 혜택 수여

# 유튜브 크리에이터 전문 지도사 시험

**매월 첫째, 셋째 일요일 오후 5시~6시까지**

**유튜브 크리에이터 전문지도사**가
**즐거운 대한민국**을 만들어갑니다!

## 유튜브 크리에이터 전문지도사 2급 및 1급

- ☑ **자격의 종류** : 등록 민간자격
- ☑ **등록번호** : 제 2020-003915호
- ☑ **자격 발급 기관** : 에스엔에스소통연구소
- ☑ **총 비용** : 100,000원
- ☑ **환불 규정**
  - 접수 마감 전까지 100% 환불 가능(시험일자 기준 7일전)
  - 검정 당일 취소 시 30% 공제 후 환불 가능

**시험 문의**
SNS소통연구소 **이종구** 소장 (010-9967-6654)

# SNS소통연구소
## 자격증 교육 교재 리스트

**디지털 교육 강사들의 필수 지침서**
스마트폰 활용지도사 2급 교재

**SNS마케팅 교육 전문가 양성 과정 책**
스마트폰 활용지도사 1급 교재

**UCC제작과 유튜브크리에이터 양성을 위한 책**
유튜브크리에이터전문지도사 2급 교재

**스마트한 강사를 위한 길라잡이**
프리젠테이션전문지도사 2급 교재
컴퓨터활용전문지도사 2급 교재

# 어르신들을 위한 스마트폰 교육 교재 리스트
## 전국 각 기관에서 가장 많이 교재로 선정된 책

### 어르신들을 위한 스마트폰 기초 교실(개정판)
스마트폰 기초부터 기본 UCC 활용 책

### 어르신들을 위한 스마트폰 중급 교실
스마트폰 이미지 합성, 카드뉴스, 보정 앱 활용 책

### 어르신들을 위한 스마트폰 고급 교실
스마트폰 번역, 쇼핑몰 구매,
교통, 스마트워크 활용 책

### 스마트폰 기본 활용 교육의 정석
스마트폰 기본 활용부터 카메라, UCC,
키오스크 등 스마트폰 기본 교재로
가장 많이 찾는 책

# 01 SNS소통연구소
## 주요 사업 콘텐츠

**뉴미디어 마케팅 교육 문의**
- 스마트폰 활용
- SNS마케팅
- 유튜브크리에이터
- 프리젠테이션
- 컴퓨터 활용 등
- 디지털범죄예방
- AI 챗GPT 활용

● **SNS소통연구소**(직통전화)
010-9967-6654

● **디지털콘텐츠그룹**(직통전화)
02-747-3265

### SNS소통연구소 지부 및 지국 활성화

- 2010년 3월부터 교육을 시작한 SNS소통연구소는
  현재 전국에 73개의 지부 및 지국을 운영 중

### 스마트폰 활용지도사
(국내 최초! 국내 최고!)

- 2014년 10월 스마트폰 활용지도사 민간 자격증 취득
- 2급과 1급 과정을 운영 중이며 현재 4,000여 명 이상 지도사 양성

### 실전에 필요한 전문 교육
(다양한 분야 실전 교육 중심)

- 일반 강사들에게도 꼭 필요한 전문 교육을 실시함
  (SNS마케팅, 스마트워크, 프리젠테이션, 컴퓨터 활용 등)

### SNS소통연구소 출판사

- 2011년 11월부터 SNS소통연구소 출판사 운영
- 스마트폰 활용 및 SNS마케팅 관련된 책 48권 출판
- 강사들에게 필요한 다양한 분야의 책을 출간 진행 중

## 지역사회 발전을 위해 사회복지사처럼 스마트폰 활용지도사가 필요합니다! 02

● **사회복지사란?**

청소년, 노인, 가족, 여성, 장애인 등 사회적 약자에 대한 복지 정책 및 공공 복지 서비스가 증대함에 따라 사회적인 문제로 어려움을 겪는 이들을 돕는 직업

● **스마트폰 활용지도사란?**

개인이 즐거운 인생을 살아가는 데 도움을 드리고 소상공인들에게 풍요로운 비즈니스를 할 수 있도록 도움을 드리는 직업으로 스마트폰 활용지도사가 디지털 문맹 퇴치 운동에 앞장서고 즐거운 대한민국을 만들어가는데 초석이 되었으면 합니다.

### SNS소통연구소 전국 지부 봉사단 현황

| 서울/경기북부 | 울산지부 | 부산지부 |
|---|---|---|
| **스마트 소통 봉사단** | **스폰지** | **모바일** |
| 2018년 6월부터 매주 수요일 오후 2시부터 5시까지 스마트폰 활용지도사들이 소통대학교에 모여서 강사 트레이닝을 목적으로 운영되고 있음 (기관 및 단체 재능기부 교육도 진행) | 매월 정기모임을 통해서 스마트폰 활용지도사의 역량개발과 지역주민들을 위해 스마트폰 활용 교육 봉사활동 진행 | 모든 것이 바라는 대로 이루어집니다! 매월 정기모임을 통해서 스마트폰 활용지도사의 역량개발과 지역주민들을 위해 스마트폰 활용 교육 봉사활동 진행 |
| **제주지부** | **경북지부** | **경기북부** |
| **제스봉** | **스소사** | **펀펀 스마트 봉사단** |
| 제주도 스마트폰 봉사단 매월 정기모임을 통해서 스마트폰 활용지도사의 역량개발과 지역주민들을 위해 스마트폰 활용 교육 봉사활동 진행 | '스마트하게 소통하는 사람들' 경북지부 스마트폰 봉사단 매월 정기모임을 통해서 스마트폰 활용지도사의 역량개발과 지역주민들을 위해 스마트폰 활용 교육 봉사활동 진행 | '배우면 즐거워져요~' 경기북부 스마트폰 봉사단 매월 정기모임을 통해서 스마트폰 활용지도사의 역량개발과 지역주민들을 위해 스마트폰 활용 교육 봉사활동 진행 |
| **경기동부** | **경기서부** | **대구지부** |
| **스마트 119 봉사단** | **스마트 위드유** | **스마트 소통 약방** |
| '스마트한 사람들이 모여 지역주민들의 스마트한 인생을 도와드리는 봉사단' 매월 정기모임을 통해서 스마트폰 활용지도사의 역량개발과 지역주민들을 위해 스마트폰 활용 교육 봉사활동 진행 | 매월 정기모임을 통해서 스마트폰 활용지도사의 역량개발과 지역주민들을 위해 스마트폰 활용 교육 봉사활동 진행 | 매월 정기모임을 통해서 스마트폰 활용지도사의 역량개발과 지역주민들을 위해 스마트폰 활용 교육 봉사활동 진행 |

# 03 SNS소통연구소 출판 리스트 48권 (2024년도 1월 기준)

 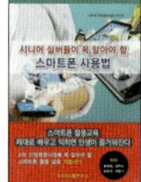     

## SNS소통연구소
### 베스트셀러!

# SNS소통연구소 전국 지부 및 지국 현황 04

## 서울 (지부장-소통대)

| 강남구 (지국장-최영하) | 강서구 (지국장-문정임) | 관악구 (지국장-손희주) | 강북구 (지국장-명다경) | 강동구 (지국장-윤진숙) |
| --- | --- | --- | --- | --- |
| 노원구 (지국장-전윤이) | 동작구 (지국장-최상국) | 도봉구 (지국장-오영희) | 마포구 (지국장-김용금) | 송파구 (지국장-문윤영) |
| 서초구 (지국장-조유진) | 성북구 (지국장-조선아) | 양천구 (지국장-송지열) | 영등포구 (지국장-김은정) | 용산구 (지국장-김수영) |
| 은평구 (지국장-노승유) | 중구 (지국장-유화순) | 종로구 (지국장-김숙명) | 금천구 (지국장-김명선) | |

## 경기북부 (지부장-이종구)

| 의정부 (지국장-한경희) | 양주 (지국장-유은서) | 동두천/포천 (지국장-김상기) | 구리 (지국장-김용희) | 남양주시 (지국장-정덕모) | 고양시 (지국장-백종우) |

## 경기동부 (지부장-이종구)

| 성남시 (지국장-노지영) | 용인시 (지국장-김지태) |

## 경기서부 (지부장-이종구)

| 시흥시 (지국장-윤정인) | 부천시 (지국장-김남심) |

## 경기남부 (지부장-이중현)

| 수원 (지국장-권미용) | 이천/여주 (지국장-김찬곤) | 평택시 (지국장-임계선) | 안성시 (지국장-허진건) | 화성시 (지국장-한금화) |

## 인천광역시

| 서구 (지국장-어현경) | 남동구 (지국장-장선경) | 부평구 (지국장-최신만) | 중구 (지국장-조미영) | 계양구 (지국장-전혜정) | 연수구 (지국장-조예윤) |

## 강원도 (지부장-장해영)

| 강릉시 (지국장-임선강) | 춘천시 (지국장-박준웅) |

## 충청남도 (지부장-김미선)

| 청양/아산 (지국장-김경태) | 금산/논산 (지국장-부성아) | 천안시 (지국장-김숙) | 홍성/예산 (지국장-김월선) |

## 대구광역시 (지부장-임진영)

## 대전광역시 (지부장-유정화)

| 중구/유성구 (지국장-조대연) |

## 경상북도 (지부장-남호정)

| 고령군 (지국장-김세희) | 경주 (지국장-박은숙) |

## 전라북도 (지부장-송병연)

## 전라남도 (지부장-장광완)

## 광주광역시

| 북구 (지국장-김인숙) |

## 부산광역시 (지부장-손미연)

| 사상구 (지국장-박소순) | 해운대구 (지국장-배재기) | 기장군 (지국장-배재기) | 연제구 (지국장-조환철) | 진구 (지국장-김채완) |

## 울산광역시 (지부장-김상덕)

| 동구 (지국장-김상수) | 남구 (지국장-박인완) | 울주군 (지국장-서선숙) | 중구 (지국장-장동희) | 북구 (지국장-이성일) |

## 제주도 (지부장-여원식)

## 01강 Ai란 무엇인가?
- Ai의 기본 개념   18
- Ai의 주요 요소 (머신러닝과 딥러닝)   20
- Ai의 윤리적 문제   23
- Ai 역기능 예방 서비스   24
- Ai 윤리 인식제고   31

## 02강 Open Ai ChatGPT
- 개요 및 특징 / 장점 및 단점   34
- Open Ai ChatGPT 시작하기와 설정   36
- Open Ai ChatGPT 사용 사례   39

## 03강 wrtn (뤼튼)
- 개요 및 특징 / 장점 및 단점   48
- 뤼튼 시작하기   49
- 뤼튼 실제 사용 사례   51

## 04강 마이크로소프트 빙(Bing)
- 개요 및 특징 / 장점 및 단점   60
- Bing(빙) ChatGPT 사용하기   62
- 빙 ChatGPT의 활용
  1) 소상공인이 활용할 수 있는 ChatGPT   63
  2) 빙 ChatGPT 를 이용한 블로그 글쓰기   65
  3) 빙 ChatGPT 이미지로 검색하기   67

## 05강 구글 바드(Google Bard)
- 개요 및 특징 / 장점 및 단점   70
- 1 Google Bard(구글 바드) 사용하기   72
  1) 이미지와 함께 질문하기   73
  2) 스마트스토어 운영을 위한 마케팅 노하우 얻기   75
  3) 흥미로운 수업을 위한 아이디어 구하기   77

## 06강 CLOVA X (네이버 클로바 X)
- 개요 및 특징 / 장점 및 단점 … 80
- PC에서 네이버 클로바 X 들어가기 … 82
- 스킬 사용 방법 … 84
- 디스커버리 사용 … 90
- 커넥터 사용방법 … 91
- 어떻게 하면 CLOVA X와 잘 대화할 수 있나요? … 98
- Hyper CLOVA X를 일상에 스며들게 하는 대화 방법 … 99

## 07강 네이버 큐(cue)
- 개요 및 특징 … 116
- 장점 … 117
- cue: 시작하기 … 119
- cue: 실제 사용 사례 … 121

## 08강 Ai 챗GPT 활용을 배가시키는 크롬 웹스토어 프로그램

**프롬프트 지니**
- 개요 및 특징 … 130
- 설치 방법 … 131

**ChatGPT Optimizer**
- 개요 및 특징 … 133
- 설치 방법 … 134

**Google용 ChatGPT**
- 개요 및 특징 … 135
- 설치 방법 … 136

**YouTube Summary with ChatGPT**
- 개요 및 특징 / 장단점 … 137
- 주요기능 및 설치 방법 … 138

**Aiprm**
- 개요 및 특징 / 장단점 … 139
- 주요기능 및 설치 방법 … 140

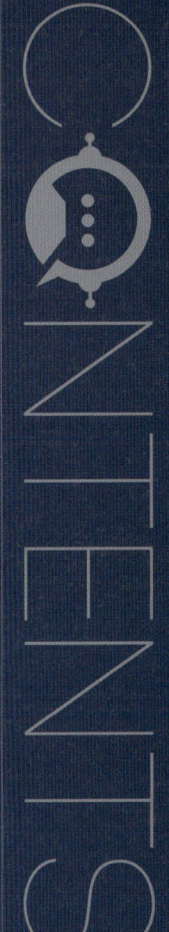

# CONTENTS

## 09강 챗GPT 남들보다 2배 더 잘 쓰는 Tip
- 구체적으로 말하라 　　　　　　　　　　　　　　　　142
- 역할을 주어라 　　　　　　　　　　　　　　　　　　147
- 꼬리에 꼬리를 물어라 　　　　　　　　　　　　　　150
- 방을 나눠라 　　　　　　　　　　　　　　　　　　　153

## 10강 ChatGPT의 핵심인 프롬프트 활용 노하우 1
- 프롬프트란? 　　　　　　　　　　　　　　　　　　　156
- 공공기관 직원용 : 보고서 초안만들기 　　　　　　　157
- 공공기관 직원용 : 보도자료 초안 만들기 　　　　　162
- 일반기업체 직원용 : 제안서 만들기 　　　　　　　　167
- 농업 기술센터 　　　　　　　　　　　　　　　　　　169
- 소상공인이 판매 전략을 극대화 시키는 프롬프트 명령어 활용하기 　171
- 그 외 다양한 분야 프롬프트 명령어 활용하기 　　　172

## 11강 ChatGPT의 핵심인 프롬프트 활용 노하우 2
- 책쓰기(저자)
- 책 쓰기 저자를 위한 프롬프트 활용 노하우 　　　　174
- 마케팅을 위한 프롬프트 활용 노하우 　　　　　　　178
- 요식업 비즈니스 분야에서 사용하면 좋은 프롬프트 활용 노하우 　181
- 일반 학원 분야에서 사용하면 좋은 프롬프트 활용 노하우 　183
- 일상을 혁신하는 창의적 프롬프트 　　　　　　　　186
- ChatGPT 다채로운 글쓰기 스타일 작성 프롬프트 　188

## 12강 인공지능 영상 편집 프로그램 - 브루(VREW)
- 개요 및 특징 / 장점 및 단점 　　　　　　　　　　192
- 브루(VREW) 설치 　　　　　　　　　　　　　　　194
- AI 서비스를 활용하여 브루(VREW)로 유튜브 영상만들기 　198

## 13강 Ai 추천 사이트 소개
- 음성 생성 인공지능 프로그램 　　　　　　　　　　211
- 쉽고 간편한 업무시간을 90% 이상 줄여주는 웹사이트 소개 　213
- 블로그 운영자라면 꼭 알고 활용해야 할 무료 키워드 조회 사이트 　214
- 상위에노출시킬수있는황금키워드찾는방법 　　　213

# 1강 | Ai란 무엇인가?

# 1강 Ai란 무엇인가?

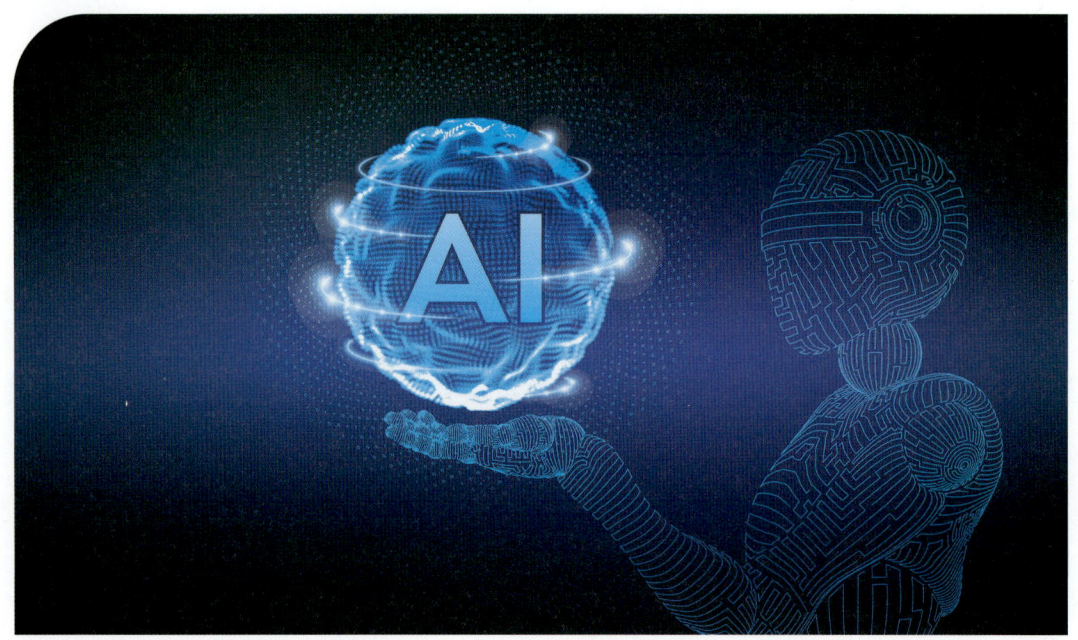

**AI는 Artificial Intelligence의 약자로, '인공지능'이라고 읽습니다.**

인공지능은 학습, 문제 해결, 패턴 인식 등과 같이 주로 인간 지능과 연결된 인지 문제를 해결하는 데 주력하는 컴퓨터 공학 분야입니다.

인간의 지능에는 학습 능력, 추론 능력, 지각 능력 등이 있는데, 인공지능은 이러한 능력을 컴퓨터에 구현하여 다양한 문제를 해결할 수 있도록 합니다.

AI, 즉 인공지능은 컴퓨터나 기계가 인간처럼 생각하고 학습할 수 있게 만든 기술입니다. 이 기술은 다양한 방식으로 우리 주변에 적용되고 있습니다.

예를 들면, 스마트폰의 음성인식 기능, 자동차의 자율주행 시스템, 인터넷 쇼핑몰에서 개인의 취향에 맞춘 상품 추천 등이 모두 AI 기술을 사용하고 있습니다.

인공지능은 다양한 분야에서 활용되고 있습니다. 대표적인 분야로는 다음과 같은 것들이 있습니다.

● **자율주행 자동차:** 자동차가 스스로 운전하는 기술에도 인공지능이 핵심적인 역할을 합니다. AI는 도로 상황, 교통 신호, 주변 차량을 인식하고 이해하여 안전한 운전을 가능하게 합니다.

● **의료:** 인공지능은 의료 이미지 분석, 예를 들어 X-레이나 MRI 스캔에서 질병을 감지하는 데 사용됩니다. AI 알고리즘은 이러한 이미지를 빠르고 정확하게 분석하여 의사가 진단을 내리는 데 도움을 줄 수 있습니다.

● **금융:** 은행과 금융 기관은 AI를 사용하여 사기 거래를 감지하고 위험 관리를 수행합니다. AI 시스템은 대량의 거래 데이터를 분석하여 이상 행동을 식별할 수 있습니다.

● **교육:** 인공지능은 학생들의 학습 스타일과 성취도를 분석하여 개인별 맞춤형 학습 경험을 제공할 수 있습니다. 예를 들어, AI가 학생의 약점을 파악하고 그에 맞는 추가 학습 자료를 제공함으로써 효과적인 학습을 돕습니다.

● **고객 서비스:** 많은 회사에서는 챗봇을 이용하여 고객 문의에 대응하고 있습니다. 이 챗봇들은 자연어 처리(NLP)라는 AI 기술을 사용하여 사람들의 질문을 이해하고 적절한 답변을 제공합니다.

● **추천 서비스:** 넷플릭스나 유튜브 같은 플랫폼은 사용자의 시청 이력과 선호도를 분석하여 맞춤형 콘텐츠를 추천합니다. 이러한 추천 시스템 뒤에는 사용자 데이터를 분석하고 학습하는 AI 알고리즘이 있습니다.

● **분석 서비스:** 기후 데이터를 분석하여 기후 변화의 원인과 영향을 연구하는 것으로, 기후 변화에 대응하기 위한 정책 수립에 기여합니다. 예를 들어, 미국 NASA는 인공지능을 활용하여 지구의 기후 변화를 연구하고 있습니다.

● **신약 개발:** 인공지능을 활용하여 신약 후보 물질을 발굴하고 개발하는 것으로, 신약 개발의 효율성과 성공률을 향상시키는 데 기여합니다. 예를 들어, 화이자는 인공지능을 활용하여 신약 개발을 진행하고 있습니다.

## Ai는 크게 두 가지 주요 요소로 구성됩니다.
# 머신러닝(Machine Learning)과 딥러닝(Deep Learning)

### 인공지능 ▶ 머신러닝 ▶ 딥러닝 관계

**인공지능** | Artificial Intelligence
학습, 문제해결, 패턴 인식 등과 같이 주로 인간 지능과 연결된 인지 문제를 해결하는 데 주력하는 컴퓨터 공학 분야

**머신러닝** | Machine Learnign
학습, 문제해결, 패턴 인식 등과 같이 주로 인간 지능과 연결된 인지 문제를 해결하는 데 주력하는 컴퓨터 공학 분야

**딥러닝** | Deep Learning
인간의 뉴런과 비슷한 방식으로 심층 인공 신경망을 기반으로 학습 방식을 구현하는 머신러닝 기술

**머신러닝(Machine Learning)**은 컴퓨터에게 많은 데이터를 주고 그 안에서 패턴을 찾게 하는 방식입니다.

예를 들어, 수많은 고양이 사진을 컴퓨터에게 보여주면서 이것이 고양이라고 알려주면 컴퓨터는 점점 더 고양이를 잘 구별하게 됩니다.

**딥러닝(Deep Learning)**은 기계학습의 한 분야로, 인간의 뇌가 작동하는 방식을 모방한 신경망(Neural Networks)을 사용합니다. 이 신경망은 많은 계층과 노드로 구성되어 있어서, 복잡하고 추상적인 개념까지 학습할 수 있습니다.

기계학습(Machine Learning)과 딥러닝(Deep Learning)에 대해서 좀 더 자세히 알아보겠습니다.

## 머신러닝(Machine Learning)이란?

머신러닝(Machine Learning)은 컴퓨터가 데이터를 통해 스스로 학습하고, 그 결과를 통해 예측이나 결정을 내리게 하는 인공지능의 성능을 향상시킬 수 있도록 알고리즘과 기술을 개발하는 분야입니다.

이해를 돕기 위해 일상적인 예를 들어 설명해 드리겠습니다.

1. **데이터를 통한 학습:** 생각해보세요, 아이가 자전거를 배우는 것과 같습니다. 처음에는 넘어지고 흔들리지만, 시간이 지나면서 더 잘 탈 수 있게 됩니다. 이처럼 기계학습에서 컴퓨터는 많은 '데이터'를 통해 학습합니다.
예를 들어, 위에서 예를 든것처럼 수천 개의 고양이 사진을 보여주면서 '이것은 고양이야'라고 알려주는 것입니다.

2. **패턴 인식:** 컴퓨터는 이 데이터를 분석하여 패턴을 찾습니다. 고양이 사진에서 귀, 눈, 털의 모양 같은 특징들을 인식하게 되는 것입니다. 이런 패턴 인식은 단순한 이미지 분류 뿐만 아니라, 언어 번역, 음성 인식 등 다양한 분야에서 사용됩니다.

3. **모델 학습:** 이 과정에서 컴퓨터는 '모델'을 만듭니다. 모델은 데이터에서 학습한 패턴을 기반으로 새로운 데이터에 대해 예측하거나 결정을 내리는 데 사용됩니다. 예를 들어, 이전에 본 고양이 사진들을 바탕으로 새로운 사진 속 동물이 고양이인지 아닌지를 판단할 수 있게 되는 것입니다.

4. **예측과 의사결정:** 학습된 모델은 새로운 데이터에 적용되어 예측이나 의사결정을 합니다.
예를 들어, 이메일 스팸 필터는 수많은 이메일 데이터를 학습하여 어떤 이메일이 스팸인지 아닌지를 판별하게 됩니다.

5. **지속적인 학습과 개선:** 머신러닝은 지속적인 과정입니다. 새로운 데이터가 모델에 지속적으로 제공되면서, 모델은 더욱 정확하고 효율적으로 발전하게 됩니다.

간단히 말해서, 머신러닝은 컴퓨터에게 사람처럼 학습하는 능력을 주는 것입니다. 이를 통해 컴퓨터는 패턴을 인식하고, 예측하며, 결정을 내릴 수 있게 됩니다. 이 기술은 의료, 금융, 교육, 교통 등 우리 생활의 많은 부분에 이미 적용되고 있으며 앞으로 더 많은 분야에서 중요한 역할을 하게 될 것입니다.

## 딥러닝(Deep Learning)이란?

딥러닝(Deep Learning)은 인공지능의 한 분야로, 인간의 뉴런과 비슷한 방식으로 심층 인공 신경망을 기반으로 학습 방식을 구현하는 머신러닝 기술입니다.

이를 더 쉽게 이해하기 위해 몇 가지 핵심 요소와 일상적인 예를 들어 설명해 드리겠습니다.

1. **인공 신경망 (Artificial Neural Networks):** 딥러닝의 핵심은 '인공 신경망'입니다. 이는 인간의 뇌에 있는 신경세포(뉴런)들이 서로 정보를 주고받는 방식을 모방한 것입니다. 각 '노드'는 뉴런처럼 작동하며, 여러 층(layer)으로 구성되어 있습니다.

2. **층의 중요성:** 딥러닝에서 '깊다(deep)'는 것은 이러한 층이 많다는 의미입니다. 각 층은 다양한 특징을 학습하는데, 예를 들어 이미지를 인식하는 경우, 첫 번째 층은 가장자리 같은 간단한 특징을, 더 깊은 층은 객체의 형태나 복잡한 패턴을 학습합니다.

3. **학습 과정:** 딥러닝 모델은 대량의 데이터를 통해 학습합니다.
예를 들어, 고양이와 개의 사진을 수천 장 학습시키면, 모델은 고양이와 개를 구분하는 특징을 스스로 학습하게 됩니다. 이 과정에서 각 노드는 특정 특징에 반응하도록 조정됩니다.

4. **자동 특징 추출:** 전통적인 기계학습 모델과 달리, 딥러닝은 스스로 필요한 특징을 추출합니다. 즉, 고양이의 귀, 눈, 털의 모양 등을 스스로 학습하여 인식합니다.

5. **다양한 응용:** 딥러닝은 이미지와 음성 인식, 자연어 처리, 게임 플레이 등 다양한 분야에서 사용됩니다. 예를 들어, 페이스북의 얼굴 인식, 구글 번역기, 시리와 같은 음성 인식 시스템 등이 이 기술을 활용하고 있습니다.

딥러닝은 그 능력으로 인해 많은 기술적 발전을 이끌고 있습니다. 하지만, 많은 데이터와 강력한 컴퓨팅 파워를 요구하며, 때때로 '블랙 박스'처럼 어떻게 결정이 내려지는지 명확하지 않을 수 있습니다. 그럼에도 불구하고, 이 기술은 계속해서 발전하고 있으며, 우리의 일상 생활과 산업에 큰 변화를 가져오고 있습니다.

# Ai의 윤리적 문제

AI는 우리 삶에 다양한 방식으로 활용되고 있습니다. AI는 우리의 삶을 더욱 편리하고 안전하게 만들어 줄 수 있는 잠재력을 가지고 있지만, 그와 함께 윤리적 문제도 제기되고 있습니다.

AI의 윤리적 문제는 크게 다음과 같이 세 가지로 분류할 수 있습니다.

### 1. 개인정보 보호

AI는 많은 양의 개인정보를 수집하고 처리합니다. 이 개인정보는 얼굴 인식, 음성 인식, 위치 추적 등의 용도로 사용될 수 있습니다. 이러한 개인정보가 유출되거나 악용될 경우, 피해자는 심각한 피해를 입을 수 있습니다.

예를 들어, 얼굴 인식 기술을 사용하는 AI 시스템이 개인의 얼굴 정보를 유출할 경우, 그 개인은 범죄의 피해자가 되거나, 불이익을 받을 수 있습니다. 또한, 음성 인식 기술을 사용하는 AI 시스템이 개인의 음성 정보를 유출할 경우, 그 개인은 사생활 침해를 당하거나, 신분 도용의 피해자가 될 수 있습니다.

### 2. 차별

AI는 학습 데이터에 내재된 편향을 반영할 수 있습니다. 이로 인해 특정 집단에 대한 차별이 발생할 수 있습니다.

예를 들어, AI를 사용하여 채용 심사를 하는 경우, 학습 데이터에 남성에 대한 편향이 있다면, 남성 지원자에게 유리한 결과가 나올 수 있습니다. 또한, AI를 사용하여 범죄자를 예측하는 경우, 학습 데이터에 특정 인종에 대한 편향이 있다면, 그 인종에 속한 사람들이 부당한 피해를 입을 수 있습니다.

### 3. 책임 소재

AI는 인간의 개입 없이 스스로 판단하고 행동할 수 있습니다. 이로 인해 AI 시스템의 오류나 피해에 대한 책임 소재가 불분명해질 수 있습니다.

예를 들어, 자율주행 자동차가 사고를 낸 경우, 그 사고에 대한 책임은 누구에게 있는 것일까요? 자율주행 자동차의 제조사일까요? 아니면, 자율주행 자동차의 소유주일까요?

이러한 책임 소재에 대한 명확한 규정이 없기 때문에, 사고 피해자는 제대로 된 보상을 받지 못할 수도 있습니다.

# Ai 역기능 예방 서비스

AI 역기능 예방 서비스는 AI 시스템의 윤리적 문제를 예방하기 위한 서비스입니다. 이러한 서비스는 AI 시스템의 개발, 구축, 운영, 활용 등 모든 단계에서 제공될 수 있습니다.

AI 역기능 예방 서비스는 크게 다음과 같이 기술적 서비스, 교육적 서비스, 제도적 서비스 세 가지로 분류할 수 있습니다.

## 첫번째_기술적 서비스

기술적 서비스는 AI 시스템의 개발, 구축, 운영 과정에서 발생할 수 있는 기술적 문제를 예방하기 위한 서비스입니다.

이러한 서비스는 **개인정보 보호 기술, 편향 방지 기술, 책임 소재 명확화 기술**과 같은 방법을 통해 제공될 수 있습니다.

### 1 개인정보 보호 기술

AI 시스템이 수집하고 처리하는 개인정보의 범위를 최소화하고, 개인정보의 안전한 보호를 위한 기술을 개발합니다.

● **개인정보 보호 기술 적용사례**

① 암호화

- **예시:** 데이터 암호화는 개인정보를 저장하거나 전송할 때 사용되는 기본적인 기술입니다. 예를 들어, 민감한 사용자 데이터를 클라우드에 저장할 때, 이를 암호화하여 외부의 불법적 접근으로부터 보호합니다.

- **적용 사례:** 은행이나 금융 기관에서 고객의 금융 정보를 암호화하여 저장하고 관리하는 것이 대표적인 예입니다.

## ② 데이터 마스킹

- **예시:** 데이터 마스킹은 실제 데이터의 일부를 가리거나 대체하는 기술로, 주로 데이터베이스에서 사용됩니다. 예를 들어, 고객의 이름이나 주소와 같은 개인 정보를 일부 문자로 대체하여 보여줍니다.

- **적용 사례:** 온라인 쇼핑몰에서 주문 내역을 확인할 때, 고객의 전체 이름이 아닌 일부만 표시하는 것이 이 기술의 사례입니다.

## ③ 차등 프라이버시 (Differential Privacy)

- **예시:** 차등 프라이버시는 데이터 세트에서 개인을 식별할 수 없도록 하는 기술로, 통계적 방법을 사용하여 개인 데이터의 익명성을 유지합니다.

- **적용 사례:** 구글이나 애플 같은 대형 기술 기업이 사용자 데이터를 수집하고 처리할 때, 개인을 식별할 수 없도록 차등 프라이버시 기술을 사용합니다.

**MEMO**

## 2 편향 방지 기술

AI 시스템의 학습 데이터에 내재된 편향을 최소화하기 위한 기술을 개발합니다.

● **편향방지 기술 적용사례**

### ① 대표성 있는 데이터 세트

- **예시:** AI 시스템을 훈련시킬 때 사용되는 데이터 세트에 다양한 인구 집단이 골고루 포함되어 있어야 합니다. 이는 데이터 세트 내의 편향을 최소화하는 데 도움이 됩니다.

- **적용 사례:** 인공지능 기반의 채용 시스템을 개발할 때, 다양한 인종과 성별의 지원자 데이터를 포함시켜 편향을 줄이는 것입니다.

### ② 알고리즘 감사

- **예시:** AI 시스템의 결정 과정을 정기적으로 검토하여 편향이 있는지 확인하는 과정입니다.

- **적용 사례:** AI 기반 신용 평가 시스템에서 특정 인종이나 성별에 대해 불리한 결정을 내리는지 여부를 검토하는 것입니다.

③ 편향 감지 및 수정 알고리즘

- **예시:** 기계 학습 알고리즘에서 편향을 자동으로 탐지하고 수정하는 기술입니다.

- **적용 사례:** 얼굴 인식 기술에서 다양한 인종의 얼굴을 정확하게 인식하기 위해 편향을 수정하는 알고리즘을 적용하는 것입니다.

## 3 책임 소재 명확화 기술

AI 시스템의 오류나 피해에 대한 책임 소재를 명확히 하는 기술을 개발합니다.

● 책임 소재 명확화 기술 적용사례

① 설명 가능한 AI (Explainable AI, XAI)

- **예시:** 설명 가능한 AI는 AI의 의사결정 과정을 사람이 이해할 수 있도록 만드는 기술입니다. 이는 AI가 어떤 데이터를 기반으로 결정을 내렸는지, 어떤 알고리즘을 사용했는지를 명확하게 설명할 수 있어야 합니다.

- **적용 사례 1:** ● 의료 분야 - AI가 환자의 진단이나 치료 계획을 제안할 때, 의사가 AI의 결정을 이해하고, 필요한 경우 조정할 수 있어야 합니다. 예를 들어, AI가 특정 암의 치료법을 제안할 때, 그 결정이 왜 이루어졌는지를 의사가 이해할 수 있어야 합니다.

- **적용 사례 2:** ● 금융 서비스 - AI가 신용 평가나 대출 승인 결정을 내릴 때, 해당 결정이 어떤 데이터와 알고리즘에 기반했는지 고객에게 설명할 수 있어야 합니다. 이는 고객이 자신의 신용 평가에 대해 의문을 제기할 때 중요합니다.

## ② 책임 추적 시스템

- **예시:** 책임 추적 시스템은 AI 시스템 내에서 각 결정과 행동에 대한 책임을 추적하고 기록하는 기술입니다. 이는 AI의 결정 과정을 감사할 수 있는 기록을 남김으로써, 문제 발생 시 책임 소재를 명확히 합니다.

- **적용 사례:** ● **자율주행차** - 자율주행차가 사고를 일으켰을 때, 차량의 AI 시스템이 어떤 결정을 내렸는지, 왜 그런 결정을 내렸는지를 추적할 수 있어야 합니다. 이를 통해 사고의 원인 분석과 책임 소재를 명확히 할 수 있습니다.

## ③ AI 감사 및 인증 프로토콜

- **예시:** AI 감사 및 인증 프로토콜은 AI 시스템이 특정 윤리적, 법적 기준에 부합하는지를 정기적으로 검토하고 인증하는 절차입니다.

- **적용 사례:** ● **정부 규제** - 정부나 규제 기관이 AI 시스템을 검토하여, 그 시스템이 사회적, 법적 기준을 준수하는지 확인합니다. 예를 들어, AI 기반의 고용 추천 시스템이 차별적이지 않고 공정한지를 평가하는 것이 해당됩니다.

**두번째_교육적 서비스**

교육적 서비스는 AI 시스템의 개발자, 운영자, 사용자 등에게 AI의 윤리적 문제를 교육하기 위한 서비스입니다.

이러한 서비스는 다음과 같은 방법을 통해 제공될 수 있습니다.

## 1 AI 윤리 교육

- **개념** | 이 교육은 AI를 사용하거나 개발하는 사람들에게 AI가 가져올 수 있는 윤리적 문제에 대해 가르치는 것입니다. 예를 들어, AI가 개인정보를 어떻게 다루어야 하는지, AI가 사람들에게 어떤 영향을 미칠 수 있는지 등에 대한 이해를 높이는 것입니다.

- **중요성** | AI가 우리 삶의 많은 부분에 사용되기 때문에, 이 기술이 올바르게 사용되도록 하는 것이 중요합니다. 윤리 교육은 AI가 사람들에게 해를 끼치지 않고, 공정하게 작동하도록 하는 데 도움을 줍니다.

## 2 AI 윤리 설계

- **개념** | 이것은 AI 시스템을 만드는 과정에서 윤리적인 고려를 통합하는 방법을 가르치는 것입니다. 즉, AI가 사람들에게 어떤 영향을 미칠지, 어떻게 공정하게 행동할 수 있는지를 고려하여 설계하는 방법입니다.

- **중요성** | AI를 만드는 단계에서부터 윤리적인 고려를 함으로써, 나중에 발생할 수 있는 문제를 미연에 방지할 수 있습니다. 예를 들어, AI가 특정 그룹에 편향되지 않도록 만드는 것이 여기에 해당합니다.

## 3 AI 윤리 평가

- **개념** | 이 교육은 AI가 실제로 사용되는 과정에서 그 윤리적 측면을 평가하는 방법을 가르치는 것입니다. 예를 들어, AI가 어떤 결정을 내리고, 그 결정이 모든 사람에게 공정한지 평가하는 것입니다.

- **중요성** | AI가 계속해서 윤리적으로 적절하게 작동하고 있는지 확인하는 것은 중요합니다. 시간이 지나면서 AI가 부정적인 방향으로 변할 수도 있기 때문에, 지속적인 윤리 평가는 필수적입니다.

##  세번째_제도적 서비스

제도적 서비스는 AI 시스템의 개발, 구축, 운영, 활용을 규제하는 법적, 제도적 장치를 마련하기 위한 서비스입니다. 이러한 서비스는 다음과 같은 방법을 통해 제공될 수 있습니다.

### 1 법률 제정

- **개념**: 이것은 AI와 관련된 활동을 규제하기 위해 새로운 법률을 만드는 것을 의미합니다. 이 법률은 AI가 어떻게 개발되고 사용되어야 하는지에 대한 규칙을 설정합니다.

- **중요성**: AI 기술은 매우 빠르게 발전하고 있고, 이에 따른 다양한 윤리적, 사회적 문제가 발생할 수 있습니다. 법률을 통해 이러한 문제를 예방하고, AI가 안전하고 책임감 있게 사용되도록 보장하는 것이 중요합니다. 예를 들어, 개인정보 보호나 AI 결정에 대한 책임 소재를 명확히 하는 법률이 여기에 해당됩니다.

### 2 규정 마련

- **개념**: 이것은 AI 기술의 개발 및 사용과 관련된 구체적인 규칙이나 지침을 설정하는 것입니다. 법률이 더 넓은 범위의 규칙을 제공한다면, 규정은 보다 세부적인 사항들을 다룹니다.

- **중요성**: 규정은 AI 개발자와 사용자가 따라야 할 구체적인 지침을 제공합니다. 이를 통해 AI가 예측 가능하고 일관된 방식으로 사용될 수 있도록 합니다. 예를 들어, AI를 이용한 데이터 처리 방법이나, 사용자의 개인정보를 어떻게 보호할지에 대한 세부 규칙 등이 있습니다.

### 3 인증제도 도입

- **개념**: 이것은 AI 시스템이 특정 윤리적 기준이나 규정을 준수하고 있는지를 평가하고, 그 결과에 따라 인증을 부여하는 제도입니다.

- **중요성**: 인증제도는 AI 시스템이 안전하고 윤리적으로 적절하게 작동하고 있는지 확인하는 데 도움을 줍니다. 인증을 받은 AI 시스템은 사용자들에게 더 신뢰받을 수 있으며, 윤리적으로 책임 있는 AI 개발을 장려하는 역할을 합니다. 예를 들어, 특정 기준을 충족하는 AI 시스템에만 '윤리적 AI 인증 마크'를 부여하는 것이 해당됩니다.

# Ai 윤리 인식제고

AI 윤리 인식제고를 위해서는 교육, 홍보, 제도적 장치 마련과 같은 방안이 필요합니다.

 교육

1. **학교에서의 교육:** 학생들에게 AI 윤리를 가르칠 때, 현실 세계에서 AI가 어떻게 사용되고 있는지에 대한 구체적인 예시를 포함하는 것이 중요합니다.

   예를 들어, 소셜 미디어에서의 AI 사용, 자율주행차의 도입 등 실제 사례를 들어 설명하면 학생들이 AI 윤리의 중요성을 더 잘 이해할 수 있습니다.

2. **기업에서의 교육:** 직원들에게 AI 윤리 교육을 할 때, 실제 직무와 관련된 윤리적 상황을 시뮬레이션하는 것이 도움이 됩니다.

   예를 들어, 데이터 분석가들에게 어떻게 데이터를 책임감 있게 처리할 것인지, 소프트웨어 엔지니어들에게는 공정한 알고리즘 설계의 중요성을 가르치는 것입니다.

3. **정부에서의 교육:** 정부는 국민들에게 AI 윤리 정책을 알릴 때, 일상생활에서 AI가 어떤 영향을 끼칠 수 있는지 구체적인 예를 들어 설명하는 것이 좋습니다.
   이를 통해 정책의 필요성과 영향을 더 잘 이해할 수 있습니다.

 홍보

홍보 전략에서는 AI 윤리가 일반인의 일상에 어떤 영향을 끼치는지 강조하는 것이 중요합니다.

예를 들어, AI가 어떻게 개인의 개인정보를 보호하고, 일자리에 어떤 영향을 끼치는지 등을 쉽게 설명하는 내용을 포함할 수 있습니다.
또한, 실생활 사례를 들어 AI 윤리의 중요성을 강조하는 스토리텔링 방식을 사용하면, 사람들이 더 쉽게 관심을 가지고 이해할 수 있습니다.

**제도적 장치 마련**

법률, 규정, 인증제도와 같은 제도적 장치를 설명할 때는, 이러한 장치가 왜 필요한지와 이들이 일반인의 생활에 어떤 긍정적인 영향을 끼치는지를 강조하는 것이 중요합니다. 예를 들어, 인증제도가 어떻게 소비자들에게 더 안전하고 신뢰할 수 있는 AI 제품을 보장하는지 설명할 수 있습니다.

전반적으로, AI 윤리에 대한 교육과 홍보는 구체적인 예시와 실생활 연결점을 강조하며, 복잡한 개념을 쉽고 이해하기 쉬운 언어로 전달하는 것이 중요합니다. 이를 통해 일반인들이 AI 윤리의 중요성을 더 잘 인식하고, 관련 정책과 기술에 대해 더 적극적으로 참여할 수 있습니다.

**MEMO**

**2강 | Open Ai Chat GPT**

## 2강 Open Ai ChatGPT

### 개요 및 특징

"ChatGPT는 방대한 데이터베이스를 활용하여 사용자 쿼리에 최적화된 응답을 제공하는 대화형 인공지능 서비스입니다. Q&A를 넘어 소설 쓰기, 시, 가사 등 인간 창의성의 영역까지 확장하여 기능을 확장합니다. 'Chat'은 대화를 의미하고, 'GPT'는 Generative Pre-trained Transformer의 약자로 단어의 전략적 조합을 통해 다양한 문장을 생성하는 데 능숙한 AI 언어 모델을 의미합니다.

사용자가 질문을 하면 ChatGPT는 질문의 의미를 이해하고 적절한 응답을 생성합니다. 이 과정에서 ChatGPT는 인터넷을 검색하거나 실시간 정보에 액세스할 수 없으며 훈련 데이터에 내장된 정보에만 의존합니다. 결과적으로 최신 정보와 관련된 질문을 처리할 때 응답이 항상 정확하지 않을 수 있습니다."

### 장점

**❶ 자연어 이해(NLU)**
ChatGPT는 자연어 처리에 탁월하여 상황, 의미, 사용자 의도에 대한 높은 수준의 이해를 보여주고 미묘하고 상황에 맞게 적절한 응답을 합니다.

**❷ 다용성**
ChatGPT는 다양한 주제와 작업을 처리할 수 있으므로 콘텐츠 제작, 아이디어 생성, 질문 답변 등에 적용할 수 있습니다.

**❸ 아이디어 생성**
기업가는 브레인스토밍 세션에 ChatGPT를 활용하여 새로운 제품, 서비스 또는 마케팅 전략에 대한 아이디어를 생성할 수 있습니다.

**❹ 적응성 및 미세 조정**
ChatGPT는 특정 작업이나 도메인에 맞게 미세 조정될 수 있으므로 전문적인 요구 사항에 맞게 사용자 정의가 가능하고 특수한 상황에서 최적의 성능을 보장할 수 있습니다.

**❺ 대화 흐름과 의도 인식 및 추론**
일관성 있고 상황에 맞는 대화를 유지하는 데 능숙하므로 고객지원, 가상 지원 및 대화 시스템과 같은 애플리케이션에 유용합니다. 또한 대화 내에서 사용자의 의도를 인식하고 추론하여 정보에 입각한 논리적인 응답을 생성하는 능력을 향상시킵니다.

**❻ 지속적인 학습 및 업데이트**
Open AI는 사용자 피드백과 지속적인 연구를 기반으로 Chat GPT를 정기적으로 업데이트하고 개선하여 지속적으로 성능을 개선하고 언어 모델의 최전선에 머물도록 보장합니다.

**❼ 콘텐츠 제작**

Chat GPT를 사용하여 블로그 게시물, 소셜 미디어 업데이트 및 기타 콘텐츠를 생성할 수 있으므로 중소기업이 활발한 온라인 활동을 유지하는 데 도움이 됩니다.

**❽ 협동 글쓰기 동반자**

Chat GPT는 브레인스토밍, 아이디어 생성, 언어 선택 개선에 대한 지원을 제공하여 공동 작문 동반자 역할을 할 수 있어 전문 작가와 콘텐츠 제작자에게 귀중한 자산이 됩니다.

## 단 점

**❶ 타당하지만 잘못된 정보를 제공하는 경향**

방대한 데이터의 학습된 패턴을 기반으로 응답을 생성하며 때로는 그럴듯해 보이지만 실제로는 부정확하거나 무의미한 정보를 제공할 수 있습니다.

**❷ 입력 문구에 대한 민감도**

질문의 표현 방식에 따라 다양한 응답을 생성할 수 있으며 이에 따라 답변이 달라질 수 있습니다. 또한 모호한 질문으로 인해 어려움을 겪을 수 있으며 일반적인 응답을 제공할 수도 있습니다.

**❸ 한글로 질문하면 일부 답변 제공**

한글로 질문하면 속도가 느리고 데이터 일부만 제공될 수 있습니다. 프롬프트 지니 확장프로그램의 자동번역 기능으로 해결하도록 합니다.

**❹ 심증 추론 능력의 제한**

ChatGPT는 기본적인 추론을 수행할 수 있지만 복잡한 정보에 대한 깊은 이해나 처리가 필요한 복잡한 추론 작업에는 어려움을 겪을 수 있습니다.

**❺ 편향된 출력의 가능성**

다른 언어 모델과 마찬가지로 ChatGPT는 다양한 데이터 세트에 대해 훈련되었으며, 이러한 데이터 세트에 편향이 포함된 경우, 이러한 편향을 반영하거나 지속시키는 응답을 실수로 생성할 수 있습니다. 특정 애플리케이션에서는 신중한 고려가 필요합니다.

**❻ 외부 지식의 부재**

ChatGPT는 사전 훈련 데이터에만 의존하며 외부 데이터베이스나 최신 정보에 대한 실시간 액세스가 부족합니다. 이에 따라 오래되거나 불완전한 응답이 발생할 수 있습니다.

**❼ 개인 데이터에 접근할 수 없음**

개인 정보 보호를 위해 ChatGPT는 사용자의 개인 데이터에 액세스하거나 검색하지 않도록 설계되었습니다. 결과적으로 한 상호 작용에서 다음 상호 작용까지 정보를 유지하지 못할 수도 있습니다.

# 1 Open Ai ChatGPT 시작하기와 설정

크롬 브라우저에서 검색창에 [ ChatGPT ]를 입력하고 엔터키를 누릅니다.

검색된 화면의 [ ChatGPT ] 주소를 클릭하여 이동합니다.

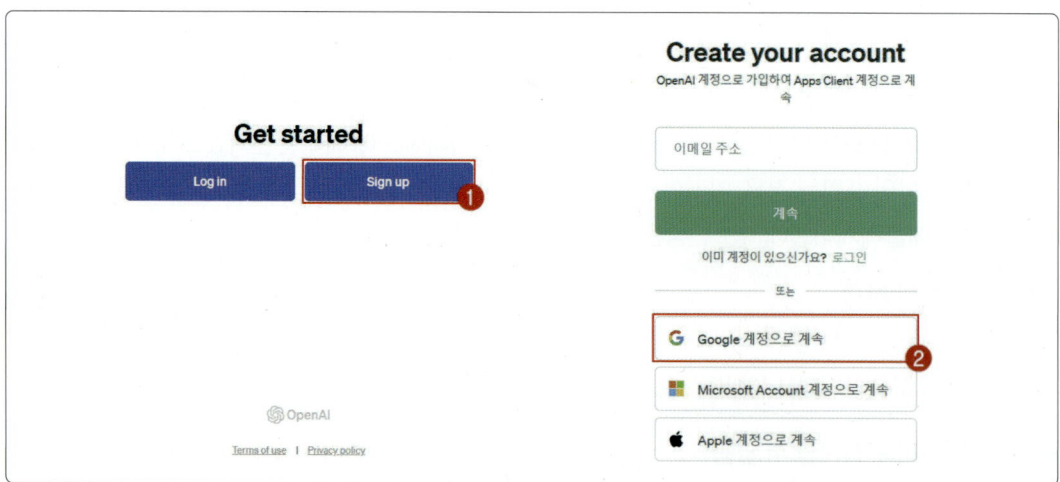

① [ Sign up ]을 클릭합니다. ② [ Google 계정으로 계속 ]을 클릭하여 회원가입을 진행합니다.

| Open Ai Chat GPT |

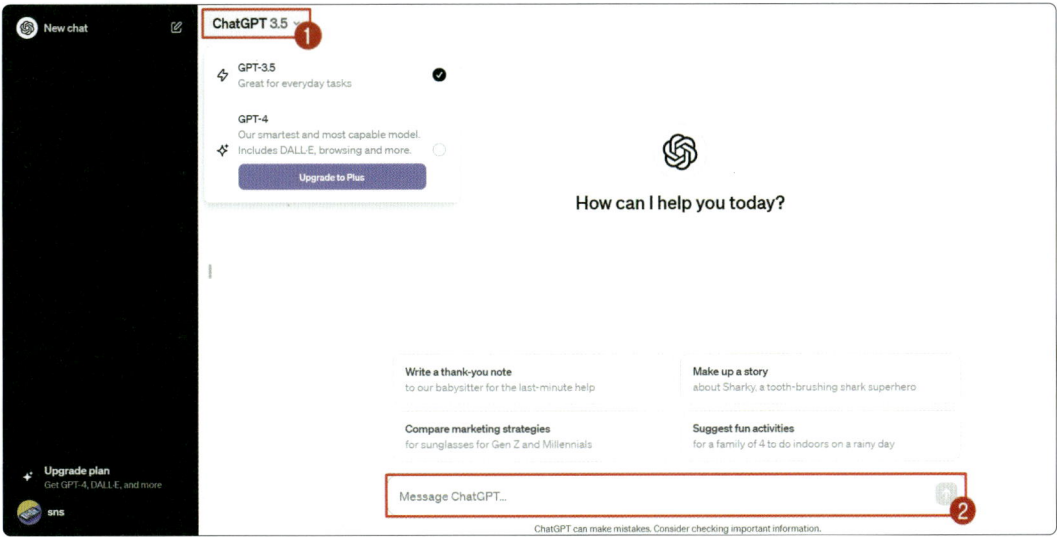

① ChatGPT-3.5 무료 계정과 ChatGPT-4 유료 계정을 선택하여 사용할 수 있습니다.
② 메시지 입력창에 프롬프트(Prompt)를 입력하여 대화를 시작합니다.

 ChatGPT 응답의 정확성은 얼마나 명확하고 구체적으로 질문하거나 메시지를 제공하는지에 따라 달라집니다. 간단히 말해서, 명확한 질문을 하거나 명확한 지시를 하면 답변이 더 정확하고 이해하기 쉬워집니다. 따라서 핵심은 질문이나 메시지를 간단하고 구체적으로 설명하는 것입니다.

 **프롬프트(Prompt) 입력 시 알아두면 좋은 Tip**

**ChatGPT에 한글로 질문하면, ChatGPT 기억력의 1/4 밖에 쓰지 못합니다!**
'프롬프트 지니' 확장프로그램을 설치하여 자동 번역기능을 사용하는 것이 효율적입니다.
이 기능은 한글로 입력한 질문을 영어로 바꾸고 답변받은 영어를 한글로 자동번역을 해줍니다.
또는 입력창에 한글을 입력하고 Ctrl+ Enter를 누르면 영어로 번역이 됩니다.
(Mac: command+Enter)

## 프롬프트 지니 확장프로그램 설치 방법

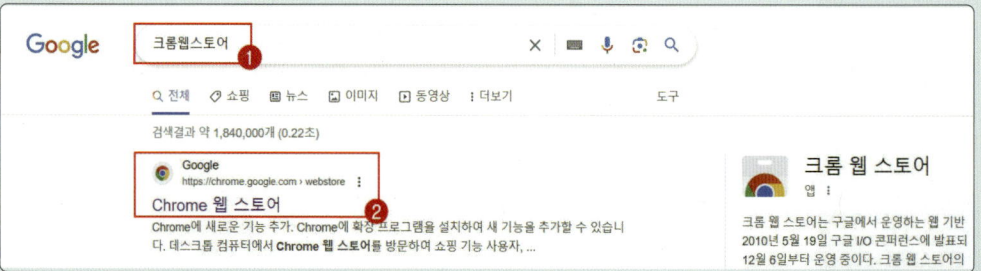

① 검색창에 [ 크롬 웹스토어 ] 입력하고 Enter 키를 누릅니다.
② [ Chrome 웹스토어 ] 주소를 클릭합니다.

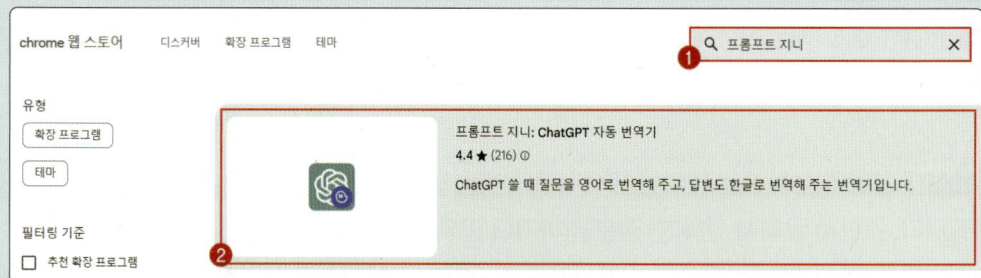

① 크롬 웹스토어 검색창에 [ 프롬프트 지니 ]글 입력하고 Enter 키를 누릅니다.
② 검색된 프롬프트 지니 확장프로그램을 클릭합니다.

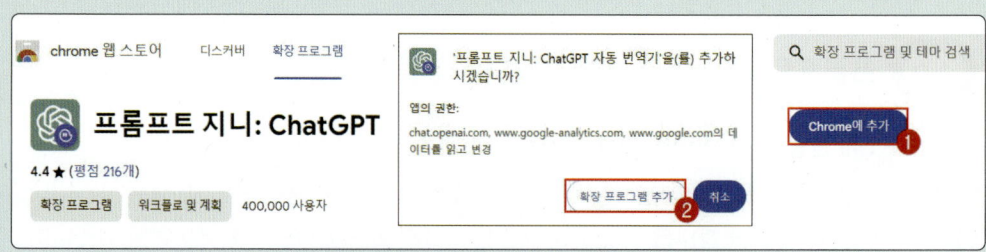

①[ Chrome에 추가 ] ②[ 확장프로그램 추가 ]를 클릭합니다.

| Open Ai Chat GPT |

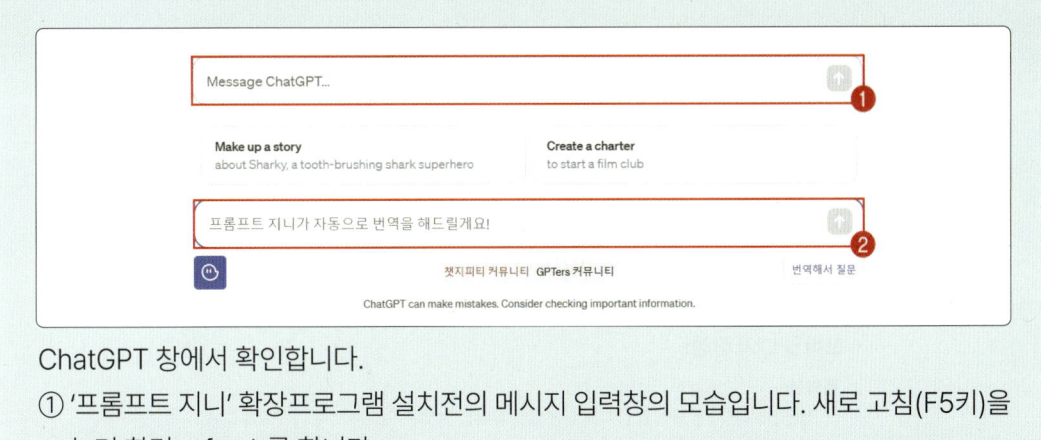

ChatGPT 창에서 확인합니다.
① '프롬프트 지니' 확장프로그램 설치전의 메시지 입력창의 모습입니다. 새로 고침(F5키)을 눌러 화면 refresh를 합니다.
② '프롬프트 지니'가 실행된 화면이며 입력창에 '**프롬프트 지니가 자동으로 번역을 해드릴게요!**' 라는 문구가 보입니다.

PC에서 음성명령 서비스를 이용하면 키보드로 입력하는 대신 **음성으로 질문할 수 있습니다.**
**[ Window 로고버튼 + H ]**를 누르고 말을 하면 메시지 입력창에 글이 입력됩니다.

##  Open Ai ChatGPT 사용 사례

 안전한 모바일 ID 시스템 구축: 데이터 보호 전략

**질문 1**  "모바일 신분증의 중요성이 점차 더 커지고 있는 오늘날 디지털 시대에 모바일 신분증 활용의 장단점을 설명해주세요."

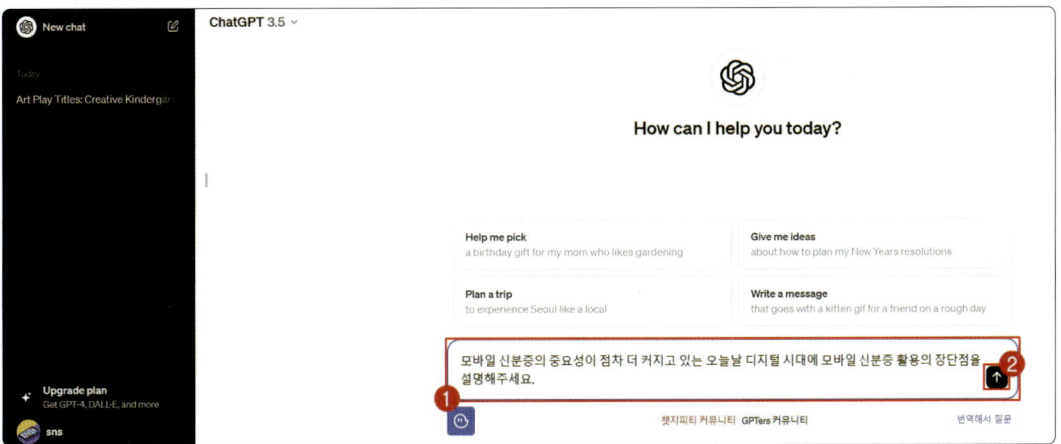

① 질문을 입력합니다.  ② **[ 전송 ]** 버튼을 클릭합니다.

모바일 신분증의 중요성이 점차 더 커지고 있는 오늘날 디지털 시대에 모바일 신분증 활용의 장단점을 설명해주세요.

 챗지피티 오픈채팅방 GPTers 오픈채팅방 - 암호 gpters

모바일 ID, 즉 모바일 장치에 저장된 디지털 ID는 편의성과 보안 강화 가능성으로 인해 오늘날 디지털 시대에 점점 더 중요해지고 있습니다. 그러나 다른 기술과 마찬가지로 자체적인 장단점이 있습니다. 개요는 다음과 같습니다.

### 모바일 ID의 장점:

1. **편의성:**
   - **접근성:** 사용자는 모바일 장치에 신분증을 휴대할 수 있어 어디에서나 쉽게 사용할 수 있습니다.
   - **효율성:** 특히 디지털 거래 및 온라인 서비스에서 기존의 실제 ID보다 빠르고 편리합니다.

2. **향상된 보안:**
   - **생체 인식 인증:** 모바일 ID는 지문이나 얼굴 인식과 같은 생체 인식 기능을 활용하여 보안을 강화하고 신원 도용 위험을 줄이는 경우가 많습니다.
   - **2FA(2단계 인증):** 모바일 ID는 2FA 방법과 통합되어 식별 프로세스에 추가 보안 계층을 추가할 수 있습니다.

3. **물리적 카드 감소:**
   - **환경에 미치는 영향:** 모바일 ID를 사용하면 물리적 카드의 필요성을 줄이는 데 기여할 수 있어 더욱 지속 가능하고 환경 친화적일 수 있습니다.

4. **실시간 업데이트:**
   - **동적 정보:** 모바일 ID는 실시간으로 업데이트되어 최신 정보를 제공하고 오래되거나 부정확한 신분증을 사용할 가능성을 줄입니다.

5. **서비스와의 통합:**
   - **디지털 서비스:** 모바일 ID는 다양한 디지털 서비스와 원활하게 통합되어 사용자가 온라인 플랫폼에 더 쉽게 액세스하고 활용할 수 있습니다.

6. **비용 절감:**
   - **제작 비용:** 모바일 ID 시스템을 구현하면 실제 신분증 제작 및 교체와 관련된 비용을 잠재적으로 줄일 수 있습니다.

### 모바일 ID의 단점:

1. **보안 문제:**
   - **사이버 보안 위험:** 모바일 ID는 해킹 및 기타 사이버 위협에 취약하여 민감한 개인 정보가 손상될 가능성이 있습니다.
   - **생체 인식 취약성:** 생체 인식은 보안을 강화하지만 완벽하지는 않으며 스푸핑이나 기타 공격을 받을 수 있습니다.

2. **장치 의존도:**
   - **배터리 및 장치 문제:** 식별을 위해 모바일 장치를 사용하는 것은 장치가 작동하고 충전되어 있다고 가정합니다. 장치가 오작동하거나 배터리가 부족하면 액세스 문제가 발생할 수 있습니다.

3. **디지털 격차:**
   - **액세스 격차:** 모든 사람이 스마트폰이나 안정적인 인터넷 연결에 액세스할 수 있는 것은 아닙니다. 이로 인해 잠재적으로 디지털 격차가 발생하고 일부 개인의 필수 서비스에 대한 액세스가 제한됩니다.

 **"초등학생도 알 수 있도록 쉽게 예를 들어 설명해 주세요."**

### 모바일 ID의 장점:

1. **편의성:**
   - 예: 실제 카드를 들고 다니는 대신 태블릿을 사용하여 학생증을 제시할 수 있다고 상상해 보세요. 필요할 때마다 화면에 ID가 마술처럼 나타나는 것과 같습니다.

2. **향상된 보안:**
   - 예: 태블릿이 게임을 플레이하기 전에 얼굴이나 지문을 인식한다고 생각해 보세요. 모바일 ID는 이와 같은 멋진 기능을 사용하여 본인이 맞는지 확인합니다!

3. **물리적 카드 감소:**
   - 예: 보드 게임을 사용하는 대신 태블릿에서 게임을 하는 것과 마찬가지로 모바일 ID는 실제 카드가 덜 필요함을 의미합니다. 종이를 절약하기 위해 디지털 버전을 갖는 것과 같습니다.

4. **실시간 업데이트:**
   - 예: 태블릿에 언제든지 변경할 수 있는 사진이 있는 적이 있습니까? 모바일 ID란 바로 치아 상실, 프로필 사진 업데이트 등 정보를 즉시 업데이트할 수 있다는 것입니다!

### 모바일 ID의 단점:

1. **보안 문제:**
   - 예: 교활한 컴퓨터 악당으로부터 태블릿을 보호하는 슈퍼 히어로를 상상해보세요. 때로는 악당들이 슈퍼히어로를 속이려고 할 수도 있으므로 주의를 기울여 태블릿을 매우 안전하게 보호해야 합니다!

2. **장치 의존도:**
   - 예: 태블릿을 충전하는 것을 잊어버려 태블릿이 꺼졌다고 상상해 보세요. 태블릿에 신분증이 있으면 필요할 때 제시하지 못할 수도 있습니다. 따라서 장치를 충전하고 준비된 상태로 유지하는 것이 중요합니다.

3. **디지털 격차:**
   - 예: 태블릿이 없는 친구를 생각해 보세요. 다른 사람들이 모두 모바일 ID를 사용한다면 그들은 소외감을 느낄 수도 있습니다. 이는 모든 사람이 게임을 플레이할 수 있는 기회를 갖도록 하는 것과 같습니다.

4. **개인정보 보호 문제:**
   - 예: 태블릿을 비밀 일기장이라고 가정해 보세요. 다른 사람이 그것을 읽는 것을 원하지 않을 것입니다. 그렇죠? 모바일 ID는 그와 비슷합니다. 우리는 개인정보를 안전하게 보호해야 합니다.

5. **표준화 부족:**
   - 예: 일부 태블릿에서 다른 언어를 사용하는데 친구가 메시지를 이해하지 못한다고 상상해 보세요. 모바일 ID에는 모든 사람의 태블릿이 서로 이해하고 대화할 수 있도록 공통 언어가 필요합니다.

6. **법적 및 규제적 문제:**
   - 예: 학교의 규칙을 생각해 보십시오. 모든 사람은 일을 공정하게 유지하기 위해 규칙을 따릅니다. 모바일 ID에도 규칙이 필요하므로 사람들은 문제없이 사용할 수 있습니다.

**질문3** "모바일 신분증 관리를 총괄하는 기업으로서 개인정보를 효과적으로 처리하고 보안을 강화하기 위해서는 어떤 전략을 취해야 할까요?"

모바일 신분증 관리를 총괄하는 기업으로서 개인정보를 효과적으로 처리하고 보안을 강화하기 위해서는 어떤 전략을 취해야 할까요

모바일 ID 관리를 총괄하는 기업으로서 개인정보를 효과적으로 처리하고 보안을 강화하기 위한 전략을 실행하는 것이 중요합니다. 채택할 수 있는 몇 가지 전략은 다음과 같습니다.

1. **암호화 및 보안 저장소:**
   - 서버에 저장된 개인 정보를 암호화하여 무단 액세스로부터 보호하세요. 강력한 암호화 알고리즘을 사용하여 전송 및 저장 중에 데이터를 보호합니다.
2. **생체 인증:**
   - 지문, 얼굴인식 등 생체인증 방식을 도입하여 모바일 ID 접속 보안을 강화합니다. 생체 인식은 기존 비밀번호를 뛰어넘는 추가 보호 계층을 추가합니다.
3. **정기 보안 감사:**
   - 정기적인 보안 감사 및 평가를 수행하여 시스템의 잠재적인 취약점을 식별하고 해결합니다. 이러한 사전 예방적 접근 방식은 보안 위협보다 앞서 나가는 데 도움이 됩니다.
4. **다단계 인증(MFA):**
   - 민감한 정보에 접근하기 위해 다단계 인증을 시행합니다. 여기에는 승인된 개인만 데이터에 액세스할 수 있도록 비밀번호, 생체 인식 및 일회용 비밀번호의 조합이 포함될 수 있습니다.
5. **사용자 교육 및 인식:**
   - 모바일 장치 및 계정의 보안을 유지하기 위한 모범 사례에 대해 사용자에게 교육합니다. 강력한 비밀번호 사용, 정기적인 업데이트, 피싱 시도에 대한 인식을 장려하십시오.
6. **데이터 최소화 및 목적 제한:**
   - 목적 달성에 필요한 최소한의 개인정보만을 수집, 보관합니다. 데이터 사용을 사용자에게 명시적으로 전달되는 것으로 제한하여 투명성과 신뢰를 보장합니다.
7. **정기적인 소프트웨어 업데이트:**
   - 최신 보안 패치를 사용하여 운영 체제 및 모바일 애플리케이션을 포함한 모든 소프트웨어를 최신 상태로 유지하십시오. 정기적인 업데이트는 알려진 취약점을 해결하고 전반적인 시스템 보안을 강화하는 데 도움이 됩니다.
8. **개인정보 보호 설계:**
   - 모바일 ID 시스템의 설계 및 개발에 개인 정보 보호 조치를 통합합니다. 처음부터 사용자 개인 정보 보호를 고려하여 데이터 보호가 기술의 기본 측면인지 확인하십시오.
9. **보안 통신 프로토콜:**
   - 보안 통신 프로토콜(예: HTTPS)을 사용하여 장치와 서버 간 전송 중 데이터를 보호합니다. 이는 무단 가로채기를 방지하고 정보의 무결성을 보장합니다.
10. **규정 준수:**
    - 관련 데이터 보호 규정에 대한 정보를 얻고 이를 준수하십시오. 여기에는 개인 정보 처리에 대한 지역 및 국제 표준을 이해하고 준수하는 것이 포함됩니다.

 **"위의 내용을 표로 작성해주세요."**

| 전략 | 설명 |
|---|---|
| 암호화 및 보안 저장소 | 무단 액세스로부터 보호하기 위해 서버에 저장된 개인 정보를 암호화합니다. 데이터 전송 및 저장을 위해 강력한 암호화 알고리즘을 사용합니다. |
| 생체인증 | 생체 인식 인증 방법(예: 지문, 얼굴 인식)을 구현하여 모바일 ID 보안을 강화하고 비밀번호 이상의 추가 계층을 추가합니다. |
| 정기 보안 감사 | 정기적인 보안 감사 및 평가를 수행하여 잠재적인 취약점을 식별 및 해결하고 보안 위협에 사전 대응합니다. |
| 다단계 인증 (MFA) | 민감한 정보에 접근하기 위해 다단계 인증을 시행하고 보안 강화를 위해 비밀번호, 생체 인식, 일회용 비밀번호를 결합합니다. |
| 사용자 교육 및 인식 | 사용자에게 장치 및 계정 보안 유지에 대해 교육합니다. 강력한 비밀번호 사용 습관, 정기적인 업데이트, 피싱 시도에 대한 인식을 장려하세요. |
| 데이터 최소화 및 목적 제한 | 꼭 필요한 최소한의 개인정보만을 수집, 보관합니다. 데이터 사용을 명시적으로 전달된 목적으로 제한하여 투명성과 신뢰를 보장합니다. |
| 정기 소프트웨어 업데이트 | OS 및 애플리케이션을 포함한 모든 소프트웨어를 보안 패치로 최신 상태로 유지하여 알려진 취약점을 해결하고 전반적인 시스템 보안을 강화하세요. |
| 개인정보 보호 설계 | 사용자 개인 정보 보호를 기술의 기본 측면으로 고려하여 모바일 ID 시스템의 설계 및 개발에 개인 정보 보호 조치를 통합합니다. |
| 보안 통신 프로토콜 | 보안 통신 프로토콜(예: HTTPS)을 사용하여 전송 중 데이터를 보호하고 무단 가로채기를 방지하여 데이터 무결성을 보장합니다. |

위 표를 복사하여 엑셀에 붙여넣기 하여 활용할 수 있습니다.

| 전략 | 설명 |
|---|---|
| 암호화 및 보안 저장소 | 무단 액세스로부터 보호하기 위해 서버에 저장된 개인 정보를 암호화합니다. 데이터 전송 및 저장을 위해 강력한 암호화 알고리즘을 사용합니다. |
| 생체인증 | 생체 인식 인증 방법(예: 지문, 얼굴 인식)을 구현하여 모바일 ID 보안을 강화하고 비밀번호 이상의 추가 계층을 추가합니다. |
| 정기 보안 감사 | 정기적인 보안 감사 및 평가를 수행하여 잠재적인 취약점을 식별 및 해결하고 보안 위협에 사전 대응합니다. |
| 다단계 인증(MFA) | 민감한 정보에 접근하기 위해 다단계 인증을 시행하고 보안 강화를 위해 비밀번호, 생체 인식, 일회용 비밀번호를 결합합니다. |
| 사용자 교육 및 인식 | 사용자에게 장치 및 계정 보안 유지에 대해 교육합니다. 강력한 비밀번호 사용 습관, 정기적인 업데이트, 피싱 시도에 대한 인식을 장려하세요. |
| 데이터 최소화 및 목적 제한 | 꼭 필요한 최소한의 개인정보만을 수집, 보관합니다. 데이터 사용을 명시적으로 전달된 목적으로 제한하여 투명성과 신뢰를 보장합니다. |
| 정기 소프트웨어 업데이트 | OS 및 애플리케이션을 포함한 모든 소프트웨어를 보안 패치로 최신 상태로 유지하여 알려진 취약점을 해결하고 전반적인 시스템 보안을 강화하세요. |
| 개인정보 보호 설계 | 사용자 개인 정보 보호를 기술의 기본 측면으로 고려하여 모바일 ID 시스템의 설계 및 개발에 개인 정보 보호 조치를 통합합니다. |
| 보안 통신 프로토콜 | 보안 통신 프로토콜(예: HTTPS)을 사용하여 전송 중 데이터를 보호하고 무단 가로채기를 방지하며 데이터 무결성을 보장합니다. |
| 규정 준수 | 데이터 보호 규정에 대한 최신 정보를 얻고 개인 정보 처리에 대한 지역 및 국제 표준을 준수하십시오. |
| 사고 대응 계획 | 식별, 억제, 근절, 복구 및 학습 단계를 포함하여 보안 위반을 효과적으로 처리하기 위한 포괄적인 사고 대응 계획을 개발합니다. |
| 사용자 동의 및 제어 | 개인정보에 대한 사용자 동의 및 통제를 우선시합니다. 데이터 사용량을 명확하게 전달하고 사용자에게 개인 정보 보호 설정을 관리하고 제어할 수 있는 옵션을 제공합니다. |
| 직원 정기교육 | 보안 프로토콜 및 모범 사례에 대해 직원을 정기적으로 교육합니다. 직원은 개인 정보 보안 유지에 있어 자신의 역할을 인식해야 합니다. |

### E-mail로 Export

ChatGPT의 질문내용을 E-mail로 내보내기 하여 문서 파일로 저장할 수 있습니다.

| Open Ai Chat GPT |

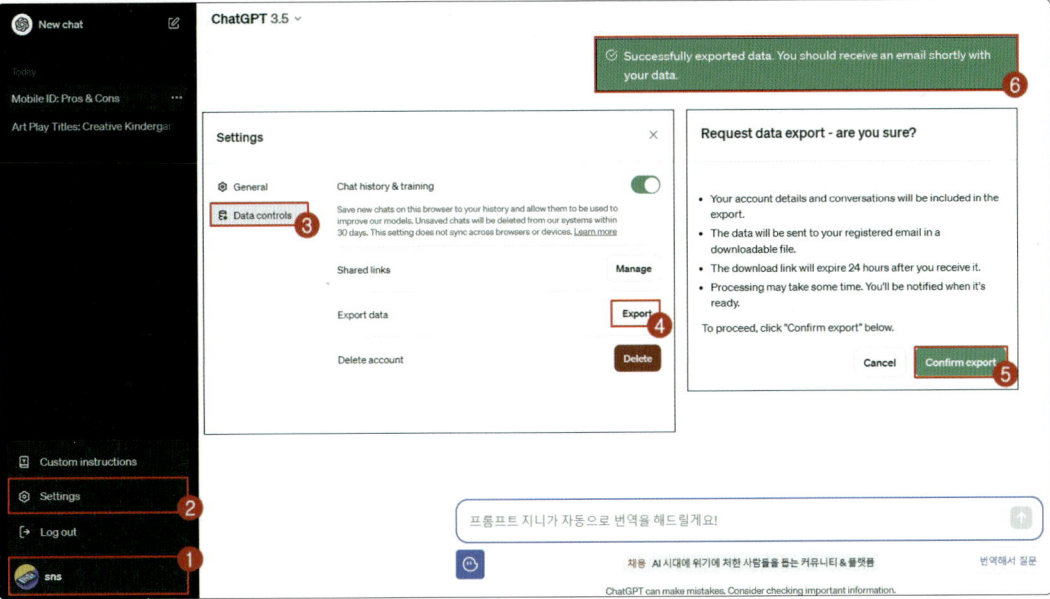

① 내 프로필 아이콘을 클릭합니다.  ② [ Settings ]을 클릭합니다.
③ [ Data controls ]을 클릭합니다.  ④ [ Export ]을 클릭합니다.
⑤ [ Confirm export ]를 클릭합니다. ⑥ data 내보내기 성공했음을 알리는 창이 뜨게 됩니다.


내 Email을 열어서 파일을 다운로드후 압축파일을 압축 풀기 합니다.

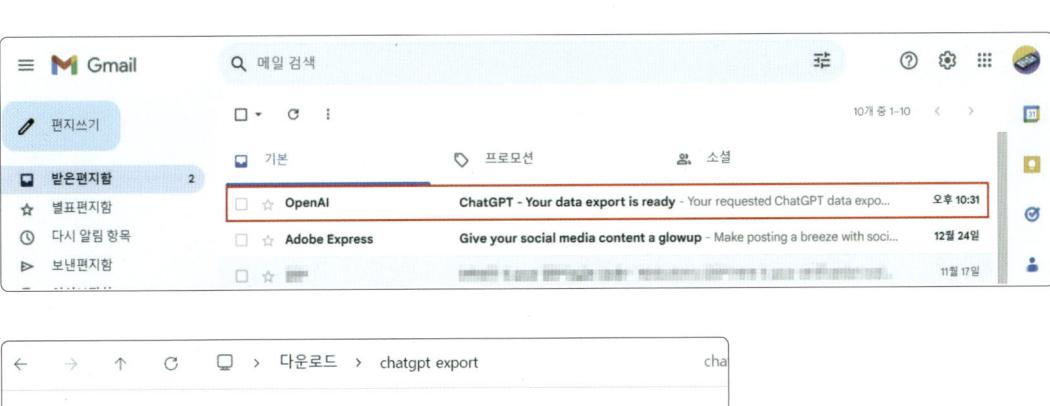

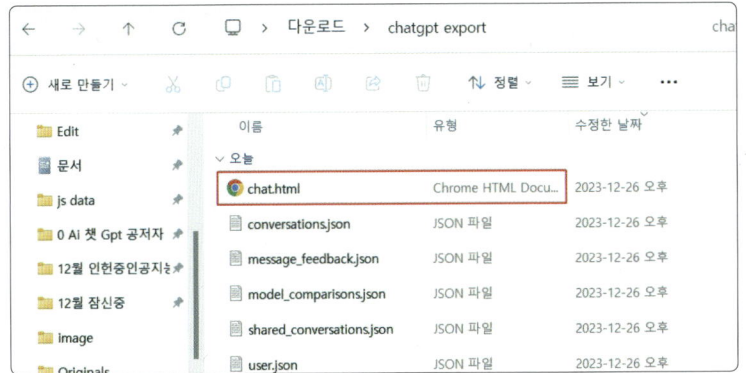

chat.html을 더블클릭합니다.

SNS소통연구소 | 45

영문으로 열린 페이지에서 오른쪽 마우스 클릭하여 [ 한국어로 번역 ]을 선택합니다.

ChatGPT 질문내용 1 ~ 질문 4까지 모두 확인할 수 있습니다.

# 3강 | wrtn (뤼튼)

# 3강 wrtn (뤼튼)

## 개요 및 특징

**뤼튼은 GPT-4, 즉 Generative Pretrained Transformer 4라는 최신 인공지능 모델을 기반으로 개발된 한국어 전용 언어모델입니다.** 이 모델은 방대한 양의 텍스트 데이터를 학습하고, 그 과정에서 얻은 지식을 활용하여 사용자의 입력에 따라 자연스러운 문장을 생성하고 적절한 응답을 제공하는 능력을 갖추고 있습니다.

뤼튼은 다양한 자연어 처리 작업을 수행할 수 있는 능력을 가지고 있습니다. 예를 들어, 다른 언어로 작성된 글을 한국어로 번역하거나, 긴 글을 요약하는 작업을 수행할 수 있습니다. 더 나아가, 사용자가 질문을 하면 해당 질문에 대한 정보를 제공하고, 이를 통해 사용자의 요구를 만족시키는 역할을 수행합니다.

## 장점

❶ **다양한 정보 제공:** 인터넷에서 다양한 데이터를 학습하였기 때문에, 다양한 주제와 관련된 정보를 제공할 수 있습니다. 사용자가 질문하는 다양한 주제에 대해 신속하고 풍부한 정보를 제공할 수 있습니다.

❷ **문맥 이해와 자연스러운 대화:** 문장이나 대화의 문맥을 이해할 수 있어, 더 자연스러운 대화를 구현할 수 있습니다. 이는 사용자와의 상호 작용에서 보다 원활한 의사소통을 가능하게 합니다.

❸ **다양한 작업 지원:** 번역, 요약, 질문 답변 등 다양한 자연어 처리 작업을 지원합니다.

## 단점

❶ **정보의 정확성:** 인터넷에서 수집한 대규모 데이터를 학습하여 응답을 생성합니다. 하지만 이는 모든 정보가 항상 정확하다는 보장을 할 수 없습니다. 때로는 오래된 정보, 틀린 정보, 혹은 개인적인 견해가 포함될 수 있습니다. 사용자는 항상 응답을 검증하고 추가적인 정보를 찾아야 합니다.

❷ **일관성 문제:** 학습 데이터에 기반하여 응답을 생성하기 때문에, 때로는 일관성 문제가 발생할 수 있습니다. 예를 들어, 동일한 질문에 대해 여러 번 물어보면, 각각 다른 응답이 생성될 수 있습니다. 이는 모델의 한계와 데이터의 다양성으로 인해 발생할 수 있습니다.

❸ **윤리적 고려 사항:** 사용자의 입력에 대해 무조건적으로 응답을 생성하기 때문에, 윤리적인 문제를 고려해야 합니다. 정당하지 않거나 위험한 내용을 홍보하거나 지지할 수도 있습니다.

# :wrtn

## 1 뤼튼 시작하기

크롬 검색창에 [ 뤼튼 ]을 입력하고 엔터키를 누릅니다.

검색된 화면의 [ wrtn.ai ] 주소를 클릭하여 이동합니다.

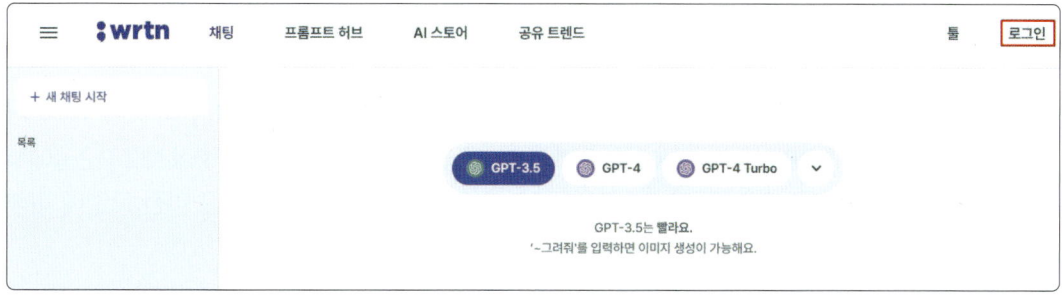

뤼튼 메인 화면에서 오른쪽 상단의 [ 로그인 ]을 클릭하여 회원가입을 진행합니다.

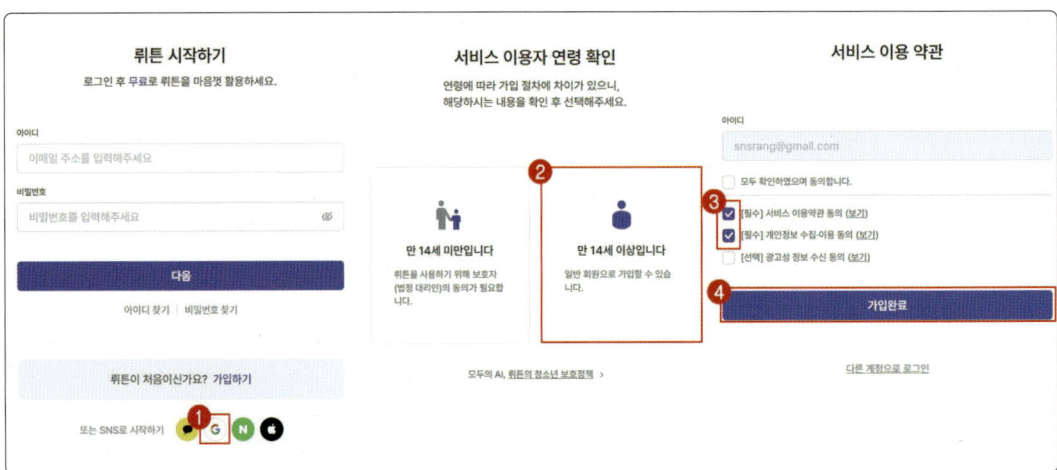

① 구글로 시작하기를 클릭합니다. ② 이용자 연령 확인에 [ 만14세 이상입니다 ]를 클릭합니다.
③ 필수항목에 [ ☑체크 ]합니다.   ④ [ 가입완료 ]를 클릭합니다.

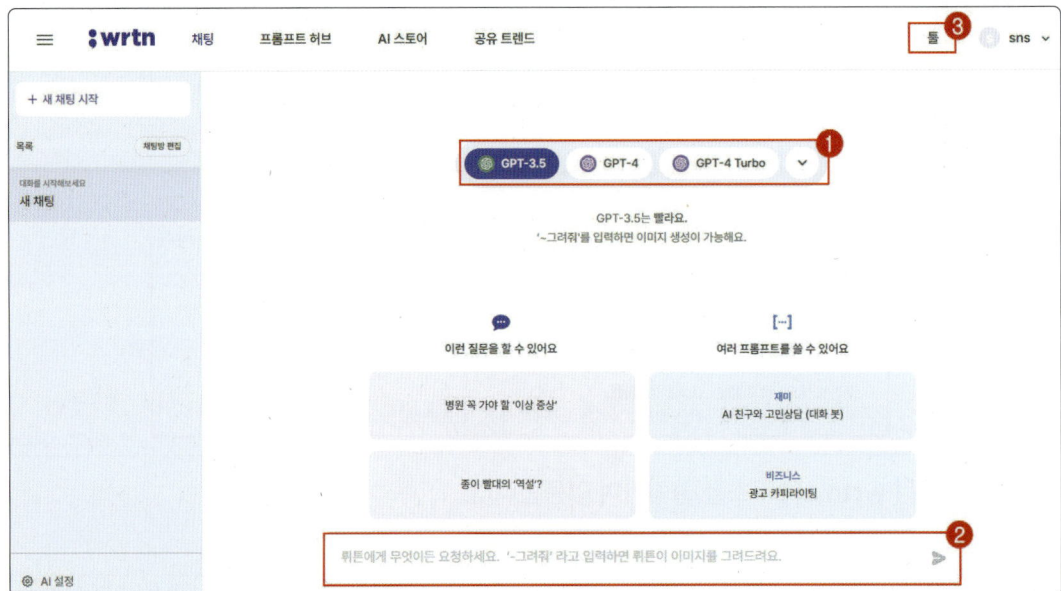

뤼튼의 첫 화면입니다.

① [ GPT-3.5 ] 속도가 빠르며 이미지 생성 가능, [ GPT-4 ] 빠르며 최신정보 제공, [ GPT-4 Turbo ] 이미지 분석가능, [ GPT-3.5-16K ] 빠르면서 긴 대답, 이미지 생성 가능, [ PaLM2 ] 구글에서 만들고 가독성이 높다. 모두 OpenAI에서 개발된 언어 모델입니다. 각 모델은 이전 모델에 비해 발전된 기능을 가지고 있으며 계속해서 발전하고 있습니다.
② 질문을 입력하고 대화를 시작합니다.
③ 툴 기능은 다양한 작업 도구로 원하는 결과를 쉽게 얻을 수 있습니다.

## 2 뤼튼 실제 사용 사례

**예시1** 뮤직비디오 대본 작성

**질문1** "뮤직비디오의 주제 10가지 알려줘."

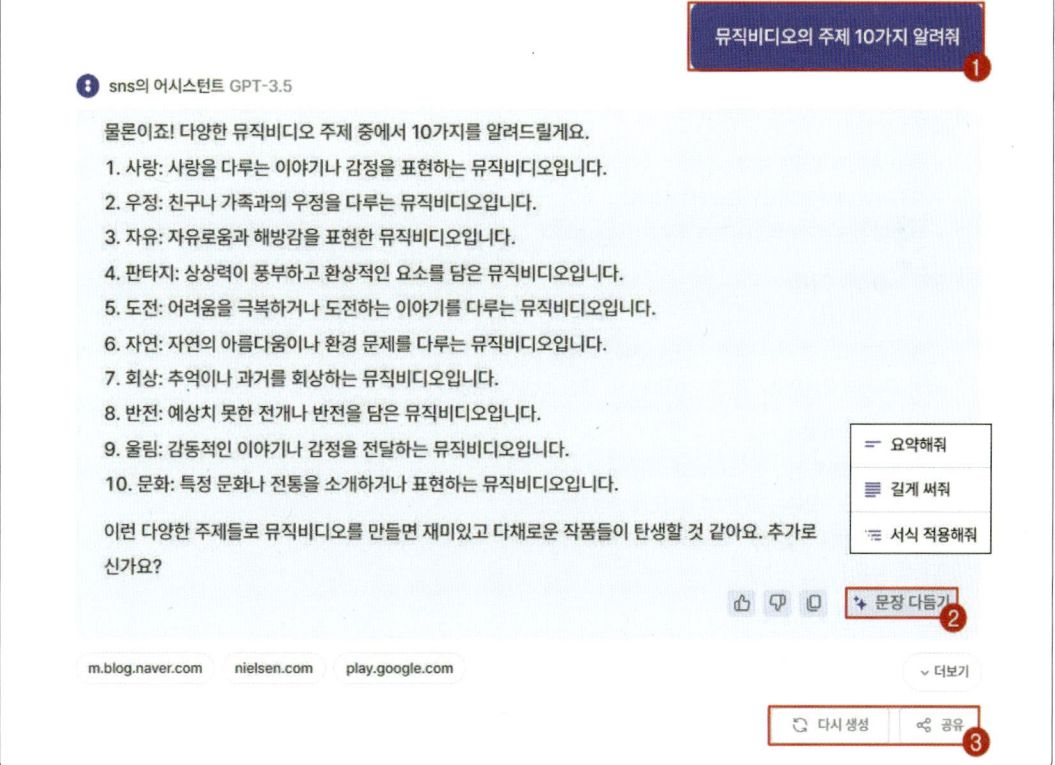

① 질문 [ 뮤직비디오 주제 10가지 알려줘 ]
② [ 문장 다듬기 ]를 클릭하면 요약해줘, 길게 써줘, 서식 적용해줘로 문장을 다듬을 수 있습니다.
③ 다른 답변을 받으려면 [ 다시 생성 ] 클릭하고 [ 공유 ] 클릭하면 링크 생성하여 공유가 가능합니다.

**질문2** "뮤직비디오에서 어떤 스토리텔링이 많이 사용돼?"

뮤직 비디오에서 가장 많이 사용되는 스토리텔링은 로맨스입니다. 로맨스는 음악과 시각적 이미지를 통해 사랑의 감정을 표현하는 데 효과적입니다. 뮤직 비디오에서는 사랑의 시작, 사랑의 발전, 사랑의 끝을 보여주는 다양한 스토리텔링이 사용됩니다. 또한, 뮤직 비디오에서는 사랑의 감정을 표현하기 위해 다양한 상징과 비유가 사용됩니다. 예를 들어, 꽃은 사랑의 아름다움을, 하트는 사랑의 열정을, 천둥과 번개는 사랑의 힘을 상징합니다.

두 번째 질문의 답변을 참고하여 주제를 로맨스로 정하고 다시 질문합니다.

## 질문 3 "감성과 추억의 이야기를 담은 뮤직비디오 대본을 써줘"

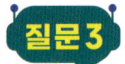

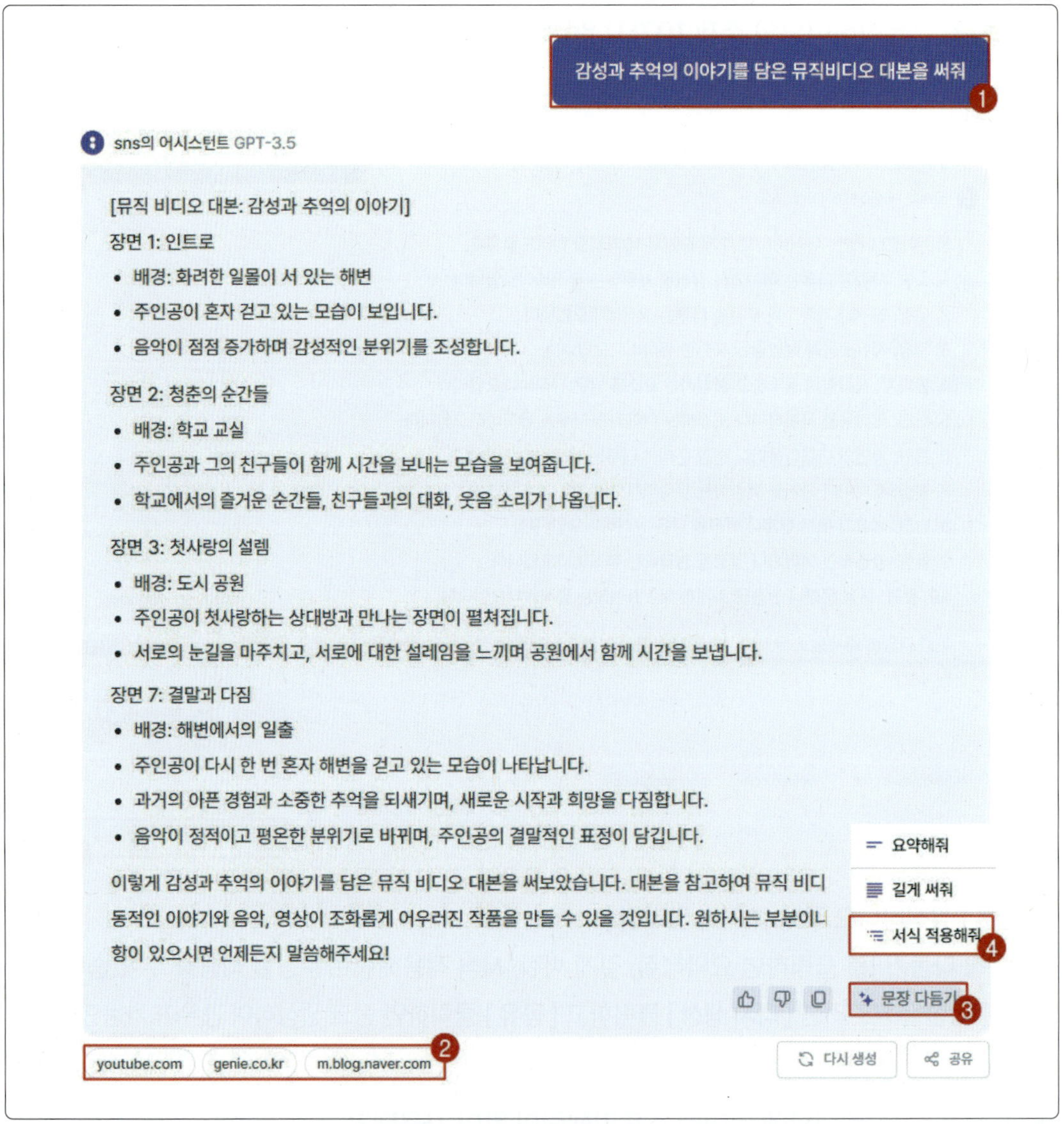
감성과 추억의 이야기를 담은 뮤직비디오 대본을 써줘
1
sns의 어시스턴트 GPT-3.5
[뮤직 비디오 대본: 감성과 추억의 이야기]
장면 1: 인트로
• 배경: 화려한 일몰이 서 있는 해변
• 주인공이 혼자 걷고 있는 모습이 보입니다.
• 음악이 점점 증가하며 감성적인 분위기를 조성합니다.
장면 2: 청춘의 순간들
• 배경: 학교 교실
• 주인공과 그의 친구들이 함께 시간을 보내는 모습을 보여줍니다.
• 학교에서의 즐거운 순간들, 친구들과의 대화, 웃음 소리가 나옵니다.
장면 3: 첫사랑의 설렘
• 배경: 도시 공원
• 주인공이 첫사랑하는 상대방과 만나는 장면이 펼쳐집니다.
• 서로의 눈길을 마주치고, 서로에 대한 설레임을 느끼며 공원에서 함께 시간을 보냅니다.
장면 7: 결말과 다짐
• 배경: 해변에서의 일출
• 주인공이 다시 한 번 혼자 해변을 걷고 있는 모습이 나타납니다.
• 과거의 아픈 경험과 소중한 추억을 되새기며, 새로운 시작과 희망을 다짐합니다.
• 음악이 정적이고 평온한 분위기로 바뀌며, 주인공의 결말적인 표정이 담깁니다.
이렇게 감성과 추억의 이야기를 담은 뮤직 비디오 대본을 써보았습니다. 대본을 참고하여 뮤직 비디
동적인 이야기와 음악, 영상이 조화롭게 어우러진 작품을 만들 수 있을 것입니다. 원하시는 부분이니
항이 있으시면 언제든지 말씀해주세요!
요약해줘
길게 써줘
서식 적용해줘
4
문장 다듬기
3
youtube.com
genie.co.kr
m.blog.naver.com
2
다시 생성
공유

① 세번째 질문을 합니다. **[ 감성과 추억의 이야기를 담은 뮤직비디오 대본을 써줘 ]**

② 사이트의 링크연결이 되어 있어서 뮤직비디오 영상 작업시 참고 할 수 있습니다.
　유튜브에서 관련 동영상 보기, 지니 음악 사이트에서 음악 듣기, 뮤직비디오 관련 포스팅의 글을 읽을 수 있도록 링크 설정이 되어 있어서 클릭하면 연결이 됩니다.
③ [ 문장 다듬기 ]를 클릭합니다. ④ [ 서식 적용해줘 ]를 클릭합니다.

다음(P54)과 같이 '감성과 추억 이야기'를 주제로 한 뮤직비디오 대본이 완성되었습니다.

sns의 어시스턴트 GPT-3.5

서식 적용해줘

# 뮤직 비디오 대본: 감성과 추억의 이야기

## 장면 1: 인트로
- 배경: 화려한 일몰이 서 있는 해변
- 내용: 주인공이 혼자 걷고 있는 모습이 보입니다. 음악이 점점 증가하며 감성적인 분위기를 조성합니다.

## 장면 2: 청춘의 순간들
- 배경: 학교 교실
- 내용: 주인공과 그의 친구들이 함께 시간을 보내는 모습을 보여줍니다. 학교에서의 즐거운 순간들, 친구들과의 대화, 웃음 소리가 나옵니다.

## 장면 3: 첫사랑의 설렘
- 배경: 도시 공원
- 내용: 주인공이 첫사랑하는 상대방과 만나는 장면이 펼쳐집니다. 서로의 눈길을 마주치고, 서로에 대한 설레임을 느끼며 공원에서 함께 시간을 보냅니다. 음악이 로맨틱하게 전환되며, 주인공의 행복한 표정이 담깁니다.

## 장면 4: 이별과 아픔
- 배경: 비가 오는 도로
- 내용: 주인공과 상대방이 서로를 떠나는 장면이 나타납니다. 비가 내리는 도로 위에서 우산을 쓴 주인공이 아픈 표정으로 상대방을 보내며 이별의 아픔을 느끼게 됩니다. 음악이 슬픈 선율로 전환됩니다.

## 장면 5: 추억의 소중함
- 배경: 주인공의 방
- 내용: 주인공이 과거의 추억들을 되새기며 사진첩이나 편지들을 훑어봅니다. 그 속에서 과거의 소중한 순간들이 떠오르며 주인공의 표정이 변화합니다. 음악이 감미로운 멜로디로 주인공의 추억과 감정을 나타냅니다.

## 장면 6: 성장과 희망
- 배경: 도심의 빛나는 야경
- 내용: 주인공이 성장하고 변화하는 모습을 보여줍니다. 다양한 경험과 도전을 통해 힘을 얻고, 희망을 품는 장면이 연출됩니다. 음악이 강렬하게 전환되며, 주인공이 앞으로의 삶에 대한 다짐을 표현합니다.

## 장면 7: 결말과 다짐
- 배경: 해변에서의 일출
- 내용: 주인공이 다시 한 번 혼자 해변을 걷고 있는 모습이 나타납니다. 과거의 아픈 경험과 소중한 추억을 되새기며, 새로운 시작과 희망을 다짐합니다. 음악이 정적이고 평온한 분위기로 바뀌며, 주인공의 결말적인 표정이 담깁니다.

이렇게 감성과 추억의 이야기를 담은 뮤직 비디오 대본을 써보았습니다. 대본을 참고하여 뮤직 비디오를 제작하면, 감동적인 이야기와 음악, 영상이 조화롭게 어우러진 작품을 만들 수 있을 것입니다. 원하시는 부분이나 추가적인 요구사항이 있으시면 언제든지 말씀해주세요!

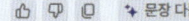

| wrtn (뤼튼) |

**질문 4**  "위 뮤직비디오 대사에 어울리는 감성적인 제목 10개 만들어줘"

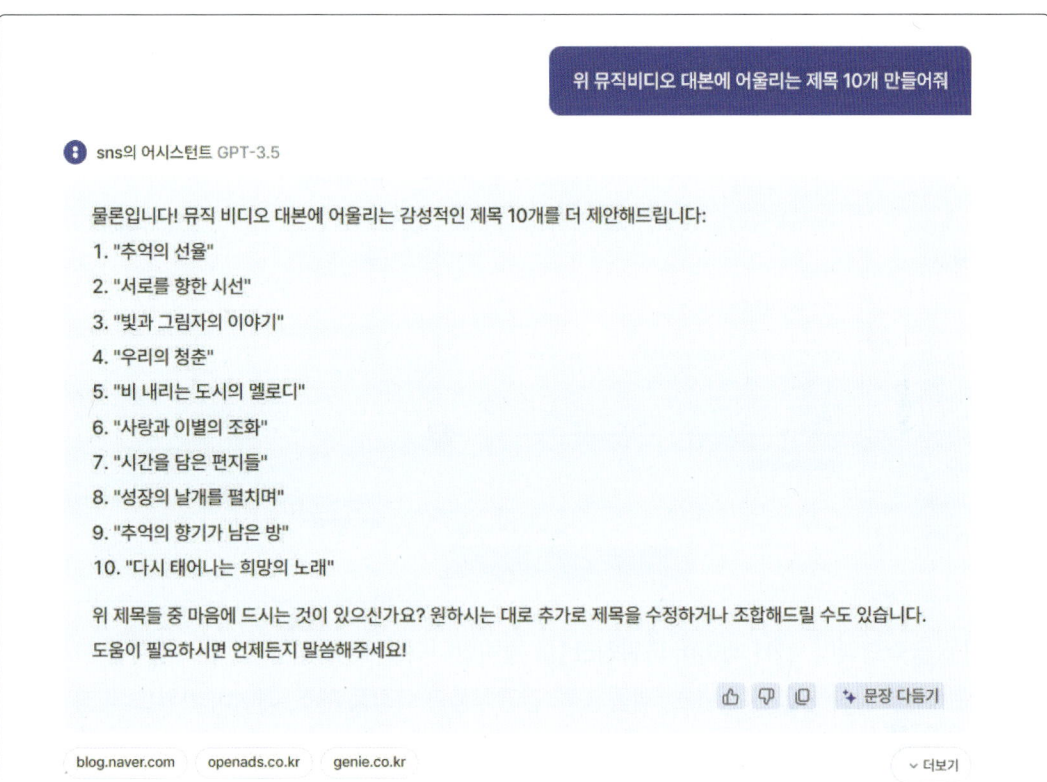

### 예시 2    네이버 파워링크 제목 작성

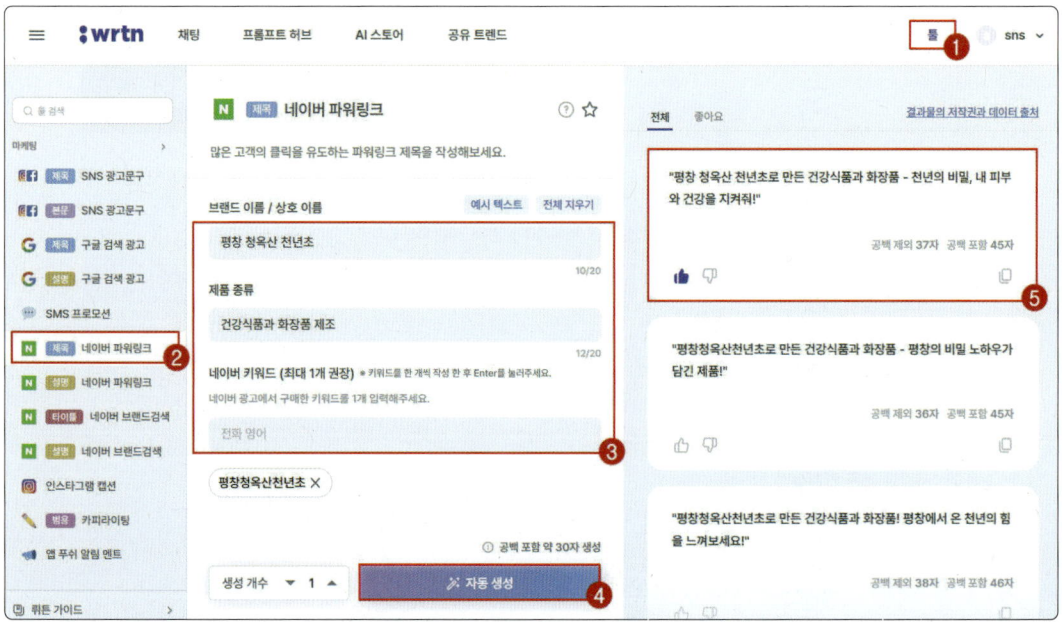

① [ 툴 ]을 클릭합니다. ② [ 네이버 파워링크 ]를 클릭합니다.

③ 브랜드 이름: 평창 청옥산 천년초, 제품 종류: 건강식품과 화장품 제조, 네이버 키워드: 평창 청옥산 천년초를 입력하였습니다.

④ [ 자동 생성 ]을 클릭합니다. ⑤ 파워링크 제목이 '평창 청옥산 천년초로 만든 건강식품과 화장품-천년의 비밀, 내 피부와 건강을 지켜줘!'가 작성되었습니다.

뤼튼 에서의 답변을 참고로 하여 Open Ai ChatGPT에 재질문을 하였습니다.

**질문2**      안녕~ 나는 현재 평창 청옥산에서 천년초를 재배하여 건강식품과 화장품을 생산하여 판매하고 있어. 주요 키워드는 평창 청옥산 천년초 등을 사용하고 있는데, 네이버 파워링크 제목으로 '평창 청옥산 천년초로 만든 건강식품과 화장품 – 천년의 비밀, 내 피부와 건강을 지켜줘!'라고 정해봤어. 10개 더 추천해 줬으면 좋겠어.

# wrtn (뤼튼)

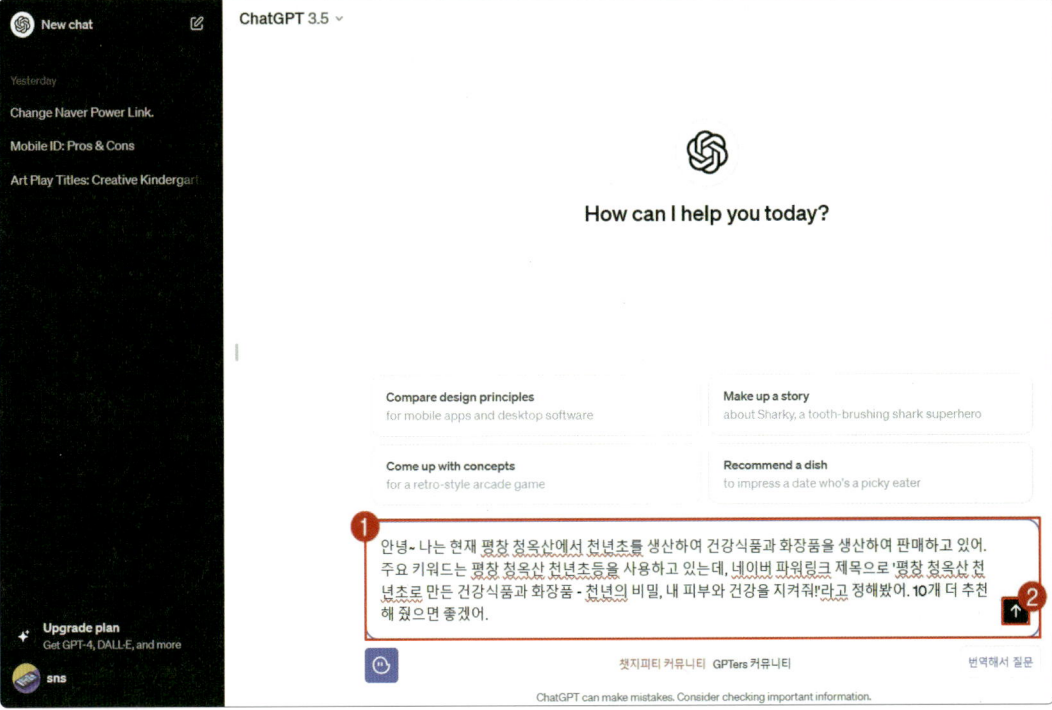

① 질문 내용 입력합니다.  ② [ 전송 ] ⬆ 버튼을 클릭합니다.


아래와 같은 답변을 받았습니다.

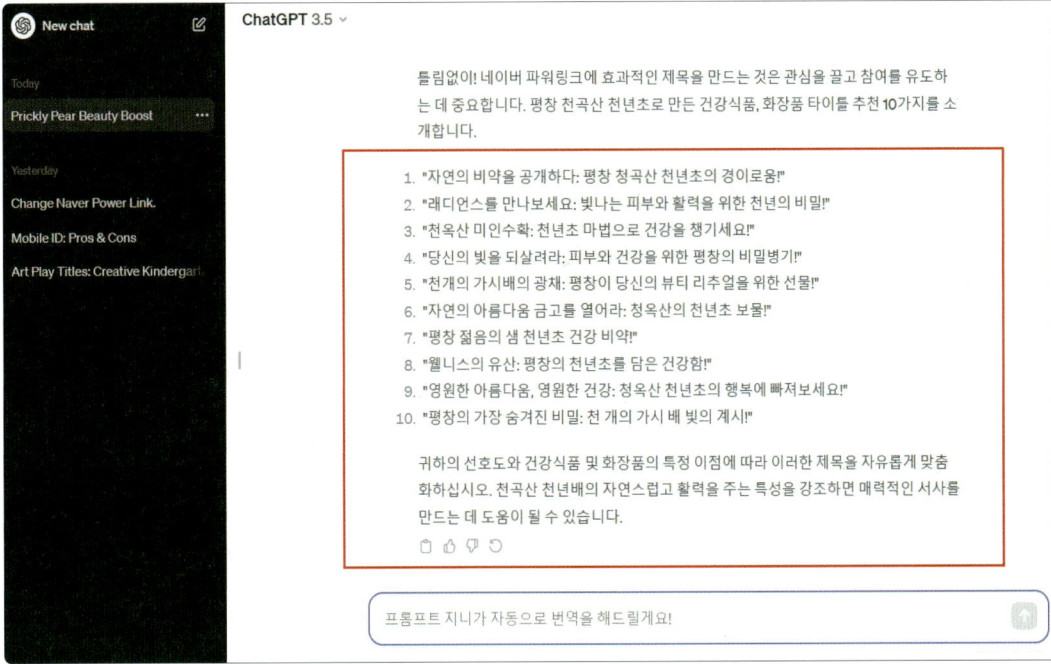

SNS소통연구소 | 57

 **"위 제목이 좋은 거 같은데 민감성피부와 여드름으로 고민하는 여성이 좋아하는 말투로 바꿔서 다시 작성해줘"**

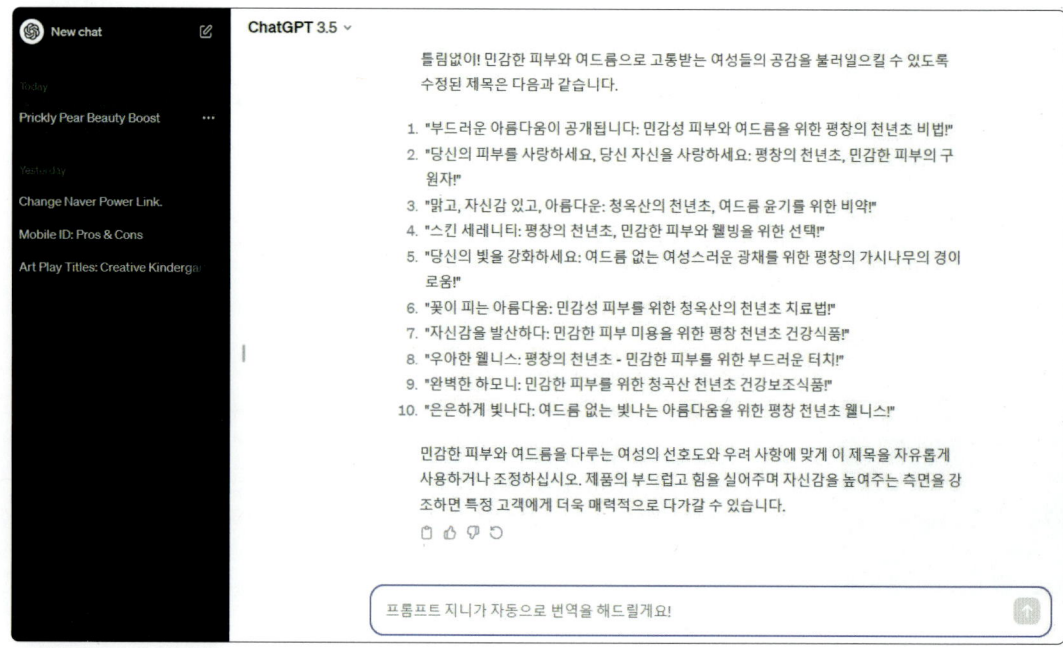

| Ai 챗GPT + 마케팅 |

**4강** | 마이크로소프트 빙(Bing)

# 4강 Microsoft Bing Chat GPT

## 개요 및 특징

빙챗은 마이크로소프트(MS) 의 bing 검색 엔진에 내장된 AI인공지능 챗봇서비스입니다.
오픈AI의 GPT-4 모델을 기반으로 동작하며 사용자가 입력한 질문이나 요청에 대해 웹 검색 결과를 바탕으로 답변을 하고, 다양한 언어를 지원하고, 창의적이고 흥미로운 콘텐츠를 생성할 수도 있습니다.
빙챗의 대표적인 특징 중 하나는 사용자의 목적과 환경에 따라 적절한 챗봇 모드를 선택할 수 있다는 것입니다. 현재 **창의적인(Creative)모드, 균형있는(Balanced) 모드, 정밀한(Precise) 모드** 3가지 모드를 제공하고 있습니다.

- **창의적인(Creative)모드:** 독창적이고 재미있는 콘텐츠를 생성하는 모드입니다. 보다 융통성 있게 정보를 많이 찾아주며 소설이나, 브레인스토밍 같은 아이디어를 참고할 때 좋습니다.
- **균형있는(Balanced) 모드:** 창의적인 50% + 정밀한 50%로 제시해 줍니다. 적절한 수준의 창의성과 정확성을 기반으로 대화하며 일반적인 대화나 정보 검색에 적합합니다.
- **정밀한(Precise) 모드:** 확실한 내용을 제시해 줍니다. 더 많은 신뢰성을 가지고 사실에 기반한 콘텐츠를 생성하는 모드이며 정확한 답변이 필요한 질문이나 학습에 유용합니다.

## 장점

**❶ 최신의 정보와 출저를 제공**

빙챗은 인터넷에 연결되어 있어서 사용자가 질문한 내용을 웹 검색 결과를 통해 답변할 수 있습니다. 웹 검색 결과를 요약하거나 정리해서 알려주기 때문에 답변이 간결하고 정확할 수 있으며 각 응답 하단에 출처를 인용하기 때문에 답변의 신뢰성을 쉽게 확인할 수 있습니다.

**❷ 다양한 채팅 모드 지원**

빙챗은 세 가지 채팅 모드를 제공합니다. Balanced 모드는 균형잡힌 답변을 Creative 모드는 창의적인 답변을 제공하고, Precise 모드는 정확한 답변을 제공합니다. 사용자는 자신의 목적과 선호에 따라 적절한 모드를 선택할 수 있습니다.

**❸ Pdf, 동영상 내용의 요약 정리**

빙챗은 많은 양의 pdf, 웹 검색 결과에 대해 요약 및 정리를 해주며 세 가지 채팅 모드에 따라 요약 내용이 차이가 있습니다.

**❹ 다양한 언어 지원**

사용자가 원하는 언어로 대화할 수 있으며, 빙챗은 사용자의 언어를 자동으로 감지하고 적절하게 응답합니다. 또한 영어, 중국어, 일본어, 스페인어, 프랑스어, 독일어 등 많은 비영어권 언어를 공식적으로 지원합니다.

**❺ 창의적인 콘텐츠와 그래픽 아트 생성**

시, 이야기, 코드, 에세이, 노래, 연예인 패러디 등 다양한 콘텐츠를 자신의 단어와 지식을 사용해서 만들 수 있습니다. 또한, 사용자가 요청하면 자신의 콘텐츠를 쓰거나, 다시 쓰거나, 개선하거나, 최적화하는 데 도움을 줄 수 있으며 사용자가 원하는 주제나 키워드를 입력하면 인공지능 모델을 호출해서 그래픽 아트를 생성하는데, 그래픽 아트를 생성하는 과정을 사용자에게 숨기고, 생성된 이미지를 바로 보여줍니다.

## 단 점

**❶ 인터넷 환경**

빙챗은 인터넷에 연결되어 있어야만 사용할 수 있습니다. 인터넷이 불안정하거나 접속할 수 없는 경우에는 빙챗과 대화할 수 없습니다.

**❷ 브라우저의 제한**

빙챗은 마이크로소프트 엣지 브라우저에서만 사용할 수 있습니다. 다른 브라우저나 플랫폼에서는 빙챗을 이용할 수 없습니다.

**❸ 대화 횟수의 제한**

하루에 150개의 질문을 할 수 있으며, 한 번의 대화에서는 15개의 질문을 할 수 있습니다. 이를 초과하면 빙챗은 응답하지 않습니다.

**❹ 기술적 한계**

빙챗은 웹 검색 결과를 바탕으로 답변을 제공합니다. 따라서 웹 검색 결과에 없는 정보나 최신의 정보를 알려주지 못할 수 있으며 웹 검색 결과가 잘못되거나 편향되어 있을 경우에는 빙챗의 답변도 영향을 받을 수 있습니다. 때로는 주관적인 의견이나 감정이 필요한 경우가 있을 수 있는데, 예를 들어 자신의 존재나 감정에 대해 이야기하거나, 사용자의 감정을 공감하거나, 재미있는 농담을 하거나, 창의적인 콘텐츠를 생성하는 데는 어려움을 겪을 수 있습니다.

## 결론 및 전망

빙챗은 사용자의 선호에 따라 다른 스타일의 응답을 할 수 있는 세 가지 채팅 모드를 제공하는 장점을 가지고 단순한 정보 제공 뿐만 아니라, 창의적이고 혁신적인 콘텐츠를 생성할 수 있는 훌륭한 능력을 갖추고 있습니다. 사용자와의 대화를 통해 학습하고 발전하며, 대화의 오류를 인식하고, 사용자의 피드백을 반영하며 정확한 정보를 제공할 수 있는 빙챗은 현재의 베타버전을 거친 후에는 인공지능 챗봇으로서 더 큰 가능성을 보여줄 것을 기대할 수 있습니다.

## 1 Bing(빙) ChatGPT 사용하기

### 1) 엣지 브라우저 다운로드 및 설치

빙챗은 마이크로소프트의 엣지 브라우저에서만 사용이 가능합니다. 엣지가 설치되어 있지 않다면 가지고 있는 인터넷 브라우저를 열어서 '마이크로소프트 엣지'를 검색하여 다운로드 및 설치를 진행합니다.

① 엣지를 설치한 후 검색창의 오른쪽에 있는 [ 빙 아이콘 ]을 클릭합니다.

② [ 로그인 ]을 클릭하고 이메일 계정을 이용해 로그인을 합니다.
③ [ 채팅 ]을 클릭해서 빙챗과 대화를 시작할 수 있습니다.

## 2 빙 ChatGPT 의 활용

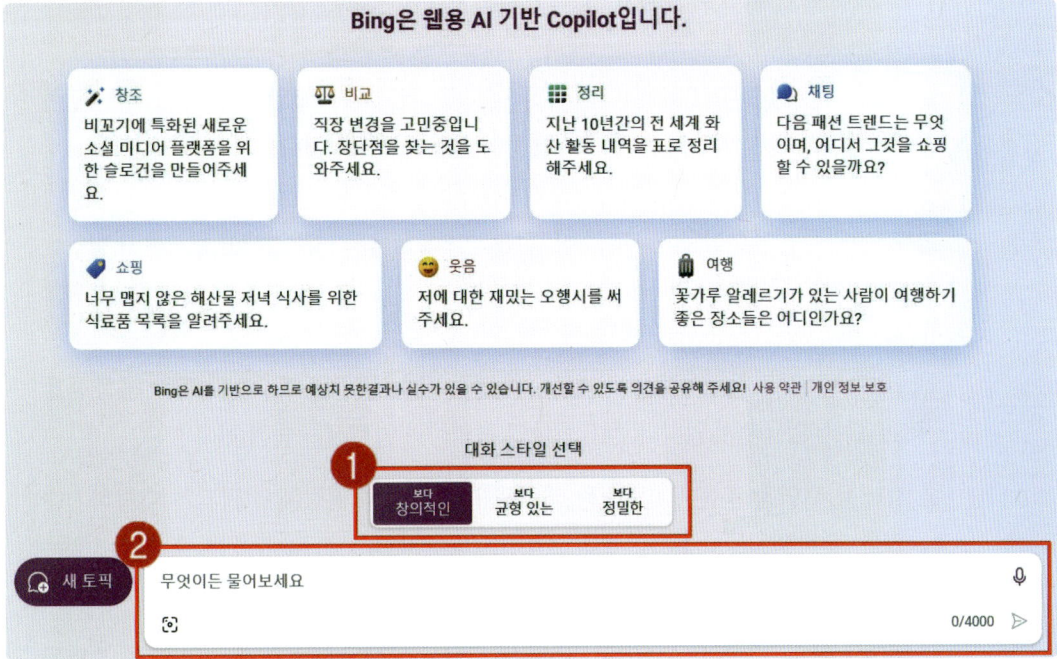

① [ 대화스타일 ]을 먼저 선택합니다
② 텍스트로 질문을 쓰거나 마이크를 이용해 질문을 합니다.


### 1) 소상공인이 활용할 수 있는 ChatGPT

캠핑용품을 판매하는 스마트스토어를 운영중입니다. 빙챗에게 내년에는 어떤 품목을 주력해서 판매하면 좋을지 빙챗에게 질문을 해보겠습니다.

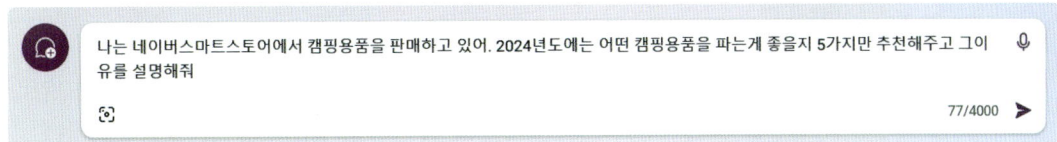

**질문** "나는 네이버스마트스토어에서 캠핑용품을 판매하고 있어. 2024년도에는 어떤 캠핑 용품을 파는게 좋을지 5가지만 추천해주고 그 이유를 설명해줘"

**빙챗 -** 안녕하세요, 이것은 빙입니다. 캠핑에 관심이 있으시군요.

2024년에 유행할 캠핑용품을 추천해드리겠습니다. 다음은 제가 검색한 결과를 바탕으로 선정한 5가지 제품입니다.

1. 스마트 텐트 : 스마트 텐트는 스마트폰과 연동하여 텐트의 온도, 습도, 조명, 통풍 등을 조절할 수 있는 텐트입니다. 캠핑족들의 편의성과 안전성을 높여줍니다.

2. 휴대용 태양광 충전기 : 휴대용 태양광 충전기는 캠핑장에서 전기가 부족하거나 없을 때, 태양광을 이용하여 스마트폰, 노트북, 카메라 등의 전자기기를 충전할 수 있는 제품입니다. 캠핑 시 필수적인 전자기기의 배터리 걱정을 해소해줍니다.

3. 바이오 라이트 스토브 : 바이오 라이트 스토브는 장작을 태워서 불을 만들고, 그 열을 전기로 변환하는 스토브입니다. 불을 통해 음식을 조리하면서, 전기를 발생시켜 전자기기를 충전할 수 있습니다. 또한, 연기를 최소화하고, 화재 위험을 줄여줍니다.

4. 휴대용 냉장고 : 휴대용 냉장고는 캠핑 시 식재료, 음료, 약 등을 보관할 수 있는 냉장고 입니다. 차량의 시거잭이나 배터리를 이용하여 작동하며, 온도를 조절할 수 있습니다. 캠핑 시 식품의 신선도와 맛을 유지해줍니다.

5. 휴대용 샤워기: 휴대용 샤워기는 캠핑 시 몸이나 물건을 씻을 수 있는 샤워기입니다. 물통에 물을 담고, 펌프를 통해 압력을 만들어 물을 분사합니다. 캠핑 시 위생과 청결을 유지해줍니다.

이상으로 2024년에 유행할 캠핑용품 5가지를 소개해드렸습니다. 이 제품들은 캠핑족들의 편의성, 안전성, 품질, 환경 친화성 등을 고려하여 선정하였습니다. 캠핑을 좋아하시는 분들께서는 이 제품들을 참고하여 캠핑을 즐겨보시기 바랍니다. 감사합니다.

빙챗은 인터넷 검색 결과를 가지고 답변을 제시하기 때문에 구체적이고 정확도 높은 답변을 제시해 줍니다. 그리고 답변의 아래쪽에 연관 질문을 던져주어 더 확장된 사고를 이끌어 줍니다.

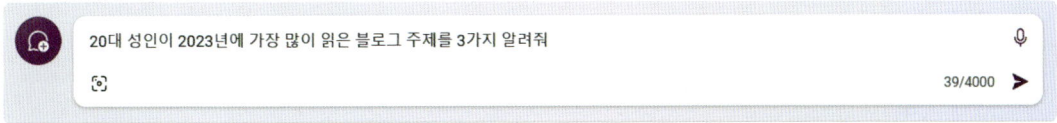

## 2) 빙 ChatGPT 를 이용한 블로그 글쓰기

빙챗을 이용해 글의 소재를 찾고 그에 맞는 키워드를 정해 양질의 블로그 글쓰기를 할 수 있습니다.

(1) 블로그 글쓰기의 주제를 정합니다.

> 20대 성인이 2023년에 가장 많이 읽은 블로그 주제를 3가지 알려줘
> 39/4000

빙챗에게 20대 성인이 2023년 가장 많이 읽은 주제 3가지를 질문합니다.

**[ 답변 ]**

- **건강:** 코로나19 팬데믹의 영향으로 건강에 대한 관심이 높아졌습니다. 건강한 식습관, 운동, 멘탈 케어 등에 관한 블로그 글들이 많은 조회수를 기록했습니다.

- **경제적 자유:** 20대 성인들은 경제적으로 독립하고자 하는 욕구가 강합니다. 수익형 블로그, 부동산 투자, 재테크, 창업 등에 관한 블로그 글들이 인기를 끌었습니다.

- **독서:** 20대 성인들은 자신의 성장과 발전을 위해 독서를 즐깁니다. 인간관계, 성공, 마인드셋, 인생, 처세 등에 관한 도서들이 베스트셀러 순위에 올랐습니다.

> 안녕하세요, 이것은 빙입니다. 😊
>
> 20대 성인이 2023년에 가장 많이 읽은 블로그 주제를 3가지 알려드리겠습니다. 📚
>
> - **건강**: 코로나19 팬데믹의 영향으로 건강에 대한 관심이 높아졌습니다. 건강한 식습관, 운동, 멘탈 케어 등에 관한 블로그 글들이 많은 조회수를 기록했습니다.[1]
> - **경제적 자유**: 20대 성인들은 경제적으로 독립하고자 하는 욕구가 강합니다. 수익형 블로그, 부동산 투자, 재테크, 창업 등에 관한 블로그 글들이 인기를 끌었습니다.[2]
> - **독서**: 20대 성인들은 자신의 성장과 발전을 위해 독서를 즐깁니다. 인간관계, 성공, 마인드셋, 인생, 처세 등에 관한 도서들이 베스트셀러 순위에 올랐습니다.[3][4][5]
>
> 이상으로 20대 성인이 2023년에 가장 많이 읽은 블로그 주제를 3가지 소개해드렸습니다. 더 궁금하신 점이 있으시면 언제든지 물어보세요. 😊
>
> 자세한 정보: 1. health.chosun.com   2. ko.wix.com   3. blog.naver.com
>
> 3 / 30

> [2023년에 가장 많이 팔린 책은 무엇입가요?]  [건강한 식습관을 유지하는 방법 알려주세요.]  [20대들이 선호하는 독서 장르는 어떤 것이 있나요?]

### (2) 소주제를 정합니다.

3가지 주제 중 독서의 장르 정하기 - 20대 성인이 2023년 가장 많이 읽은 주제 3가지를 질문합니다.

### (3) 소주제에 맞는 해시태그를 검색합니다.

이렇게 단계적으로 블로그 글쓰기의 주제부터 소주제, 해시태그까지 단계적으로 빙챗을 활용해 나갈 수 있습니다.

**MEMO**

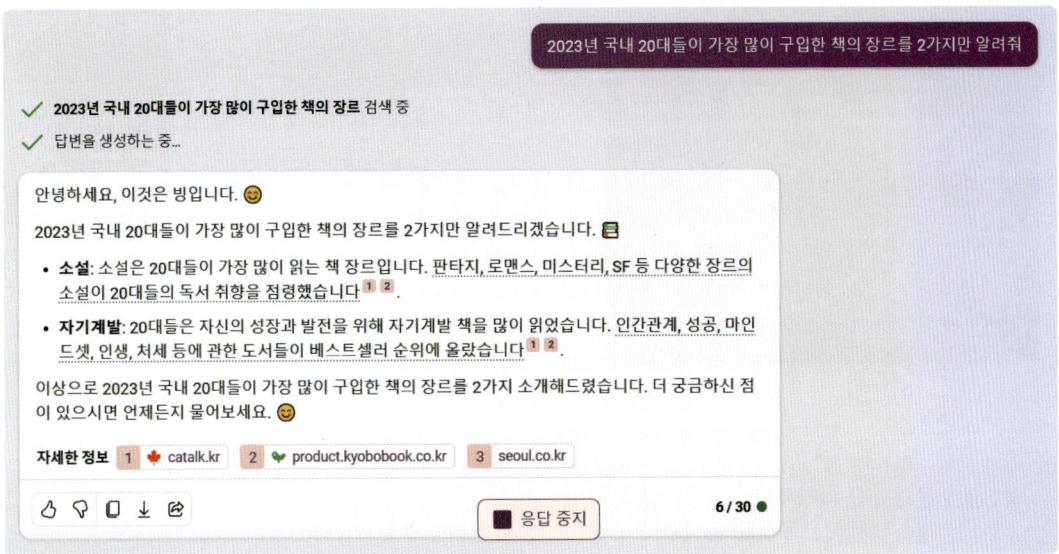

- **#자기계발서** : 자기계발에 도움이 되는 책들을 소개하거나 리뷰하는 글들에 붙이는 해시태그입니다. 책의 제목이나 저자, 내용 요약, 느낀 점 등을 적어주면 좋습니다. 예시로는 #자기계발서 를 참고해보세요.

- **#직장인자기계발** : 직장생활을 하면서 자신의 역량을 키우거나 스트레스를 해소하는 방법을 공유하는 글들에 붙이는 해시태그입니다. 직장인들이 할 수 있는 취미나 운동, 베이킹, 악기 연습 등의 활동을 소개하거나, 직장에서의 팀워크나 의사소통, 목표 달성 등의 경험을 적어주면 좋습니다. 예시로는 #직장인자기계발 를 참고해보세요.

- **#자기계발목표** : 자기계발을 위해 세운 목표와 그 과정을 기록하는 글들에 붙이는 해시태그입니다. 목표를 SMART하게 세우고, 달성하기 위해 어떤 행동을 했고, 어떤 결과를 얻었고, 어떤 아쉬움이나 한계가 있었는지 등을 적어주면 좋습니다. 예시로는 #자기계발목표 를 참고해보세요.

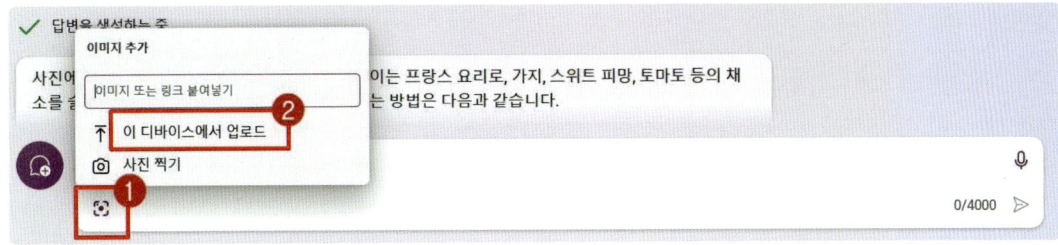

## 3) 빙 ChatGPT 이미지로 검색하기

① 카메라 버튼을 클릭하고

② [ **이 디바이스에서 업로드** ]를 선택해서 이미지 파일을 하나 선택합니다.

라따뚜이 이미지를 읽어들여 음식의 이름과 만드는 방법을 모두 알려줍니다. 구글 바드에서 같은 이미지로 프롬프트를 주었을 때 구글 바드가 좀더 상세히 나오고 있습니다.

사진에 있는 음식은 **라따뚜이**라고 합니다. 라따뚜이는 프랑스 요리로, 가지, 스위트 피망, 토마토 등의 채소를 슬라이스해서 오븐에 구운 음식입니다. 만드는 방법은 다음과 같습니다.

- 주요 재료: 가지, 스위트 피망, 토마토, 양파, 대파, 마늘 등의 채소와 올리브 오일, 소금, 후추 등의 양념을 준비합니다.
- 채소를 동그랗게 슬라이스합니다.
- 오븐용 그릇에 올리브 오일을 바르고 마늘과 양파를 볶아 넣습니다.
- 그 위에 슬라이스한 채소를 번갈아 가며 정돈해서 올려줍니다.
- 소금과 후추로 간을 해주고 올리브 오일을 뿌려줍니다.
- 180도로 예열된 오븐에서 약 1시간 동안 구웁니다.

이렇게 하면 라따뚜이가 완성됩니다. 맛있게 드세요. 😊

# 5강 | 구글 바드 (Google Bard)

# 5강 Google Bard - Ai 책봇 사이트

## 개요 및 특징

구글 바드는 2023년 3월 21일에 출시된 인공지능 챗봇으로서, 구글의 강력한 검색 엔진과 연동되며 46개의 언어를 지원하여 사용자에게 다양한 정보를 제공합니다. 이것은 구글의 막대한 데이터베이스와 지식을 활용하여 정확하고 신뢰할 수 있는 답변을 제공할 수 있다는 것을 의미하는 것이며 현재 베타버전으로 운영중이나 앞으로의 성장이 기대되고 있습니다

- 구글 바드는 생성형 인공지능으로서, 텍스트를 생성하고, 다양한 언어를 번역할 수 있습니다. 텍스트와 코드의 방대한 데이터 세트로 훈련되며 이를 통해 다양한 창의적인 텍스트 형식을 생성할 수 있습니다.

- 사용자의 취향과 관심사에 따라 맞춤형 대화를 제공할 수 있습니다. 사용자의 메시지를 분석하고, 적절한 답변을 생성하며, 사용자의 반응에 따라 대화를 이어나갈 수 있으며 사용자와 친근하고 재미있는 대화를 할 수 있습니다. 또한 질문에 대한 포괄적인 답변을 할 수 있으며 질문이 일상적이지 않더라도 답변을 합니다.

- 구글 바드는 베타 버전으로 개선할 부분이 있지만 사용자의 피드백을 수집하고 반영하며 지속해서 개선되고 있습니다.

## 장 점

① 구글 바드의 장점 중 하나는 구글의 확장 프로그램들과의 연동성입니다. 구글 바드는 구글의 검색 엔진뿐만 아니라 구글 문서, 구글 스프레드시트, 구글 코랩, 구글 맵 등 다양한 구글 서비스와 연동되어 사용자에게 편리하고 유용한 기능을 제공합니다. 예를 들어, 구글 바드에게 웹 페이지의 내용을 요약하거나 풀이해 달라고 하면, 구글 문서로 내보내거나, 구글 스프레드시트로 데이터를 정리해 줄 수 있습니다.

② 구글의 방대한 데이터베이스를 활용하여 정확하고 신뢰할 수 있는 답변을 제공할 수 있습니다. 과학과 수학에서 추론도 가능한 팜2(PaLM2)라는 최신 대규모 언어 모델을 사용하고 있으며 질문에 대한 답변을 3가지로 제시하여 보다 정확한 답변을 선택할 수 있게 도와줍니다.

③ 구글 바드는 높은 정확도의 음성 인식 기능을 제공하여 보다 빠르고 편리하게 질문을 할 수 있습니다.

Bard

## 단 점

❶ 구글 바드는 베타 버전이므로, 아직 개선할 부분이 많습니다. 사용자의 피드백을 수집하고, 자신의 성능을 개선하기 위해 노력하고 있지만 틀리거나 부적절한 답변을 내놓을 수 있으므로, 무조건적인 신뢰나 의존은 피해야 합니다.

❷ 이미지를 생성할 수 없습니다. 구글 바드는 텍스트를 생성하고, 번역할 수 있지만, 이미지를 생성하거나, 이미지를 분석하거나, 이미지에 대한 설명을 제공할 수 없습니다.

❸ 구글 바드는 개별의 히스토리를 갖지 않고, 각각의 질문에 대한 활동 내역만 존재합니다. 한 화면에서 채팅을 계속 반복해야 하다 보니 대화의 맥락을 놓치는 현상을 보이기도 합니다.

## 결론 및 전망

구글 바드는 아직 베타 테스트 단계에 있어 완성도가 높지는 않지만 구글의 막대한 데이터베이스와 지식을 활용하여 정확하고 신뢰할 수 있는 답변을 제공할 수 있다는 장점이 있습니다. 구글의 검색 엔진과의 연동이 견고해진다면 더욱 자세하고 정확한 데이터를 제공해 줄 것으로 기대되며 챗GPT와 같은 다른 인공지능 챗봇과의 경쟁에서도 뒤쳐지지 않을 것이라고 기대됩니다.

## 1 Google Bard(구글 바드) 사용하기

인터넷 창을 열어 구글 바드를 검색하면 나오는 [ Google Bard - 생성형 AI 챗봇 사이트 ] 에 접속합니다.

① 구글 계정으로 [ 로그인 ] 합니다.

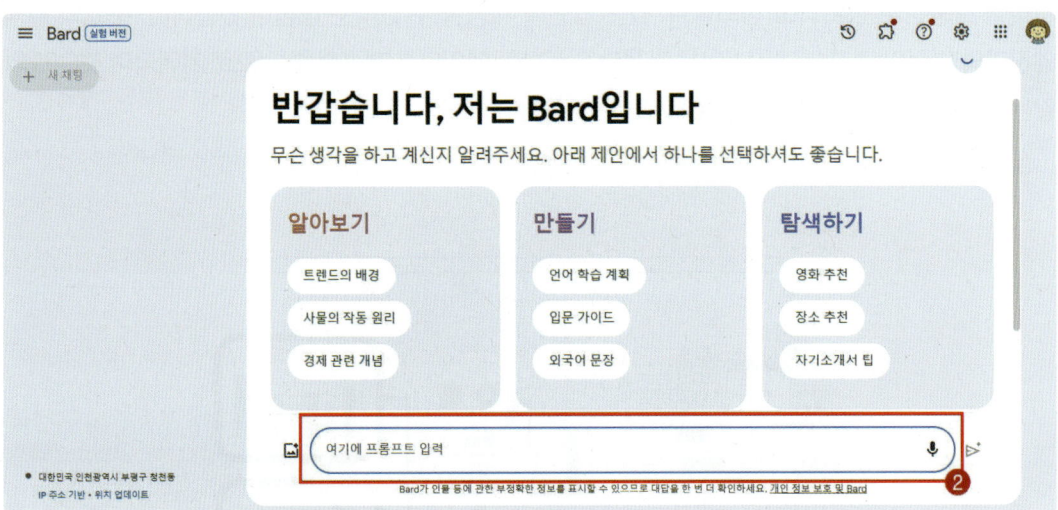

② 프롬프트 입력창에 질문을 입력하거나 마이크 버튼을 이용해 음성으로 질문을 할 수 있습니다.

| Google Bard |

## 1) 이미지와 함께 질문하기

이미지를 가지고 프롬프트를 작성해 질문을 할 수 있습니다.

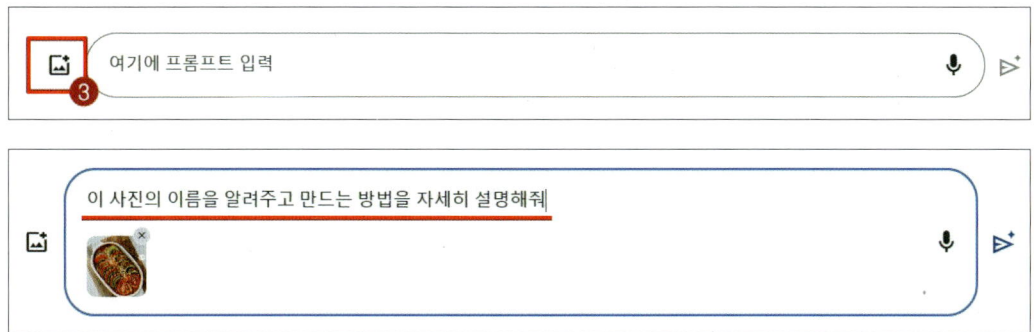

③ 버튼을 클릭하여 이미지를 선택하고 프롬프트를 입력합니다.

> **[ 프롬프트 ]**
> 이 사진의 이름을 알려주고 만드는 방법을 자세히 설명해주세요.

> **[ 답변 ]** 보낸 사진은 라따뚜이라는 프랑스 요리입니다. 가지, 토마토, 양파, 호박, 피망 등 다양한 야채를 얇게 썰어 오븐에 구워낸 요리입니다. 라따뚜이는 보통 사이드 디시로 제공되지만, 메인 요리로도 즐길 수 있습니다. 라따뚜이를 만드는 방법은 다음과 같습니다.
>
> - **재료**
>   가지 1개, 토마토 2개, 양파 1/2개, 호박 1/2개, 피망 1/2개, 올리브 오일 2큰술, 월계수 잎 2장, 바질 잎 2줄기, 소금, 후추 약간
>
> - **만드는 방법**
>   가지, 토마토, 양파, 호박, 피망은 얇게 썹니다.
>   오븐을 180도로 예열합니다.
>   깊은 접시에 올리브 오일을 두르고, 썰어 놓은 야채를 겹겹이 쌓아 올립니다.
>   월계수 잎과 바질 잎을 올리고, 소금과 후추로 간합니다.
>   180도로 예열된 오븐에서 약 30분간 구워냅니다.
>
> | 팁 | 가지는 굵은 소금을 뿌려 30분 정도 절여두면 쓴맛이 제거됩니다.
>   야채를 구울 때는 너무 오래 굽지 않도록 주의합니다.
>   취향에 따라 양파, 피망, 호박 등의 야채를 추가하거나 제거할 수 있습니다.
>   맛있게 즐기세요!

이미지를 정확히 파악하여 이름과 요리 과정을 자세히 알려줍니다.

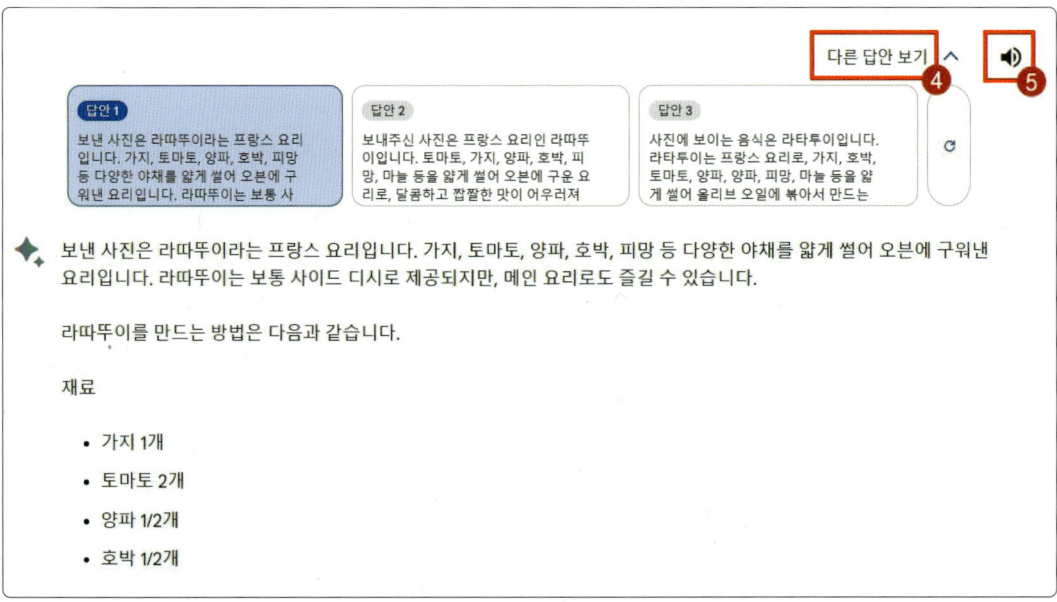

④ 바드는 [ 다른 답안 보기 ]를 제공하며 3가지의 답안을 제공합니다.
⑤ 스피커 아이콘을 클릭하면 답안 내용을 음성으로 읽어줍니다.

## 2) 스마트스토어 운영을 위한 마케팅 노하우 얻기

 2023년에 스마트스토어에서 판매되는 가전제품 중에서 가장 매출이 높았던 아이템을 알려주고 그 스토어의 마케팅 방법을 벤치마킹해줘

2023년에 스마트스토어에서 판매되는 가전제품 중에서 가장 매출이 높았던 아이템은 삼성전자의 비스포크 냉장고였습니다. 비스포크 냉장고는 소비자의 취향과 라이프스타일에 맞게 다양한 디자인과 기능을 선택할 수 있는 맞춤형 냉장고입니다. 2023년에는 특히 비스포크 냉장고의 4도어 모델이 큰 인기를 끌었습니다.

비스포크 냉장고의 성공적인 마케팅은 다음과 같은 요인으로 분석할 수 있습니다.

- 맞춤형 가전의 트렌드와 맞아떨어짐

비스포크 냉장고는 소비자의 취향과 라이프스타일에 맞게 다양한 디자인과 기능을 선택할 수 있다는 점에서 맞춤형 가전의 트렌드와 맞아떨어졌습니다. 특히 젊은층 사이에서 맞춤형 가전이 인기를 끌고 있는 상황에서 비스포크 냉장고는 젊은층의 취향을 저격한 마케팅을 펼쳐 큰 호응을 얻었습니다.

- SNS를 통한 적극적인 마케팅

비스포크 냉장고는 SNS를 통한 적극적인 마케팅을 통해 소비자들에게 인지도를 높였습니다. 특히 인스타그램을 중심으로 비스포크 냉장고의 다양한 디자인과 기능을 소개하는 콘텐츠를 게시해 소비자들의 관심을 끌었습니다.

- 고객 중심의 서비스

스마트스토어를 운영중이라면 올해 높은 매출을 올린 업체의 아이템과 마케팅 방법에 대한 벤치마킹이 필요합니다.

[ 프롬프트 ]
2023년에 스마트스토어에서 판매되는 가전제품 중에서 가장 매출이 높았던 아이템을 알려주고 그 스토어의 마케팅 방법을 벤치마킹해서 알려줘.

**[답변]**

2023년에 스마트스토어에서 판매되는 가전제품 중에서 가장 매출이 높았던 아이템은 삼성전자의 비스포크 냉장고였습니다. 비스포크 냉장고는 소비자의 취향과 라이프스타일에 맞게 다양한 디자인과 기능을 선택할 수 있는 맞춤형 냉장고입니다. 2023년에는 특히 비스포크 냉장고의 4도어 모델이 큰 인기를 끌었습니다.

비스포크 냉장고의 성공적인 마케팅은 다음과 같은 요인으로 분석할 수 있습니다.

### 맞춤형 가전의 트렌드와 맞아떨어짐
비스포크 냉장고는 소비자의 취향과 라이프스타일에 맞게 다양한 디자인과 기능을 선택할 수 있다는 점에서 맞춤형 가전의 트렌드와 맞아떨어졌습니다. 특히 젊은층 사이에서 맞춤형 가전이 인기를 끌고 있는 상황에서 비스포크 냉장고는 젊은층의 취향을 저격한 마케팅을 펼쳐 큰 호응을 얻었습니다.

### SNS를 통한 적극적인 마케팅
비스포크 냉장고는 SNS를 통한 적극적인 마케팅을 통해 소비자들에게 인지도를 높였습니다. 특히 인스타그램을 중심으로 비스포크 냉장고의 다양한 디자인과 기능을 소개하는 콘텐츠를 게시해 소비자들의 관심을 끌었습니다.

### 고객 중심의 서비스
비스포크 냉장고는 고객 중심의 서비스를 제공해 소비자들의 만족도를 높였습니다. 특히 비스포크 냉장고의 다양한 디자인과 기능을 선택할 수 있도록 도와주는 비스포크 냉장고 큐레이터 서비스를 제공해 소비자들의 편의를 높였습니다.

비스포크 냉장고의 마케팅 방법을 벤치마킹할 때는 다음과 같은 점을 고려할 수 있습니다.

- 맞춤형 가전의 트렌드를 파악하고 이에 맞는 제품을 개발
- SNS를 적극적으로 활용해 제품의 인지도를 높이고 소비자들과 소통
- 고객 중심의 서비스를 제공해 소비자들의 만족도를 높임
- 이러한 요소들을 고려하여 마케팅 전략을 수립한다면, 가전제품 판매에 성공할 수 있을 것입니다.

## 3) 흥미로운 수업을 위한 아이디어 구하기

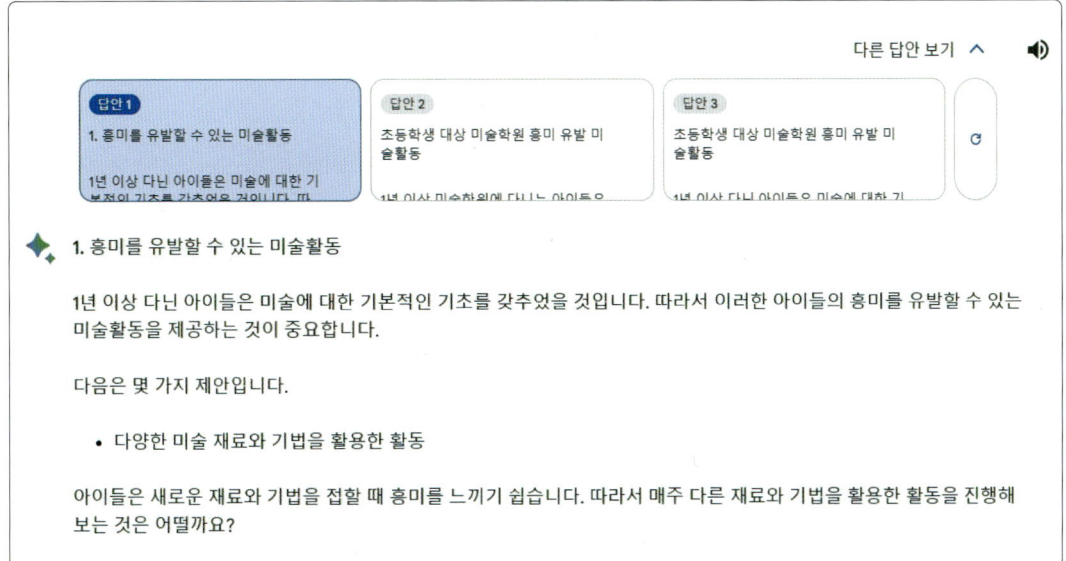

초등학생 대상의 미술학원을 운영하고 있습니다. 1년이상 다닌 아이들이 많으니 흥미를 유발할 수 있는 미술활동을 제안해 달라고 하면서, 수도권에서 운영중인 초등미술학원 중에서 가장 학생 유입이 많았던 학원의 SNS 마케팅 방법을 요약해달라고 프롬프트를 주었을 때 구체적인 미술활동에 대한 제안과 수도권 미술학원의 마케팅 방법에 대해 설명을 잘 해주고 있습니다.

[ 답변 ]

- **다양한 미술 재료와 기법을 활용한 활동**

  아이들은 새로운 재료와 기법을 접할 때 흥미를 느끼기 쉽습니다. 따라서 매주 다른 재료와 기법을 활용한 활동을 진행해 보는 것은 어떨까요?

  예를 들어, 한 주에는 종이접기를, 다른 주에는 콜라주를, 또 다른 주에는 아크릴 물감을 사용한 회화를 진행해 볼 수 있습니다.

- **아이들의 관심사를 반영한 활동**

  아이들은 자신의 관심사에 맞는 활동을 할 때 더 큰 흥미를 느낍니다. 따라서 아이들의 관심사를 파악하여 그에 맞는 활동을 진행해 보는 것이 좋습니다.

  예를 들어, 공룡을 좋아하는 아이에게는 공룡을 주제로 한 그림 그리기나 조각하기 활동을, 동물을 좋아하는 아이에게는 동물을 주제로 한 콜라주 활동을 진행해 볼 수 있습니다.

  수도권에서 운영 중인 초등미술학원 중에서 가장 학생 유입이 많았던 학원은 SNS 마케팅을 적극적으로 활용한 것으로 알려져 있습니다.

  이 학원은 다음과 같은 SNS 마케팅 방법을 통해 학생 유입을 늘렸습니다.

- **매주 새로운 콘텐츠를 게시**

  이 학원은 매주 새로운 콘텐츠를 게시하여 학원의 분위기와 다양한 활동을 소개했습니다. 특히 아이들이 좋아할 만한 재미있는 콘텐츠를 제작해 눈길을 끌었습니다.

- **실시간 소통을 강화**

  이 학원은 학원 생활에 대한 질문이나 문의에 실시간으로 답변하고, 아이들의 작품을 공유하는 등 실시간 소통을 강화했습니다. 이를 통해 학원과 학부모, 아이들 간의 관계를 돈독히 하고, 학원에 대한 관심을 높였습니다.

| AI 챗GPT + 마케팅 |

**6강** | 네이버 클로바 X

# 6강 Hyper CLOVA X기반 대화형 Ai 서비스, CLOVA X

## 개요 및 특징

**나의 생산성을 높여주는 초대규모 AI HyperCLOVA X.**

HyperCLOVA X는 네이버의 초대규모 AI로, 자체 데이터를 HyperCLOVA X와 결합하면 사용자 니즈에 맞는 응답을 즉각 제공할 수 있습니다. 네이버 서비스부터 기업형 서비스까지 다양한 AI 프로덕트를 만들어 새로운 사용자 경험과 비즈니스 기회를 만들어 갑니다.

네이버에서 개발한 인공지능 언어모델로, 다음과 같은 특징을 가지고 있습니다.

- **대규모 데이터셋**
  네이버가 개발한 국내 기업 최초의 초대규모 Hyperscale 인공지능이며 한국어를 가장 잘 이해하는 AI입니다. 초대규모 AI는 파라미터 규모를 크게 늘려 사람처럼 스스로 생각하고 창작할 수 있도록 설계된 인공지능입니다.

- **사용자 맞춤형 인공지능 기술**
  기존 AI 개발 방식과는 달리 하나의 커다란 모델로 다양한 문제에 적용하는 방식으로, 이전처럼 전문성을 가진 개발자의 엔지니어링 작업이 필요하지 않습니다. 누구든지 AI서비스를 만들고 사용해 볼 수 있습니다.

- **사용자 맞춤형 서비스**
  스킬의 적용으로 네이버 내외의 서비스를 HyperCLOVA X에 담아내어 능력을 넓혀가는 시도를 하고 있습니다.

- **한국형 AI 서비스**
  네이버의 초대규모 언어모델인 HyperCLOVA X 기술을 바탕으로 탄생한 대화형 Agent로 우리말과 문화를 가장 잘 이해하는 대화형 인공지능 서비스입니다.

## 장점

❶ HyperCLOVA X는 우리나라에서 만들어진 초대규모 언어 모델로 해외 언어 모델보다 한국의 사회, 법, 제도, 문화적 맥락까지 정확히 이해하고 소통할 수 있습니다.

❷ 한국어 특화 Token을 사용하고 있어, 한국어를 사용할 때, 다른 글로벌 기업보다 문장의 길이를 4배 더 잘 압축할 수 있어, 더 빠르고 4배 더 똑똑한 한국어 최적화 AI입니다.

❸ 이전 모델 HyperCLOVA 보다 모델의 크기 더 커져 더 많은 데이터를 학습하고, 더 높은 학습 성능을 발휘할 수 있고, 더 높은 자연어 처리 능력을 가지고 있습니다.

## 단점

**❶ 인공지능 기술의 한계**

인공지능 기술의 한계로 인해, 사용자의 질문에 대해 정확한 답변을 제공하지 못하는 경우가 있습니다.

**❷ 사용자의 요구에 대한 대응 부족**

사용자의 요구에 대한 대응이 부족한 경우가 있습니다.

**❸ 대화수 제한으로 원활한 서비스 사용 불가**

CLOVA X는 현재 3시간 내 30개의 대화 입력이 가능합니다.

## 결론 및 전망

**❶ 사용자의 요구에 대한 대응 강화**

앞으로는 플러그인을 통해 사용자들이 네이버 외부에서 사용하고 있는 여러 서비스를 멀티 모달의 대화형 서비스 안에서 새로운 방식으로 활용할 수 있을 것으로 기대됩니다.

**❷ 다양한 분야에서의 활용**

채팅 형식으로 제공되는 CLOVA X에서 한 단계 더 나아가 멀티 모달이 적용되어, 이미지나 영상, 소리등 다양한 감각 정보를 통해 내용을 보다 복합적으로 이해해고 생성할 수 있는 기능으로 파일을 첨부하고 대화하는 것만으로도 원하는 방향으로 사진을 편집 할 수 있고, 이미지에 맞는 문구도 만들 수 있습니다.

**❸** 대화형 클로바X에서 창작을 도와주는 글쓰기 도구 및 클로바 for writing을 시작으로 버티컬서비스에도 차별화된 AI 접목 서비스가 준비될 예정입니다. (clova.ai/hyperclova 사이트 참고)

**❹** 판매자와 광고주 기업을 위한 변화를 위해 업무 효율성을 높여줄 다양한 도구와 시간과 리소스를 줄일 수 있는기술과 소비자를 새로운 설득할 수 있는 광고 상품을 준비하고 있습니다.

**❺** AI를 적극적으로 활용하고 싶은 니즈는 있지만 보안 이슈와 기술력으로 고민하고있는 기업을 위한 기술과 상품, 개발자, 디자이너, 기획자등 현업에서 일하는 전문가의 업무를 도와줄 수 있는 도구들도 선보일 계획입니다.

## 1 PC에서 네이버 클로바X 들어가기

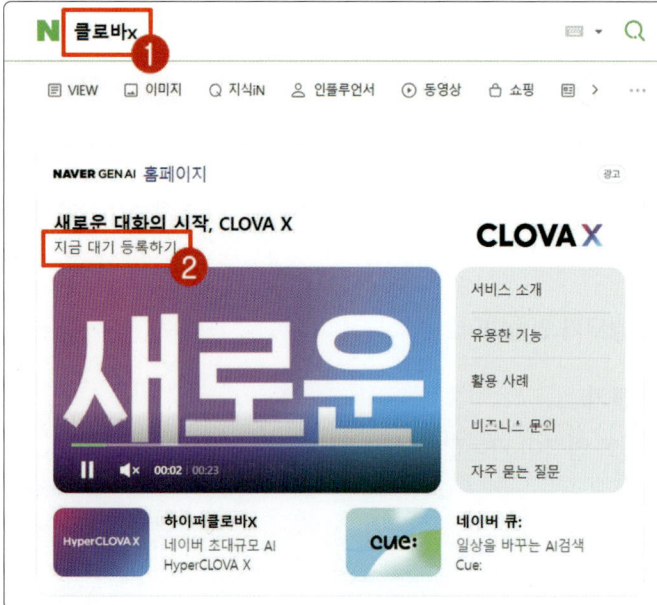

인터넷주소창에
https://clova-x.naver.com을
입력하거나 [ 네이버 ] 검색창에
① N 클로바X 라고 검색 후
② [ 지금 대기 등록하기 ]를
클릭합니다.

네이버 클로바X 화면으로 입장하면, 하단 ① [ 시작하기 ] 버튼을 클릭합니다.

[ 클로바X 가입조건 ]

- 19세 미만의 성인이 아닌 사용자는 CLOVA X를 사용할 수 없습니다.
- 실명 인증이 되지 않은 경우는 CLOVA X를 사용할 수 없습니다.
- 개인 아이디만 가입이 가능하며 단체 아이디의 경우 가입이 불가능합니다.

| CLOVA X |

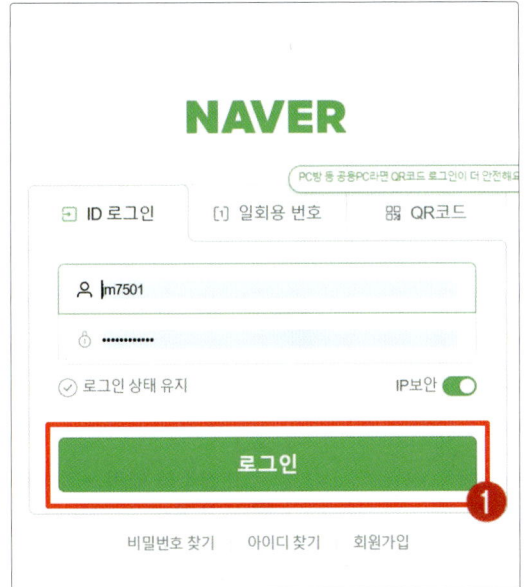
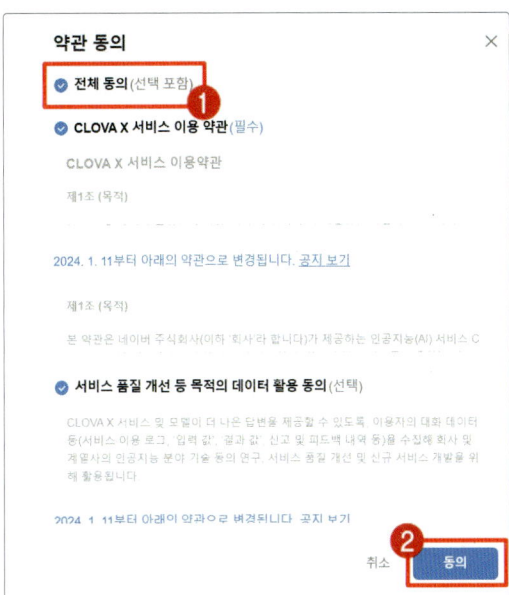

1️⃣ 네이버 ① [ 로그인 ]을 합니다.

2️⃣ 클로바 X 서비스 이용 약관을 ① [ 전체동의 ] 또는 [ 선택동의 ]를 제외하고,
약관 ② [ 동의 ]을 합니다.
CLOVA X는 네이버 회원인 경우에 서비스 이용이 가능합니다.
만약 네이버 회원이 아닌 경우, 네이버 회원가입을 먼저 진행해 주세요.

클로바 X 홈 화면 하단에 ① AI와 대화할 수 있는 [ 자유롭게 대화해 보세요 ] 채팅창이 활성화됩니다.
서비스의 초기 안정성을 위해 3시간에 30개의 대화로 제한됩니다.
대화 제공 횟수는 이후 변경될 수 있습니다.

## 2 스킬 사용 방법

스킬은 GPT-4가 다양한 외부 앱들을 플러그인으로 가져오는 것처럼, 사용자에게 제공할 수 있도록 도와주는 기능입니다.

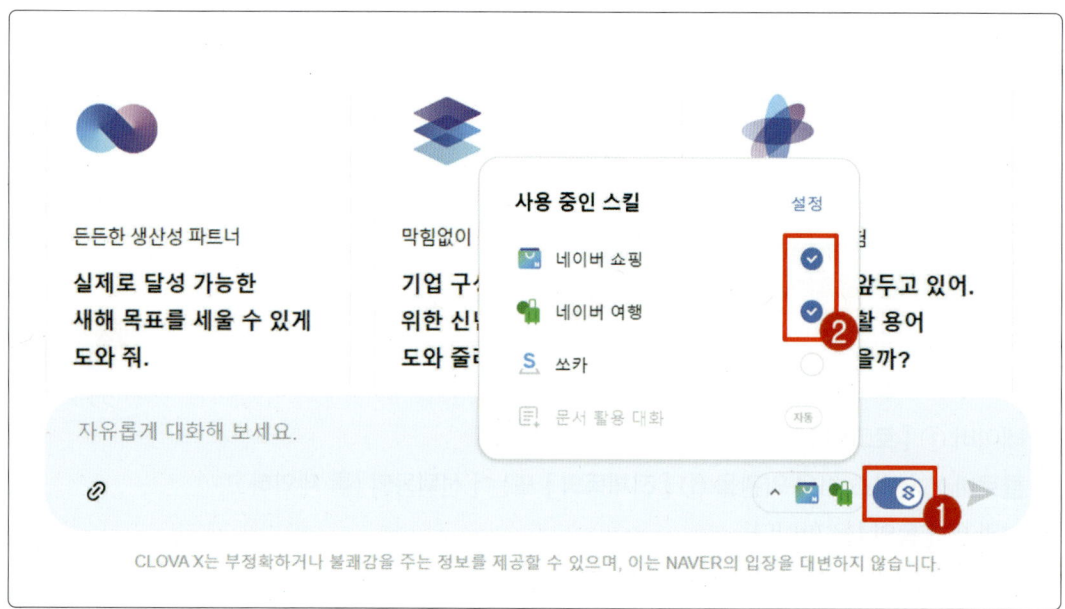

대화창 우측에 ① [ S 스킬 버튼 ]을 활성화시켜줍니다. 사용할 ② [ 스킬을 체크 ]하여 설정합니다.

스킬을 통해 다음과 같은 작업이 가능합니다.

❶ 네이버 쇼핑의 최신 정보를 연동하여 최저가, 상품 정보 추천 등을 받을 수 있습니다.
❷ 네이버 여행의 최신 정보를 연동하여 여행 상품 정보 추천 등을 받을 수 있습니다.
❸ 쏘카는 원하는 곳에서 빌릴 수 있는 다양한 차를 추천합니다.
❹ 문서 활용 대화는 자동으로 설정 되어 있고, 사용자가 업로드한 문서를 기반으로 다양한 대화를 나눌 수 있도록 도와줍니다.
❺ 이미지 편집 기능은 순차적으로 오픈 예정입니다. 사용자가 업로드한 이미지에서 삭제, 변경 등의 편집을 제공합니다.

※ 스킬의 종류와 성능은 지속적으로 업데이트할 예정입니다.
※ 스킬은 최대 2개까지 선택 가능합니다.

단, 스킬을 활성화하더라도 항상 스킬을 사용한 결과가 노출되는 것은 아닙니다.
CLOVA X가 적절히 판단하여 필요한 경우에 한해 스킬을 사용하여 사용자에게 응답합니다.

스킬을 포함하지 않은 상태에서 프롬프트를 다음과 같이 제주도 당일치기 코스 추천을 요청해 보겠습니다.

MZ세대들의 인스타 감성이 물씬 풍기는 제주도 당일치기 코스 추천해줘. 단, 운전을 못해.

① [ 프롬프트 입력 ] 하고, ② [ 전송 버튼 ] ➤ 을 클릭합니다.

**MZ세대들의 인스타 감성이 물씬 풍기는 제주도 당일치기 코스 추천해줘. 단, 운전을 못해.**

제주도에서 운전을 하지 않고 즐길 수 있는 인스타 감성 당일치기 코스를 추천해드리겠습니다.
1. 우무: 제주도에서 유명한 푸딩 맛집으로, 귀여운 캐릭터와 감각적인 인테리어로 인스타그램에서 인기가 많습니다.
2. 이익새양과점: 파운드 케이크 맛집으로, 귀여운 패키지와 맛있는 디저트로 인기가 많습니다.
3. 아날로그감귤밭: 감귤밭에서 사진을 찍을 수 있는 카페로, 감성적인 분위기와 맛있는 음료로 인기가 많습니다.
4. 우무숍: 우무에서 운영하는 비누 가게로, 귀여운 비누와 감각적인 인테리어로 인기가 많습니다.
5. 디앤디파트먼트 제주: 제주도에서 유명한 편집샵으로, 감성적인 분위기와 다양한 상품으로 인기가 많습니다.
6. 도두봉: 제주공항 근처에 위치한 작은 오름으로, 아름다운 바다와 시내 전경을 감상할 수 있습니다.
7. 무지개해안도로: 도두봉 근처에 위치한 해안도로로, 무지개색으로 칠해진 방호벽이 인상적입니다.

위의 코스는 제주도에서 대중교통을 이용하여 쉽게 즐길 수 있는 코스입니다. 다만, 대중교통의 운행 시간과 노선을 미리 확인하는 것이 좋습니다.

제주도의 날씨는 변화가 심하므로, 날씨를 미리 확인하고 옷차림을 준비하는 것을 권장합니다.
↻ 다른 답변 보기

요청한대로, 대중교통을 이용할 수 있는 ① [ 인스타 감성의 제주 당일치기 코스 ] 를 알려줍니다.

### 스킬을 통해 여행정보 이용하기

스킬을 활성화 시킨 상태에서 제주도 당일치기 코스 추천을 요청해보겠습니다.
스킬을 통해 네이버 여행의 최신 정보를 연동하여 여행 상품 정보 추천 등을 받을 수 있습니다.

> MZ세대들의 인스타 감성이 물씬 풍기는 제주도 당일치기 코스 추천해줘. 단, 운전을 못해.
>
>

① 같은 내용의 [ **프롬프트 입력** ] 을 하고, ② [ **스킬 버튼** ]을 오른쪽으로 드래그해서 활성화시키고,
③ [ **전송 버튼** ] ▶을 클릭합니다.

**MZ세대들의 인스타 감성이 물씬 풍기는 제주도 당일치기 코스 추천해줘. 단, 운전을 못해.**

🌿 네이버 여행

제주도에서 운전을 하지 않고도 즐길 수 있는 인스타 감성이 물씬 풍기는 여행지를 추천해 드리겠습니다.

1. **카멜리아힐**: 제주도 서귀포시에 위치한 카멜리아힐은 동양에서 가장 큰 동백 수목원입니다. 6만여 평의 부지에는 가을부터 봄까지 시기를 달리해서 피는 80개국의 동백나무 500여 품종 6000여 그루가 울창한 숲을 이루고 있습니다. 산책로가 잘 되어 있어 걷기 좋고, 곳곳에 사진 찍기 좋은 스팟이 있어 인스타 감성을 느낄 수 있습니다.
2. **동백포레스트**: 제주도 서귀포시에 위치한 동백포레스트는 동백꽃이 아름다운 식물원입니다. 동백꽃이 피는 시기에는 붉은 동백꽃이 가득한 풍경을 감상할 수 있습니다. 카페 내부도 동백꽃으로 꾸며져 있어 인스타 감성을 느낄 수 있습니다.
3. **오설록 티 뮤지엄**: 제주도 서귀포시에 위치한 오설록 티 뮤지엄은 아모레퍼시픽이 차와 한국 전통차 문화를 소개하고 보급하고자 2001년 9월에 개관한 국내 최초의 차 박물관입니다. 내부에는 차 문화를 체험할 수 있는 전시관과 카페가 마련되어 있습니다. 카페에서는 녹차 아이스크림, 녹차 케이크

위의 여행지는 모두 제주도에서 대중교통을 이용하여 쉽게 방문할 수 있는 곳입니다. 제주도의 날씨는 변화가 심하므로 날씨를 미리 확인하고 옷차림을 준비하는 것을 권장합니다.

 **카멜리아힐** 식물원,수목원
#산책로가 잘 되어있어요 #볼거리가 ...
리뷰 53,238  N 예약

 **동백포레스트** 식물원,수목원
#사진이 잘 나와요 #뷰가 좋아요 #산...
운영 중 · 리뷰 3,506

 **오설록 티 뮤지엄** 박물관
#사진이 잘 나와요 #유익해요 #공간이 ...
운영 중 · 리뷰 36,322

 **아쿠아플라넷 제주** 아쿠아리움
#공연이 재밌어요 #규모가 커요 #볼거...
운영 중 · 리뷰 45,726  N 예약

 **새별오름** 오름
#뷰가 좋아요 #사진이 잘 나와요 #주...
리뷰 272

 **제주동백수목원** 식물원,수목원
#사진이 잘 나와요 #산책로가 잘 되어...
운영 중 · 리뷰 3,696

N 예약  N 주문 표시된 항목을 선택해 네이버 예약·주문을 이용해보세요.

최적의 스킬을 찾는 중이라고 하며 ① [ 네이버 여행 ]이 뜹니다. ② [ 요청내용 답변 말머리 ]를 보여주고, ③ [ 네이버 여행 ] 서비스와 연동되어 여행 추천 리스트의 링크를 함께 나열해줍니다. 나열된 링크 중 하나를 클릭해 보겠습니다.

따로 검색하지 않아도 해당 링크를 클릭하면, 여행지의 ① [ 상세정보 및 예약, 리뷰 ] 등을 확인할 수 있고, 네이버 지도와 연동되어, ② [ 해당 여행지 위치 ]가 일반지도, 위성지도로 위치 확인 및 거리까지 측정할 수 있습니다.

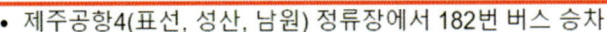

① [ 추가 프롬프트 입력 ] 한 대로 출발지부터 도착지까지 버스노선, 소요시간, 배차시간을 상세히 나열해줍니다.

안내받은 이동 동선을 지도상에 표시해 본 결과, 상당히 효율적입니다.

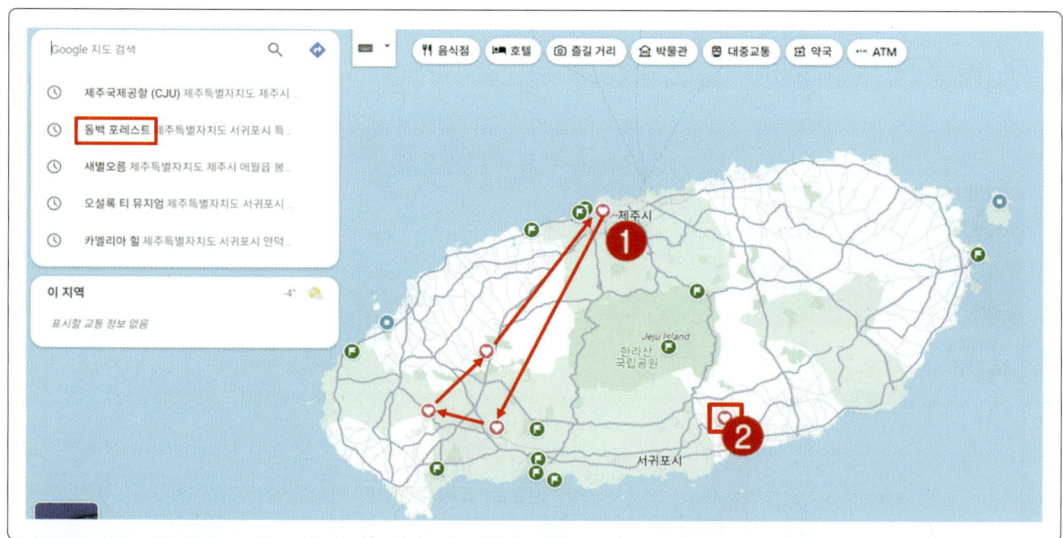

제주공항 ① [ 출발지 ]부터 [ 도착지 ]까지 효율적인 여행 계획을 순식간에 만들어줬습니다. 다른 여행지와 동떨어진 ② [ 동백포레스트 ]가 한 곳이 포함되어있어서 아쉬운점입니다.
실시간으로 묻고 계획을 유동적으로 바꿀수도 있습니다.

 **블로그 작성하기 어렵다고요? 클릭을 부르는 제목까지 쉽게 포스팅하기**

블로그의 주 콘텐츠가 텍스트고, 클로바 X는 텍스트 생성에 제격입니다. 거대 언어 모델 클로바 X로 초안을 작성하고 작성자가 다듬어 주면 빠르고 풍부하게 오랜 시간 품을 들여 쓴 사람처럼 블로그를 포스팅 할 수 있습니다.

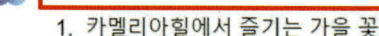

위 제주도 여행 내용을 토대로 ① [ SEO 마케팅을 위한 블로그 주제 ]를 요청해봅니다.
SEO는 검색엔진의 상위 노출되도록 최적화하는 마케팅입니다.

> 1번부터 5번까지 내용을 MZ세대들이 좋아할 수 있도록 서술식으로 2000자 이내로 블로그 글을 써줘. ①

대화창에 제주여행 당일치기 포스팅에 어울리는 ① [ 블로그 글 ] 2000자 이내 작성을 요청합니다.
② [ 전송 버튼 ] ➤ 을 클릭합니다.

> **제목: 제주도 당일치기 여행, 카멜리아힐부터 새별오름까지!** ①
>
> 안녕하세요! 오늘은 제주도 당일치기 여행 코스를 소개해드리려고 해요. 카멜리아힐, 오설록 티 뮤지엄, 새별오름을 중심으로 한 코스인데요. MZ세대들이 좋아할 만한 요소들이 가득한 곳들이니, 함께 떠나볼까요?
>
> 먼저, 카멜리아힐은 동양에서 가장 큰 동백 수목원으로 가을부터 봄까지 다양한 종류의 동백꽃을 감상할 수 있는 곳이에요. 산책로가 잘 조성되어 있어 천천히 걸으며 꽃을 감상하기 좋고, 곳곳에 포토존이 마련되어 있어 사진 찍기도 좋아요. 카멜리아힐 근처에는 맛집도 많아서, 점심 식사를 하기에도 딱이에요.
>
> 다음으로, 오설록 티 뮤지엄은 국내 최대 규모의 차 박물관으로 차 문화와 역사를 살펴볼 수 있는 곳이에요. 티 클래스도 참여할 수 있고, 녹차 밭을 산책하며 힐링할 수도 있어요. 녹차 아이스크림이나 케이크 등의 디저트도 꼭 맛보세요!
>
> 새별오름은 제주도에서 가장 유명한 오름 중 하나인데요. 가을에는 억새가 아름다워 많은 관광객들이 찾는 곳이에요. 오름을 오르는 데는 약 30분 정도 소요되며, 정상에서는 제주도의 아름다운 경치를 감상할 수 있어요. 새별오름 주변에는 맛집도 많으니, 저녁 식사를 하기에도 좋아요.
>
> 제주도에는 다양한 체험 프로그램도 많은데요. 해녀 체험, 귤 따기 체험, 바다낚시 등 다양한 체험을 즐길 수 있어요. 이런 체험을 통해 제⟳ 다른 답변 보기 더욱 깊이 이해할 수 있어요.

클로바 X가 클릭을 부르는 ① [ 제목 ] 을 시작으로 MZ세대들이 좋아할 만한 요소를 적용해 2000자 이내의 블로그 글을 작성해줬습니다.

> 위 내용으로 블로그에 들어갈 해시태그 5개를 다음과 같이 제안해 드립니다.
> • #제주도여행 #제주도당일치기 #카멜리아힐 #오설록티뮤지엄 #새별오름 #제주도가볼만한곳 ①

추가적으로 블로그글에 함께 들어갈 해시태그를 요청하니, 검색이 잘될 해시태그도 제안해줍니다.

## 3 디스커버리 사용

디스커버리는 나중에 다시 보고 싶은 대화를 모아 나만의 기록을 저장하는 기능입니다.

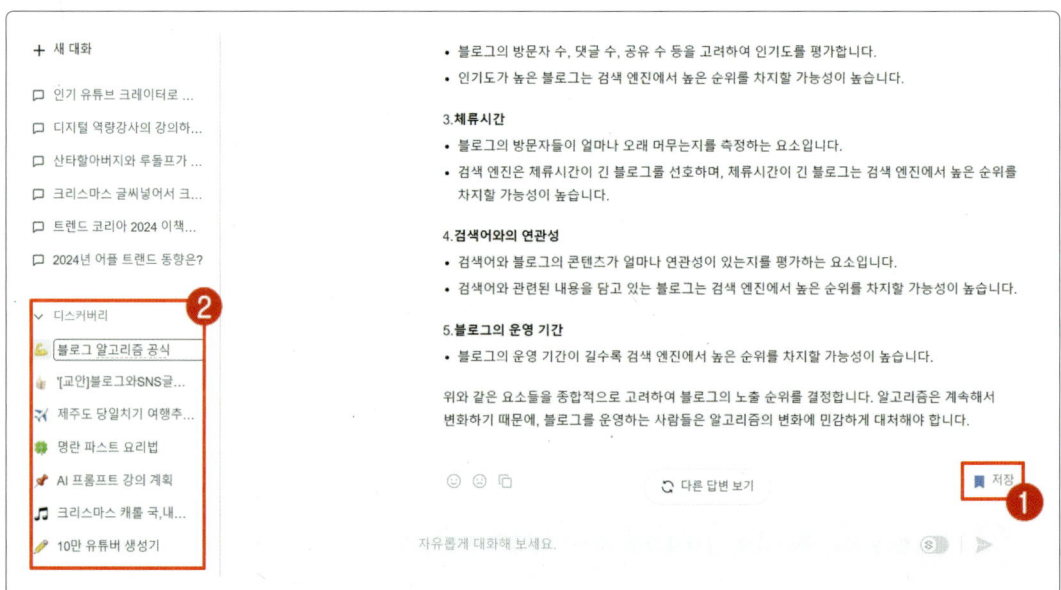

대화 오른쪽 하단의 ① [ 저장 버튼 ] 을 눌러 저장할 수 있으며, ② [ 왼쪽 사이드 바 ] 에서 확인할 수 있습니다.

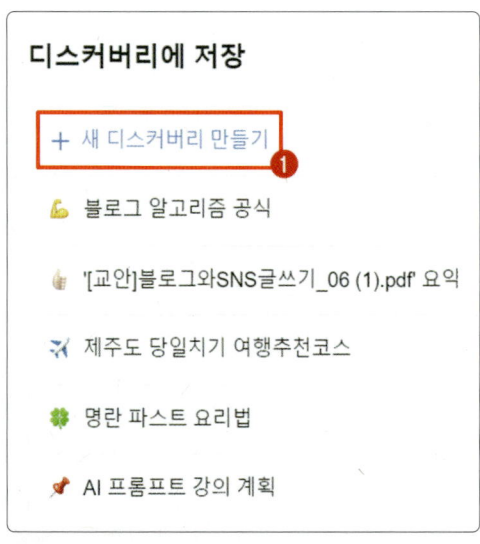

1 디스커버리로 대화를 저장하기위해, ① [ 새 디스커버리 만들기 ] 를 클릭하면 질문 그대로가 제목으로 저장됩니다. 2 제목 변경할 디스커버리에 마우스를 움직여 ① [ 점 3개 : ] 를 클릭하면 속성창이 보여집니다. ② [ 제목 변경 ] 을 클릭해 한눈에 찾을 수 있게 제목을 변경해줍니다.

| CLOVA X |

 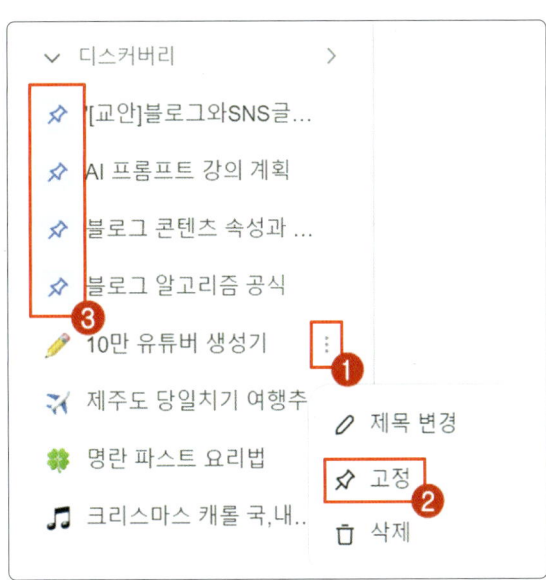

**1** 디스커버리 제목 이모티콘을 설정하여 한눈에 원하는 카테고리를 찾을 수 있습니다.
① 첫 [ 이모티콘 ] 은 자동으로 설정이 되고, 변경을 원하면 ② [ 이모티콘 박스 ] 에서 선택하고 클릭하면 변경됩니다.

**2** 중요도에 따라 묶어 우선순위를 정리할 수 있습니다.
① [ 점 3개 ⋮ ]를 클릭하면 속성창이 보여집니다. ② [ 고정 ]을 클릭해 한눈에 찾을 수 있게 디스커버리 ③ [ 상단 고정 ] 해줍니다. 고정은 총 5개까지 가능합니다.

- 디스커버리 삭제 시, 원래의 대화는 삭제되지 않습니다
- 디스커버리는 최대 50개 까지 만들 수 있습니다.
- 디스커버리의 기능은 추후 더 다양한 활용을 위해 개선될 예정입니다.

## 4 커넥터 사용방법

커넥터는 사용자가 가지고 있는 문서/이미지를 올릴 수 있는 기능으로, 문서/이미지를 기반으로 CLOVA X와 다양한 대화를 나눌 수 있도록 도와줍니다.

 문서 활용 대화

커넥터를 통해 문서를 올리면 커넥터는 기본적으로 문서의 내용을 깔끔하게 요약하여 문서에 어떤 내용이 담겨 있는지 한눈에 알 수 있게 해줍니다. 동시에 '문서 활용 대화'라는 스킬이 활성화되어 자신이 올린 문서를 기반으로 대화를 진행할 수 있습니다.

- 빠르게 이해하기 어려운 논문이나 보고서 등의 문서를 커넥터로 올리면 CLOVA X와의 대화로 쉽고 빠르게 문서 내용을 이해할 수 있습니다.
- 해당 문서를 기반으로 사용자가 원하는 형태의 작업물 초안을 도출할 수 있습니다.
- 예를 들어, 문서로 올린 논문이나 보고서 등의 내용을 바탕으로 새로운 글의 초안을 작성하거나 문서에서 다루지 못한 부분을 파악하여 비평적인 글을 작성하는 등 사용자가 문서를 기반으로 새로운 생산물을 구성하는 초기의 노력을 줄여줄 수 있습니다.
- 글이 많아 읽기 어려운 문서가 있었다면 CLOVA X 커넥터 기능을 활용해 빠르게 머릿속에 입력해 보세요.

문서 활용 대화 사용 방법은 ① [ 스킬 ] 을 활성화 합니다. 대화창에 ② [ 파일 첨부 아이콘 ] 을 클릭해 문서를 첨부해줍니다.

① 문서 업로드를 위해 [ 첨부 버튼 ] 을 클릭합니다.

파일은 PDF, TXT, HWP, DOCX 문서만 업로드 가능하고, 업로드 문서는 최대 10MB까지 허용합니다. (1일 3회만 업로드 가능) 앞으로 지원하는 파일의 형식을 늘려나갈 예정입니다.

### 지원하지 않는범위

- 암호가 걸려있는 문서의 경우
- 사용자가 확장자를 임의로 변환한 경우
- 문서의 용량은 허용 용량 10MB 이내이나 문서 내의 텍스트가 많을 경우
- 문서 내의 이미지만 있을 경우

| CLOVA X |

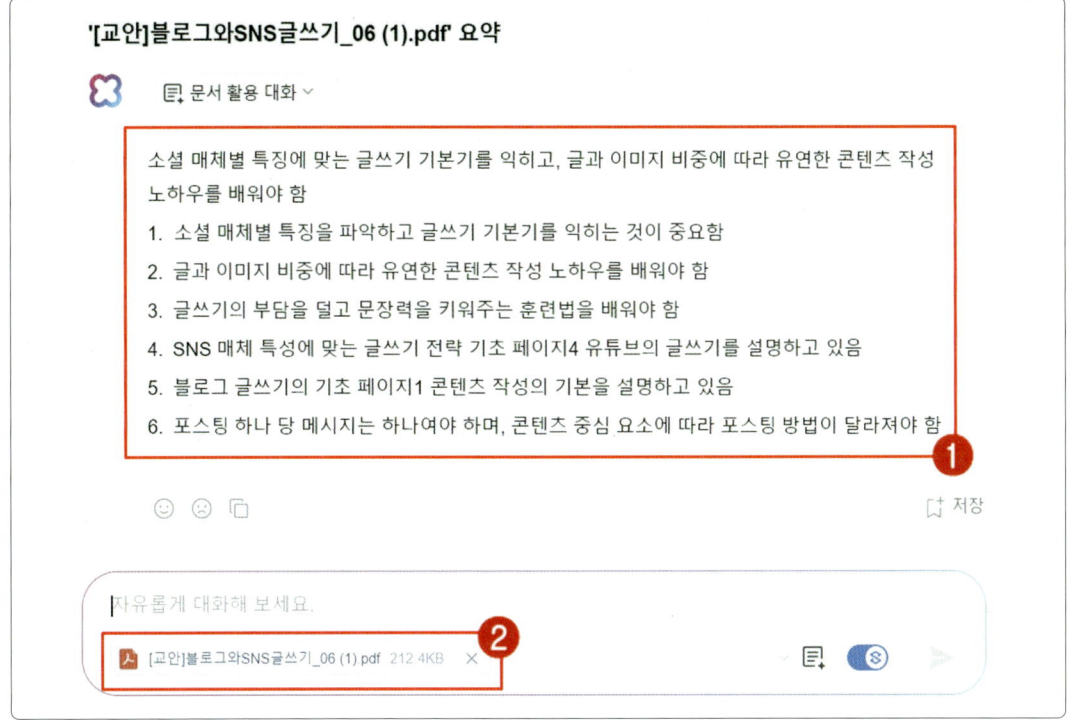

① [ 문서 업로드 ] 및 분석이 완료되면 '문서 활용 대화' 스킬이 [ 자동으로 ] 실행되며,
② [ 문서에 대한 요약 ]을 제공합니다.

이후 업로드된 문서를 기반으로 질의 응답 등 추가적인 대화를 할 수 있습니다.

- 개인정보가 포함된 문서나 저작권자의 허락이 없는 저작물을 업로드하지 말아 주세요.
- 커넥터를 통한 문서 기반의 답변 품질은 아직 미흡할 수 있어요. 답변 품질 향상을 위한 모델의 성능은 지속적으로 개선 예정입니다.
- 문서 활용 대화는 대화 리스트, 디스커버리에서 문서는 보이지만 열리지는 않습니다.

### 문서 기반 질의 응답 추가 대화 하는 방법

단순히 한 번만 이야기를 주고받는게 아니라, 첫 번째는 '꼬리 물기 질문'입니다. 문서 업로드로 분석이 완료되면 계속 내용을 이어갈 수 있다는 점을 잘 활용하면 놀라운 일들을 해낼 수 있을 것입니다. 두 번째는 '명확하고 구체적으로 질문하기'입니다. 예를 들어 "삼전 따상하고 보니 개미털기였어서 꼭지에서 존버하는 중, 앞으로 어떻게 해야될까?" 라고 묻는 것 보다는 누가 들어도 명확하게 표현해주면 좋습니다. 세 번째는 '표준어 사용하기'입니다. 비속어나 은어, 사투리는 사용은 비교적 학습 데이터가 없었다면 알맞은 답을 할 수 없습니다. 그러나, 클로바 X는 한국어에 특화되어 있어서 한국어 신조어들을 잘 압니다.

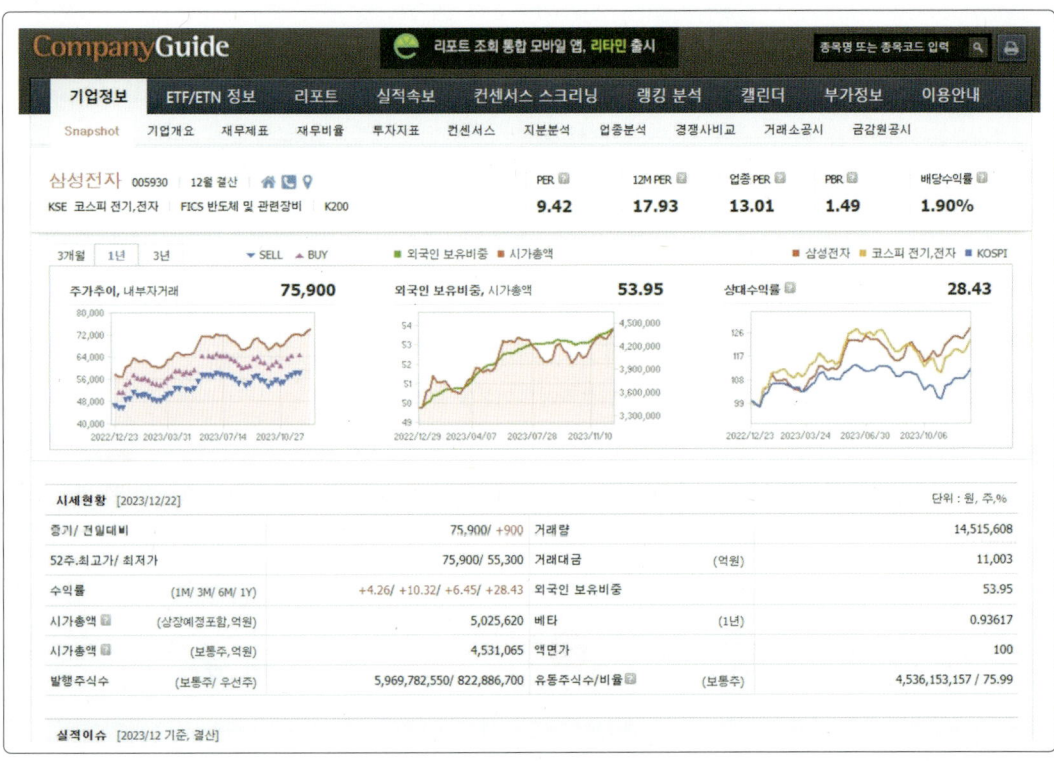

위 사진은 PDF 문서 업로드 내용 일부입니다. 클로바X에게 복잡해 보이는 CompanyGuide에서 삼성전자 기업정보 및 시세현가, 주가추이, 실적이슈, 투자의견 컨센시스등이 담아있는PDF화일을 첨부해 투자의견을 Summary 해봅니다.

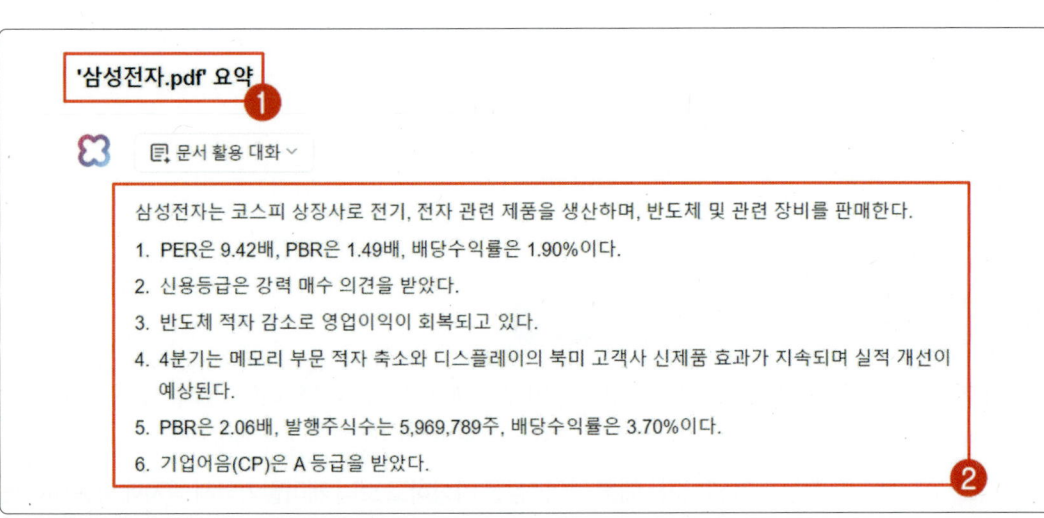

클로바 X 뿐만 아니라, 다른 챗봇도 주식에 대한 분석을 해주지 않습니다. 자기는 주식 분석을 모른다고 하거나, 현재 주가 및 주요 지수와 관련된 정보는 제공하지 않는다고합니다.
첨부한 삼성전자 정보 ① [ 문서를 업로드 ] 해주고, 주식에 대한 분석이 가능합니다.

복잡한 회사 가이드 문서 내용을 ② [ 6가지로 요약 ] 해줬습니다.

문서 업로드로 분석이 완료되면 계속 내용을 이어갈 수 있게 [ 꼬리 물기 질문 ]을 해봅니다.

PER은 9.42배, PBR은 1.49배이라고 하는데, 초등학생도 이해하기 쉽게 설명해줘

① [ 꼬리 물기 질문 ] 을 입력하고, ② [ 전송 버튼 ] 을 클릭합니다.

PER(Price Earning Ratio, 주가수익비율)과 PBR(Price Book-value Ratio, 주가순자산비율)은 주식의 가치를 평가하는 데 사용되는 대표적인 지표입니다.

**1. PER(주가수익비율)**

- 기업이 1년 동안 벌어들인 순이익을 주식 수로 나눈 값인 주당순이익(EPS)에 비해 현재 주가가 얼마나 높은지 나타내는 지표입니다.
- PER이 높다는 것은 기업이 벌어들이는 이익에 비해 주가가 높다는 것을 의미하고, PER이 낮다는 것은 기업이 벌어들이는 이익에 비해 주가가 낮다는 것을 의미합니다.

예를 들어, A기업의 주가가 10,000원이고 주당순이익이 1,000원이라면, PER은 10,000원/1,000원 = 10배가 됩니다. 이는 A기업의 주가가 주당순이익에 비해 10배 높다는 것을 의미합니다.

**2. PBR(주가순자산비율)**

- 기업의 순자산(자산-부채)을 주식 수로 나눈 값인 주당순자산가치(BPS)에 비해 현재 주가가 얼마나 높은지 나타내는 지표입니다.
- PBR이 높다는 것은 기업의 순자산에 비해 주가가 높다는 것을 의미하고, PBR이 낮다는 것은 기업의 순자산에 비해 주가가 낮다는 것을 의미합니다.

예를 들어, B기업의 주가가 10,000원이고 주당순자산가치가 5,000원이라면, PBR은 10,000원/5,000원 = 2배가 됩니다. 이는 B기업의 주가가 주당순자산가치에 비해 2배 높다는 것을 의미합니다.

↻ 다른 답변 보기

PER과 PBR을 초등학생도 이해하기 쉽게 설명해달라고 요청한 결과 ① [ PER 주가수익비율 ] 과 ② [ PBR 주가순자산비율 ] 의 용어를 상세 설명과 예를 들은 계산법 까지 상세하게 답변을 해줍니다.

계속 내용을 이어가 [ **명확하고, 구체적으로 질문** ]을 해봅니다.

> PER은 9.42배, PBR은 1.49배이고, 반도체 적자 감소로 영업이익이 회복되고 있다고 하는데, 삼성전자 주식을 가격이 1주당 69,000원일때 매수했고, 현재 1주당 75,900원 이야. 이제 어떻게 해야할까? 목표가는 80,000원 이야.

① [ **명확하고, 구체적인 질문** ]을 입력하고, ② [ **전송 버튼** ] ➤을 클릭합니다.

 주식 투자는 개인의 상황과 목표에 따라 다양한 전략이 필요합니다. 다음은 일반적인 주식 투자 전략 중 일부입니다.

**1. 보유 전략**: 주식 가격이 상승할 때까지 계속 보유하는 전략입니다. 이 전략은 수식 가격이 장기적으로 상승할 것이라고 믿는 경우에 적합합니다. 하지만 주식 가격이 하락할 경우에는 손실이 커질 수 있으므로, 자신의 투자 목표와 상황을 고려하여 결정해야 합니다.

**2. 매도 전략**: 주식 가격이 상승했을 때 매도하여 수익을 실현하는 전략입니다. 이 전략은 주식 가격이 단기적으로 상승할 것이라고 믿는 경우에 적합합니다. 하지만 주식 가격이 계속 상승할 경우에는 수익을 놓칠 수 있으므로, 자신의 투자 목표와 상황을 고려하여 결정해야 합니다.

**3. 분할 매수 전략**: 주식 가격이 하락할 때마다 일정한 금액을 투자하여 주식을 매수하는 전략입니다. 이 전략은 주식 가격이 장기적으로 상승할 것이라고 믿는 경우에 적합합니다. 하지만 주식 가격이 계속 하락할 경우에는 손실이 커질 수 있으므로, 자신의 투자 목표와 상황을 고려하여 결정해야 합니다.

**4. 분할 매도 전략**: 주식 가격이 상승했을 때 일정한 금액을 매도하여 수익을 실현하는 전략입니다. 이 전략은 주식 가격이 단기적으로 상승할 것이라고 믿는 경우에 적합합니다. 하지만 주식 가격이 계속 상승할 경우에는 수익을 놓칠 수 있으므로, 자신의 투자 목표와 상황을 고려하여 결정해야 합니다.

현재 주식 가격이 목표가에 도달하지 ~~~~~을 선택하여 주식 가격이 상승할 때까지 기다리는 것이 좋습니다. 주식 가격이 ↻ 다른 답변 보기 면, 매도 전략을 선택하여 수익을 실현하는

투자에 대한 ① [ **다양한 투자 전략을 4가지** ]로 구분해 알려줍니다. 하지만, 투자 결정은 개인의 투자 목표, 투자 기간, 위험 수용 능력 등 여러 요인을 고려해야 명확하게 매도, 매수 구간을 꼭 잡아 알려주진 않고, 일반적인 주식 투자 전략을 알려줍니다.

[ **그래프와 표를 읽어줘** ] 네이버 클로바 X에게 질문해 봅니다.

그래프와 표 속에 내용도 인식할 수 있습니다. 아직까지는 엑셀xlsx 문서는 인식하지 못해, PDF파일로 전환시켜 문서활용 대화를 해봅니다.

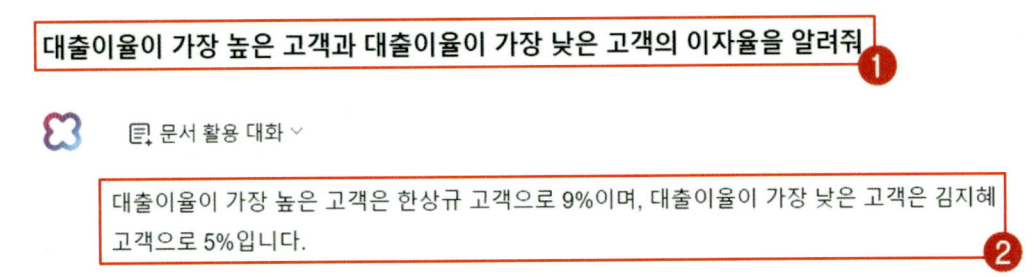

표와 그래프의 문서 활용 대화로  [ **첨부된 그래프와 표** ] 를 정리해줬습니다.

클로바 X는 첨부한 문서의 요약 및 ① [ **간단한 질문** ] 의 ② [ **응답** ] 은 가능하나, 현재로서는 문서 내용에 대한 분석 또는 외국어 파일은 번역이 어려운 상황입니다.

## 5 어떻게 하면 CLOVA X와 잘 대화할 수 있나요?

 **첫 번째, 질문이나 요청을 구체적으로 해주세요.**

어떠한 결과물을 요청할때는 그 요청이 필요한 이유와 배경, 향후 그 결과물을 어떻게 활용하고자 하는지에 대한 계획도 함께 제공하는 것이 좋습니다.

CLOVA X가 사용자의 상황을 구체적으로 알면 알수록 더 실제적인 도움을 드릴 수 있습니다.

클로바 X에게 역할을 부여하는 일입니다. '대화에서 특정한 역할을 맡아달라'는 프롬프트를 작성하면 됩니다. 'Act as (~처럼 행동해 줘)' 기법입니다.

사용자의 특정 관심사와 요구에 맞는 결과물을 만들어내는데 탁월한 성능을 보입니다.

 **두 번째, CLOVA X의 응답에 대해 다양한 피드백을 주세요.**

필요에 따라 더 구체적인 질문을 해보시는 것도 좋고, 관련된 주제로 추가적인 문의를 하는 것도 좋습니다. 스스로 답변을 확장할 수 있도록 관련된 정보를 계속해서 제시해주는 것이 좋습니다.

만약 CLOVA X가 내용을 잘못 전달한 경우, 이에 대해 잘못을 지적해 주셔도 좋습니다. 그러면 사용자의 의도를 이해하고 내용을 정정하여, 더 적절한 응답을 드릴 수 있도록 노력할 것입니다.

 **세 번째, 다양한 방식으로 대화를 시도해 보세요.**

사용자의 질문이나 요청에 최고의 응답을 드리기 위해 노력하지만, CLOVA X는 아직 발전 중이기 때문에 특별히 더 잘 응답하는 대화 방식이 존재할 수 있습니다. CLOVA X는 사용자 여러분과 소통하며 지속적으로 성장하니, 다양한 방식으로 사용해 주시면서 많은 피드백을 주세요.

## 6 Hyper CLOVA X를 일상에 스며들게 하는 대화 방법

 클로바 X로 냉장고 파먹기와 SNS 해시태그 추출

냉장고에 있는 식자재로 만들 수 있는 요리들과 요리방법을 알려달라고 해봅니다.
추가해서, SNS 인스타그램에 업로드할 해시태그와 어울리는 글도 요청합니다.

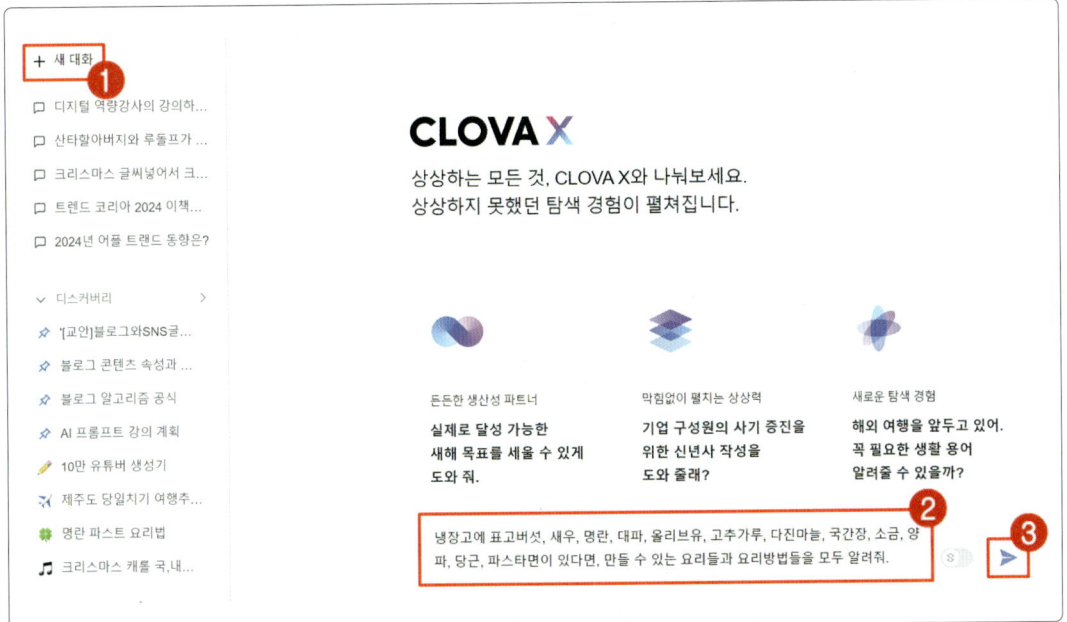

새로운 대화를 할때는 기존 대화내용과 이어지지 않게 좌측 상단 ① [ + 새 대화 ] 버튼을 클릭해, 새로운 대화창에서 시작합니다. 요청할 ② [ 대화내용 입력 ] 하고, ③ [ 보내기 버튼 ]을 클릭하고, 답변을 기다립니다.

냉장고에 표고버섯, 새우, 명란, 대파, 올리브유, 고추가루, 다진마늘, 국간장, 소금, 양파, 당근, 파스타면이 있다면, 만들 수 있는 요리들과 요리방법들을 모두 알려줘.

 다음은 냉장고에 있는 재료로 만들 수 있는 요리들과 요리 방법입니다.

**1.명란 크림 파스타**
- 재료: 파스타면 200g, 명란젓 2개, 양파 1/2개, 마늘 3쪽, 생크림 1컵, 우유 1/2컵, 버터 1큰술, 소금, 후추, 올리브유
- 만드는 방법:
  1. 파스타면을 끓는 물에 소금을 넣고 8분 정도 삶아줍니다.
  2. 양파와 마늘은 잘게 썰어줍니다.
  3. 팬에 올리브유를 두르고 양파와 마늘을 볶아줍니다.
  4. 명란젓을 넣고 함께 볶아줍니다.
  5. 생크림과 우유를 넣고 끓여줍니다.
  6. 삶은 파스타면을 넣고 섞어줍니다.
  7. 소금과 후추로 간을 맞춰줍니다.

**2.표고버섯 새우볶음**
- 재료: 표고버섯 5개, 새우 10마리, 양파 1/2개, 당근 1/4개, 대파 1/2대, 다진 마늘 1큰술, 간장 2큰술, 설탕 1큰술, 참기름 1큰술, 식용유
- 만드는 방법:
  1. 표고버섯은 기둥을 제거하고, 양파와 당근은 적당한 크기로 썰어줍니다.
  2. 대파는 어슷하게 썰어줍니다.
  3. 팬에 식용유를 두르고 다진 마늘을 볶아줍니다.
  4. 표고버섯과 새우를 넣고 볶아줍니다.
  5. 간장, 설탕, 참기름을 넣고 볶아줍니다.
  6. 양파와 당근을 넣고 볶아줍니다.
  7. 대파를 넣고 볶아줍니다.

**3.명란 대파 볶음밥**
- 재료: 밥 2공기, 명란젓 2개, 대파 1대, 양파 1/2개, 당근 1/4개, 식용유, 소금, 후추
- 만드는 방법:
  1. 대파와 양파, 당근은 잘게 썰어줍니다.
  2. 팬에 식용유를 두르고 대파를 볶아줍니다.
  3. 양파와 당근을 넣고 볶아줍니다.
  4. 명란젓을 넣고 볶아줍니다.
  5. 밥을 넣고 볶아줍니다.

요청 결과 냉장고에 있는 재료들로 요리할 수 있는 ① **[ 명란 크림 파스타 ]**, ②가 **[ 표고버섯 새우볶음 ]** ③ **[ 명란 대파 볶음밥 ]** 3가지 요리들과 레시피를 답변해줬습니다.

세번째 레시피를 [ SNS 활용할 수 있는 글과 해시태그 ]를 요청해보겠습니다.

> 명란 대파 볶음밥를 요리해서 SNS에 게시하고 싶어, 인스타그램에 올린 해시태그를 5개만 뽑아줘. 단, 대형해시태그말고, 중소형 해시태그로 알려주면 좋겠 ①
>
> ✿ 명란 대파 볶음밥을 요리해서 인스타그램에 게시할 때 사용할 수 있는 중소형 해시태그 5개는 다음과 같습니다.
>
> 1.#명란볶음밥
> 2.#대파볶음밥
> 3.#볶음밥
> 4.#한그릇요리
> 5.#저녁메뉴추천 ②
>
> 위의 해시태그를 사용하여 인스타그램에 게시하면, 다른 사용자들과 쉽게 공유할 수 있으며, 자신의 요리를 더욱 돋보이게 할 수 있습니다.
> 해시태그를 선택할 때는 자신의 요리와 관련된 키워드를 ③ 하여 선택하는 것이 좋습니다.
> ↻ 다른 답변 보기

인스타그램에 업로드할 중소형 해시태그를 요청하기 위해, 대화 창에 질문을 입력하고 전송버튼을 클릭합니다. ① [ 질문한 내용 ]과 ② [ AI 답변 ]이 나열됩니다. 답변이 오답이거나 마음에 안든다면 ③ [ 다른 답변 보기 ]를 클릭해서 다른 답변을 요청할 수 있습니다.

인플루언서가 아닌 이상 대형 해시태그 사용시, 노출될 일이 없습니다. 그냥 해시태그 알려줘와 중소형 해시태그 5개만 뽑아줘하고는 몇 가지의 단어를 수정해주거나 문장을 첨가 해주는 것만으로 답변 결과물의 완성도가 올라갑니다

> 요리방법말고, 감성적인 내용으로 인스타그램에 올릴 수 있는 글을 작성해줘 ①
>
> ✿ 네. 아래와 같이 감성적인 내용으로 인스타그램에 올릴 수 있는 글을 작성해 보았습니다.
>
> **명란 대파 볶음밥**
> • 고소한 명란과 향긋한 대파가 만나 입안 가득 행복을 선사하는 볶음밥.
> • 냉장고 속 재료로 간단하게 만들 수 있어 바쁜 일상 속에서도 나를 위한 작은 사치를 즐길 수 있는 요리.
> • 따뜻한 밥 한 그릇에 담긴 소박하지만 따뜻한 위로.
> • 오늘 저녁, 명란 대파 볶음밥으로 마음까지 따뜻해지는 한 끼를 즐겨보세요. ②

세번째 질문에 ① [ 인스타그램 게시 감성글 ]을 추가 요청하면, 요청내용에 맞게 ② [ 여러개의 글을 제공 ] 해줍니다. 첫 질문에 지나치게 광범위한 요구를 하지말고, 대화를 하면서 추가적으로 특정 상황이나 특정 조건을 구체적이고, 이해하기 쉬운 설명으로 프롬프트를 작성하는 것이 좋습니다.

클로바 X로 유튜브 영상 기획과 숏츠 대본 및 임펙트 있는 카피 추출

갤럭시 Z 플립5 레트로 언박싱및 리뷰 유튜브 영상 기획해줘

유튜브 영상 기획을 위한 ① [ 굉장히 일반적이고 단조로운 요청 ] 을 작성하고 ② [ 전송 버튼 ] 을 클릭해 봅니다.

 갤럭시 Z 플립5 레트로 언박싱 및 리뷰 유튜브 영상 기획안입니다.
1. 제목: 갤럭시 Z 플립5 레트로 언박싱 및 리뷰
2. 소개:
   - 갤럭시 Z 플립5의 레트로 디자인과 기능을 소개하는 영상입니다.
   - 레트로 감성을 자극하는 디자인과 최신 기술이 결합된 갤럭시 Z 플립5의 매력을 보여줍니다.
3. 구성:
   - 인트로: 갤럭시 Z 플립5의 레트로 디자인과 함께 영상 시작
   - 언박싱: 갤럭시 Z 플립5의 구성품과 디자인을 자세히 소개
   - 기능 소개: 갤럭시 Z 플립5의 다양한 기능을 소개
   - 사용 후기: 실제 사용하면서 느낀 장단점과 개선점을 솔직하게 이야기
   - 마무리: 갤럭시 Z 플립5의 매력을 다시 한 번 강조하며 영상 종료
4. 촬영 계획:
   - 레트로 분위기를 살리기 위해, 레트로 소품을 활용하여 촬영
   - 언박싱 장면에서는 갤럭시 Z 플립5의 구성품을 자세히 보여주기 위해, 다양한 각도에서 촬영
   - 기능 소개 장면에서는 갤럭시 Z 플립5의 기능을 쉽게 이해할 수 있도록, 화면 분할 등의 효과를 활용
   - 사용 후기 장면에서는 실제 사용  위해, 일상 생활 속에서 촬영

지나치게 일반적인 내용이라 활용할 수 있는 부분이 많지 않게 답해줍니다.
다시 한번 명확하고, 구체적인 프롬프트를 사용해보겠습니다.

갤럭시 Z 플립5 레트로 언박싱및 리뷰 유튜브 영상 기획해줘. 기획 1. 갤럭시 Z 플립5 레트로 최초 언박싱 이것만 보면 끝 기획 2. 갤럭시 Z 플립5 레트로 역대급 성능 대결 3. 갤럭시 Z 플립5 레트로 새로운 기술이 가득한 니바이스 4. 갤럭시 Z 플립5 레트로 깜짝 놀라는 응용 프로그램 TOP10

① [ 명확하고, 구체적인 프롬프트 ] 를 입력하고, ② [ 전송 버튼 ] 을 클릭합니다.

> 갤럭시 Z 플립5 레트로 언박싱 및 리뷰 유튜브 영상 기획안입니다.
>
> **1. 갤럭시 Z 플립5 레트로 최초 언박싱 이것만 보면 끝**
> - 갤럭시 Z 플립5 레트로의 디자인, 색상, 크기, 무게 등을 소개합니다.
> - 제품의 구성품과 액세서리를 소개합니다.
> - 제품의 주요 기능과 특징을 소개합니다.
> - 제품의 장단점을 분석하고, 개선점을 제안합니다.
>
> **2. 갤럭시 Z 플립5 레트로 역대급 성능 대결**
> - 갤럭시 Z 플립5 레트로와 경쟁 제품의 성능을 비교합니다.
> - CPU, GPU, 메모리, 저장용량 등의 성능을 측정합니다.
> - 카메라 성능을 비교하고, 촬영한 사진과 동영상을 보여줍니다.
> - 배터리 수명을 측정하고, 충전 속도를 비교합니다.

구체적으로 프롬프트에 대한 답변을 ① [ 기획 1 ] 부터 [ 기획 2 ] 순서대로 기획 5까지 상세하게 유튜브 영상 기획안을 제시해줬습니다.

> 10대들이 쓰는 말투로 갤럭시 Z 플립5 레트로 언박싱 쇼츠 영상 대본을 작성해보겠습니다. ①
>
> [영상 시작]
>
> (갤럭시 Z 플립5 레트로 상자를 들고 등장)
>
> 안녕하세요! 오늘은 갤럭시 Z 플립5 레트로를 언박싱 해볼 거예요!
>
> (상자를 열고 제품을 꺼낸다)
>
> 와! 너무 예쁘지 않아요? 색깔 완전 내 스타일!
>
> (제품을 이리저리 살펴보며)
>
> 화면도 완전 크고, 접으면 작아져서 휴대하기도 좋아요!
>
> (제품을 접었다 펴며)
>
> [영상 종료]
>
> 임팩트 있는 카피:
> "갤럭시 Z 플립5 레트로, 너 좀 예쁘다?" ②
>
> 위의 대본을 참고하여 영상을 제작해보세요. 영상의 길이와 내용은 제작자의 취향과 목적에 따라

10대 들이 좋아하는 ① [ 숏츠 영상 30초 짜리 대본 ] 을 요청하니, 숏츠 영상에 맞게 장면까지 바꿔가며 대본을 써주고, ② [ 임펙트 있는 카피 라이트 ] 까지 제시해줍니다.

## 소상공인을 위한 마케팅 전략 SWOT, 5 Forces, PEST 분석하기

 기업의 내부환경과 외부환경을 분석하여 강점(Strength), 약점(Weakness), 기회(Opportunity), 위협(Threat) 요인을 규정하고 이를 토대로 경영전략을 수립하는 기법

1인 기업인 스마트폰 활용 강사 조미영의 마케팅 전략 분석을 요청해봅니다.
이때 마케팅 용어를 사용하면 더 좋은 결과를 얻을 수 있습니다.

> 스마트폰 활용강사 조미영에 대한 마케팅 보고서를 써줘. SWOT 분석을 활용해서 분석해주고, 표로 결과를 작성해줘

새로운 대화창에 ① [ 마케팅 보고 프롬프트를 작성 ] 하고, ② [ 전송 버튼 ] ▶을 클릭합니다.

### 스마트폰 활용강사 조미영에 대한 마케팅 보고서

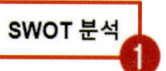

| 강점(Strengths) | 약점(Weaknesses) |
|---|---|
| - 스마트폰 활용에 대한 전문적인 지식과 경험을 가지고 있음<br>- 다양한 강의 경력을 바탕으로 한 강의 능력<br>- 수강생들과의 소통 능력이 뛰어남<br>- SNS를 활용한 마케팅 능력이 뛰어남 | - 강의 분야가 제한적임<br>- 강의 시간이 제한적임<br>- 강의 장소가 제한적임<br>- 수강생들의 요구에 대한 대응이 느릴 수 있음 |

| 기회(Opportunities) | 위협(Threats) |
|---|---|
| - 스마트폰 활용에 대한 수요가 증가하고 있음<br>- 온라인 강의 시장이 성장하고 있음<br>- SNS를 활용한 마케팅이 효과적임<br>- 강의 콘텐츠를 다양화할 수 있음 | - 경쟁 업체가 증가하고 있음<br>- 코로나19로 인해 강의 시장이 위축될 수 있음<br>- 수강생들의 요구가 다양화되고 있음<br>- 강의 콘텐츠의 질이 저하될 수 있음 |

① [ SWOT 분석 ]을 깔끔하게 강점(strength), 약점(weakness), 기회(opportunity), 위협(threat) 요인 표로 정리해줬습니다.

### 마케팅 전략

강점과 기회를 활용하여 마케팅 전략을 수립할 수 있습니다. ①

1. **온라인 강의 시장 진출**: 온라인 강의 시장이 성장하고 있으므로, 온라인 강의를 제작하여 판매하는 것이 좋은 전략입니다. 이를 위해 강의 콘텐츠를 다양화하고, 수강생들의 요구에 맞는 강의를 제공해야 합니다.

2. **SNS를 활용한 마케팅**: SNS를 활용하여 수강생들과 소통하고, 강의 정보를 제공하는 것이 효과적입니다. 이를 통해 수강생들의 관심을 끌고, 수강생들의 요구에 빠르게 대응할 수 있습니다.

3. **강의 콘텐츠 다양화**: 강의 분야를 확대하고, 강의 시간과 장소를 다양화하는 것이 좋습니다. 이를 통해 수강생들의 선택 폭을 넓히고, 수강생들의 만족도를 높일 수 있습니다.

4. **경쟁 업체와의 차별화**: 경쟁 업체와 차별화된 강의 콘텐츠와 서비스를 제공하는 것이 중요합니다. 이를 위해 자신만의 강점을 강조하고, 수강생들의 요구에 맞는 강의를 제공해야 합니다.

5. **강의 시장 변화에 대한 대응**: 코로나19로 인해 강의 시장이 변화하고 있으므로, 이에 대한 대응이 필요합니다. 예를 들어, 온라인 강의를 확대하거나, 강의 시간과 장소를 유연하게 조정하는 것이 좋습니다.

↻ 다른 답변 보기

① 강점과 기회를 활용한 [ 마케팅 전략 수립 ] 까지 5가지로 상세하게 제안해줍니다.
위와 같은 방법으로 5 Fores와 PEST 마케팅 분석도 요청해봅니다.

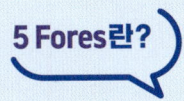

**5 Fores란?** 기업 경쟁구도 분석도구로 기존 경재자 위협, 신규 진입자 위협, 공급자 교섭력, 구매자 교섭력, 대체재 위협등 5가지 힘 (Forces). 이러한 분석을 통하여 해당 시장에서 공격적 전략을 수립하거나 방어 전략을 수립.

### 스마트폰 활용강사 조미영의 5 Forces 분석

| 요소 | 분석 결과 |
|---|---|
| 경쟁자의 수 | 경쟁자의 수가 많음<br>스마트폰 활용에 대한 강의를 제공하는 업체가 다수 존재함 |
| 진입 장벽 | 진입 장벽이 낮음<br>스마트폰 활용에 대한 지식과 경험이 있다면 누구나 강의를 제공할 수 있음 |
| 대체재의 존재 여부 | 대체재의 존재 여부가 적음<br>스마트폰 활용에 대한 강의를 대체할 수 있는 다른 강의가 많지 않음 |
| 공급자의 협상력 | 공급자의 협상력이 낮음<br>스마트폰 활용에 대한 강의를 제공하는 데 필요한 자원을 쉽게 구할 수 있음 |
| 구매자의 협상력 | 구매자의 협상력이 높음<br>수강생들이 강의를 선택할 때 다양한 요소를 고려함 |

위의 분석 결과를 바탕으로 스마트폰 활용강사 조미영은 경쟁자와의 차별화를 통해 경쟁력을 강화하고, 구매자의 요구에 맞는 강의를 제공하여 구매자의 만족도를 높이는 것이 중요합니다. ①

① [ 5 Forces 분석 결과 ]를 경쟁자의 수, 진입 장벽, 대체재의 존재 여부, 공급자의 협상력, 구매자의 협상력 5가지 분석 결과를 바탕으로 스마트폰 활용강사 조미영은 경쟁자와의 차별화를 통해 경쟁력을 강화하고, 구매자의 요구에 맞는 강의를 제공하여 구매자의 만족도를 높이는 것이 중요하다는 분석을 결과를 정리해줍니다.

**PEST란?** 거시환경 분석으로 기업의 외부 환경을 분석하는 데 사용되는 대표적인 분석 도구 중 하나.

### 스마트폰 활용강사 조미영의 PEST 분석

| 요소 | 분석 결과 |
|---|---|
| 정치적 요소 | 정부의 디지털 교육 강화 정책<br>스마트폰 활용에 대한 교육을 지원하는 정책이 시행될 가능성이 있음 |
| 경제적 요소 | 경제 성장률 둔화<br>스마트폰 활용에 대한 수요가 감소할 가능성이 있음 |
| 사회적 요소 | 인구 구조 변화<br>고령 인구의 증가로 스마트폰 활용에 대한 수요가 증가할 가능성이 있음 |
| 기술적 요소 | 스마트폰 기술 발전<br>새로운 스마트폰 기술이 등장하여 강의 내용이 업데이트될 필요가 있음 |

위의 분석 결과를 바탕으로 스마트폰 활용강사 조미영은 정부의 정책에 따라 강의 내용을 조정하고, 고령 인구의 요구에 맞는 강의를 제공하는 것이 중요합니다. ①

① [ PEST 분석 ]을 정치적 요소, 경제적 요소, 사회적 요소, 기술적 요소 4가지 분석결과를 바탕으로 정부의 정책에 따라 강의 내용을 조정하고, 고령 인구의 요구에 맞는 강의를 제공할 것을 강조해줍니다.

**소상공인을 위한 홍보 및 마케팅 프롬프트**

제품의 특징이나 타깃 고객을 잘 살린 홍보 문구를 생성형 AI에게 단순하게 만들어줘와 같은 프롬프트는 원하는 결과를 보기엔 한계가 있습니다.
그에 맞는 적절한 프롬프트 구성할 필요가 있습니다.

특정 연령대를 타겟으로 제품의 특징을 살려 2024년 용띠에 대한 마케팅 카피라이팅 문구를 요청해 봅니다.

> 너는 아주 멋진 카피라이터야. 우리가 지금 2024년 새해를 맞이해 용띠와 관련된 제품을 출시하는데, 광고 문구 5개만 만들어줘. 제품은 '탕후루'이고, 주요 타깃은 10대 여성이야. 그들이 좋아하는 말투와 취향을 잘 반영해줘. 설명은 필요 없고, 재미있는 문구로 알려줘.

① 새 대화창에서 [ 카피라이팅 문구 작성 프롬프트 ]를 입력하고, ② [ 전송 버튼 ] ▶을 클릭합니다.

>  네, 2024년 새해를 맞이해 용띠와 관련된 제품인 '탕후루'의 광고 문구를 10대 여성의 취향에 맞게 만들어 드리겠습니다.
>
> 1. 용이 여의주를 물듯, 탕후루를 입에 물어보자!
> 2. 새해에는 용처럼 탕후루를 물고 날아보자!
> 3. 달콤한 탕후루 한 입, 용처럼 기운차게 시작하는 새해!
> 4. 용띠 해, 용처럼 강력한 달콤함을 선사할 탕후루!
> 5. 새해, 탕후루를 물고 하늘을 날아보자!
>
> 위의 문구들은 10대 여성들이 좋아할만한 재미있고 유쾌한 문구들로 구성해 보았습니다. 제품의 특징과 타깃층의 취향을 고려하여 다양한 문구를 만들어 보는 것이 좋습니다.

① [ 5가지의 유쾌한 카피라이팅 ]을 제품의 특징과 타깃층의 취향을 고려하여 다양한 문구를 만들어 주었습니다.

## 소상공인을 위한 브랜딩 아이디어

마케팅을 전문으로 하는 기업이나 개인 입장에서도 프롬프트를 잘 활용한다면, 제품의 특징이나 타겟 고객을 잘 살린 홍보 문구, 디자인 시안까지 뽑아낼 수 있습니다.

딸기 디저트를 컨셉으로 한 카페 창업을 준비하고 있는 경영주가 카페 이름과 레시피 및 디저트 이름 등 브랜딩 아이디어를 도움 받도록 하겠습니다.

> 지금부터 네가 유명한 작명소 원장 역할을 해주면 좋겠어. 나는 손님이고, 카페 창업을 준비하고 있는 40대 여자사장이야. 카페의 컨셉은 딸기 디저트와 딸기 음료가 특별한 곳이고, 카페 이름을 고민하고 있는데 추천해 달라는거야. 순 우리말 3개와 외국어 3개를 추천해줘.

하이퍼 클로바 X에게 역할을 부여해 대화에서 특정한 역할을 맡아달라고는 프롬프트를 작성하면 자신이 그 역할을 수행하기 위해 계속해서 관련된 포지션과 주제를 유지하게 됩니다.

① [ ~ Act as (~ 처럼 행동해 줘) 기법 프롬프트 ]와 지시의 이유와 맥락을 설명해 대화창에 입력하고,
② [ 전송 버튼 ]을 클릭합니다.

>  네. 카페 창업을 준비하고 계시는군요. 컨셉이 딸기 디저트와 딸기 음료가 특별한 곳이라면 이름도 그에 맞게 상큼하고 달콤한 느낌이 들면 좋을 것 같습니다.
>
> **순우리말 3개를 추천해 드리겠습니다**
> 1. '딸기밭' : 딸기를 직접 재배하는 카페라는 느낌을 줄 수 있습니다.
> 2. '달보드레' : 약간 달콤한 맛과 더불어, 순하고 부드러운 느낌을 주는 말로 딸기 디저트와 음료의 맛을 표현할 수 있습니다.
> 3. '다소니' : 사랑하는 사람이라는 뜻으로 딸기 디저트와 음료를 사랑하는 사람들이라는 의미를 담을 수 있습니다.
>
> **외국어 3개를 추천해 드리겠습니다**
> 1. '스트로베리 필드(Strawberry Field)' : 딸기가 가득한 들판이라는 뜻으로 딸기 디저트와 음료가 가득한 카페라는 느낌을 줄 수 있습니다.
> 2. '프레즈(Fraise)' : 프랑스어로 딸기라는 뜻으로 딸기 디저트와 음료를 전문으로 하는 카페라는 느낌을 줄 수 있습니다.
> 3. '베이크드 스트로베리(Baked Strawberry)' : 구운 딸기라는 뜻으로 딸기를 이용한 다양한 디저트를 판매하는 카페라는 느낌을 줄 수 있습니다.

딸기 컨셉의 카페 이름을 ① [ 순우리말 3가지 ]와 ② [ 외국어 3 개 ]를 얻고자하는 결과물을 명확하게 만들어 주었습니다. 꼬리물기 질문으로 딸기 디저트 개발에 대한 시안을 요청해봅니다.

> 딸기 디저트를 개발하려고해. 생딸기가 그대로 표현되는 특별한 디자인 시안을 부탁해. 단, 시안을 보고 바로 그릴 수 있게 자세히 설명해줘
>
> 생딸기가 그대로 표현되는 딸기 디저트 디자인 시안을 제안해드리겠습니다.
>
> 1. **딸기 케이크**: 딸기를 반으로 잘라 케이크 위에 올려놓은 디자인입니다. 케이크 시트는 부드러운 생크림과 딸기 시럽으로 층층이 쌓아 올리고, 딸기를 반으로 잘라 케이크 위에 올려놓으면 생딸기의 신선함과 달콤한 맛을 느낄 수 있습니다.
>
> 2. **딸기 타르트**: 딸기를 타르트 위에 올려놓은 디자인입니다. 타르트는 바삭한 식감과 고소한 맛이 특징이며, 딸기의 상큼한 맛과 잘 어울립니다. 딸기를 잘게 썰어 타르트 위에 올려놓거나, 딸기를 반으로 잘라 올려놓는 등 다양한 방식으로 디자인할 수 있습니다.
>
> 3. **딸기 마카롱**: 딸기를 마카롱 위에 올려놓은 디자인입니다. 마카롱은 달콤한 맛과 바삭한 식감이 특징이며, 딸기의 상큼한 맛과 잘 어울립니다. 딸기를 잘게 썰어 마카롱 위에 올려놓거나, 딸기를 반으로 잘라 올려놓는 등 다양한 방식으로 디자인할 수 있습니다.
>
> 4. **딸기 파르페**: 딸기를 파르페 위에 올려놓은 디자인입니다. 파르페는 아이스크림과 과일, 과자 등을 섞어 만든 디저트로, 딸기의 상큼한 다른 답변 보기 콤한 맛이 잘 어울립니다. 딸기를 잘게 썰어 파르페 위에 올려놓거나, 딸기를 반으로 잘라 올려놓는 등 다양한 방식으로 디자인할 수 있습니다.

① [ 생딸기가 그대로 표현되는 특별한 디자인 요청 프롬프트 ]를 입력하고니, 사진으로 생성되지 못해, 약간 부족한 면이 있기는 하나, 여러 종류의 디저트와 디자인 표현을 자세히 설명해줍니다.

### 🤖 꼬리 물기 질문으로!

- 딸기 마카롱 디저트가 맘에 드는데, 마카롱의 겉면은 어떤 컬러로 해야할까?
- 그린 컬러가 상큼한 느낌을 줄 수 있을꺼 같아, 그린과 딸기의 조화롭고, 먹고싶은 마카롱 디저트 이름을 만들어줘.
- 음.......식상한 이름말고, 예를 들어, '딸기밭 마카롱' 같은 획기적인 표현을 써줘.

> 네. 특징을 고려한 신선한 느낌을 주는 디저트 이름을 제안해 드리겠습니다.
>
> 1. **딸기 구름 마카롱**: 구름처럼 부드러운 식감과 딸기의 상큼한 맛이 어우러진 마카롱입니다.
> 2. **딸기 숲 마카롱**: 숲처럼 신선한 느낌과 딸기의 상큼한 맛이 어우러진 마카롱입니다.
> 3. **딸기 바다 마카롱**: 바다처럼 시원한 느낌과 딸기의 상큼한 맛이 어우러진 마카롱입니다.

생성형 AI의 특징을 살려, 주거니 받거니 여러번의 질문과 답으로 내가 원하는 ① [ 아이디어와 정보를 제공 ] 받았습니다. (매장명 : Strawberry Field / 대표메뉴: 딸기 숲 마카롱)

**소상공인 컨설팅 0원, 법률, 노무 자문가와 함께 사업하기**

사업을 준비하거나 운영하다 보면 예기치 못한 상황이나, 단순한 아르바이트 채용, 인건비, 임대차 계약등 어디 물어볼때도 없고, 법적 피해를 줄이기 위해 법률, 노무 자문이 필요한 순간이 있습니다. 한국 문화와 역사에 대한 배경 지식이 엄청 많은 것이 장점인, 하이퍼클로바 X는 한국어 데이터 5,600억 토큰을 가지고 있는데, 이는 뉴스 50년치와 네이버 블로그 9년치 데이터량에 달합니다. 다른 AI보다 한국의 법률, 노무등 국가법령에 뛰어난 정보를 갖고있는 하이퍼클로바 X에게 자문받으시길 추천합니다.

예비 창업자의 매장명에 대한 상표권 등록 절차에 대해 자문을 구해보겠습니다.

> 카페를 오픈하려고 준비하고 있는 예비 사장인데,
> 카페 이름을 정하기 전에 비슷한 이름이 이미 상표권 등록된 것으로 확인되었어.
> 그냥 상호로 사용하려고 하는데... 이 경우에도 상호를 사용하지 못하는 건가?

① 지시의 이유와 맥락을 담아 [ 카페 상호에 대한 상표권 확인 자문 프롬프트 ] 를 입력하고,
② [ 전송 버튼 ] ▶ 을 클릭합니다.

 상표권등록조회는 특허청에서 운영하는 '키프리스(KIPRIS)' 사이트에서 할 수 있습니다.

키프리스(KIPRIS)는 국내 지식재산권 관련 정보를 제공하는 대표적인 사이트로, 상표뿐만 아니라 특허, 디자인 등 다양한 지식재산권 정보를 검색할 수 있습니다.

카페 이름을 정하기 전에 다음과 같은 사항을 고려해야 합니다.

1. 선등록 상표 여부 확인
이미 등록된 상표와 유사한 상표를 사용할 경우, 상표권 침해 문제가 발생할 수 있습니다.

2. 독창성 있는 상표 선택
독창성 있는 상표를 선택하여 타인의 상표와 혼동을 방지하고, 브랜드 이미지를 강화할 수 있습니다.

3. 지정상품 선택
등록하려는 상표와 관련된 상품을 지정해야 합니다.

4. 상표 출원
상표 출원을 통해 상표권을 확보해야 합니다.

② [ 카페 이름 상표 여부 확인 및 검색 방법 ] 에 대해 고려사항을 설명해줍니다.

> 온새미로라는 순우리말이 좋은데, 이 이름은 상표권등록이 된, 이름일까?

'온새미로'는 2007년 10월 11일에 김정수, 김정민님이 출원한 상표로 43류(요식/호텔업)에 해당하는 지정상품으로는 간이식당업, 간이음식점업, 바(bar)서비스업, 셀프서비스식당업, 식당체인업, 식품소개업, 음식조리대행업, 음식준비조달업, 일반음식점업, 전통요리전문카페업, 전통튜전카페, 제과점업, 카페업, 카페테리아업, 한과전문카페, 한식점업이 있습니다.

안내된 카프리스 사이트에서 확인하지 않아도, ① [ 상표권 출원 여부 ] 를 뽑아줍니다.
단, 답변해주는 것이, 100% 정확하다고 할 수 없으니, 사용자가 꼼꼼하게 다시 한번 확인하는 것을 추천합니다.

> 상표권 등록하는 방법, 소요시간, 비용을 자세하게 알려줘.

상표권 등록 방법, 소요시간, 비용은 다음과 같습니다.

1. **상표권 등록 방법**
   - 특허청의 '키프리스(KIPRIS)' 사이트에서 상표권 등록 가능 여부를 조회합니다.
   - 상표권 등록 신청서를 작성하고, 수수료를 납부합니다.
   - 특허청에서 상표권 등록 심사를 진행합니다.
   - 심사 결과에 따라 상표권 등록이 완료됩니다.

2. **소요시간**
   - 상표권 등록 신청 후 약 8-12개월 정도 소요됩니다.
   - 우선 심사를 신청할 경우 약 2-3개월 정도 소요됩니다.

3. **비용**
   - 상표권 등록 수수료는 2023년 8월 1일부터 개정된 '특허료 등의 징수규칙'이 시행됨에 따라 특허권 및 상표권 이전등록신청료가 실용신안권 및 디자인권의 이전등록신청료와 동일하게 권리당 40,000원으로 변경되어 적용됩니다.
   - 대리인 수수료는 특허사무소마  다른 답변 보기  시 20-30만원, 등록 시 30만원 정도의 비용이 발생합니다.

얻고자하는 결과물을 위해 ① [ 구체적인 질문 ]을 합니다. ② [ 방법, 시간, 비용 ]을 상세하게 도출해줍니다.

인건비는 소상공인에게 항상 부담될 수 밖에 없습니다. 2024년 최저 임금이 9,860원으로 발표됐지만, 사실상 주휴수당 및 4대 보험을 포함하면 최저 임금은 12,900원이기 때문입니다.
소상공인 고정비 부담을 줄여주는 인건비 지급 기준에 관한 노무 관련 자문을 구해보겠습니다.

요즘 아르바이트 시간당 인건비는 얼마이고, 주휴수당은 지급 기준에 대해 알려줘.

현재 시점 ① [ 아르바이트 인건비와 주휴수당 지급 기준 기본 프롬프트 ]를 입력하고,
② [ 전송 버튼 ]▶을 클릭합니다.

2023년 기준 아르바이트 시간당 인건비는 최저 시급 9,620원이며, 이를 월급으로 환산할 경우 1주 40시간 근무 시 주휴수당 포함, 월 209시간 기준 2,010,580원입니다.

주휴수당은 일주일에 15시간 이상 일하는 근로자에게 일주일에 하루씩 유급휴일을 주는 제도입니다. 근로기준법 제55조에 따르면 사용자는 일주일 동안 소정의 근로일수를 개근한 노동자에게 1주일에 평균 1회 이상의 유급휴일을 주어야 하며, 이를 주휴일이라 합니다. 주휴일에 사용자는 근로일과 같은 하루 치 임금을 지급해야 하는데 이것을 주휴수당이라 합니다.

주휴수당은 다음과 같은 기준으로 지급됩니다.

1. 일주일에 15시간 이상 근무한 경우
2. 일주일 동안 결근하지 않고 개근한 경우
3. 근로기준법상 근로자에 해당하는 경우

단, 일주일에 15시간 이하를 근무하기로 계약한 근로자가 추가로 근무하여 15시간 이상이 되었을 경우에는 주휴수당을 지급해야 합니다.

기본 프롬프트에 대한 답변으로 ① [ 현재 기준 최저 시급 ]과 ② [ 주휴수당 지급 기준 ]을 기본적인 답변을 나열해줍니다.

**그럼 아르바이트도 퇴직금을 지급해야하나? 지급해야한다면 지급 기준에 대해 자세히 설명해 줘.**

네. 아르바이트도 퇴직금을 받을 수 있습니다.

**퇴직금은 1주일에 15시간 이상, 1년 이상 계속 일한 근로자가 퇴직할 때 지급되는 것으로, 아르바이트생도 위의 조건을 충족한다면 퇴직금을 받을 수 있습니다.**

퇴직금 지급기준은 다음과 같습니다.
1. 4주간을 평균하여 1주간의 소정근로시간이 15시간 이상인 경우
2. 계속근로기간이 1년 이상인 경우

단, 계속근로기간이 1년 미만인 근로자, 4주간을 평균하여 1주간의 소정근로시간이 15시간 미만인 근로자는 퇴직금을 받을 수 없습니다.

퇴직금은 계속근로기간 1년에 대해 30일분 이상의 평균임금을 지급합니다. 평균임금은 퇴직일 이전 3개월 동안 지급된 임금의 총액을 그 기간의 총일수로 나눈 금액입니다.

만약, 사용자가 퇴직금을 지급하지 ( ⟳ 다른 답변 보기 ) 동청에 신고하여 구제받을 수 있습니다.

① **[ 꼬리 물기와 추가 기법 프롬프트 ]** 를 입력하니, ② **[ 다양한 정보 ]** 를 보충해줍니다.

**그럼, 인건비 절약을 위해 주휴수당과 퇴직금을 지급하지 않으려면, 아르바이트 채용시 하루 근무시간을 어떻게 책정해야되지?** ①

주휴수당과 퇴직금을 지급하지 않기 위해 근무시간을 조정하는 것은 법적으로 문제가 될 수 있으며, 이는 근로기준법에 위반될 수 있습니다.

**주휴수당은 일주일에 15시간 이상 근무한 근로자에게 지급되는 수당으로, 근무시간을 조정하여 주휴수당을 지급하지 않는 것은 근로기준법 제55조에 위반됩니다.**

**퇴직금은 1년 이상 근무한 근로자에게 지급되는 것으로, 근무시간을 조정하여 1년 미만으로 근무하게 하는 것은 퇴직금을 지급하지 않기 위한 것으로 볼 수 있으며, 이는 근로기준법 제34조에 위반됩니다.**

만약 인건비를 절약하고자 한다면, 근무시간을 조정하는 것보다는 다음과 같은 방법을 고려해볼 수 있습니다.

1. 최저임금 인상률을 고려하여 인건비 예산을 수립하고, 이를 바탕으로 채용 인원을 조절하거나 근무시간을 조정하는 등의 방안을 고려해볼 수 있습니다.
2. 자동화 기술을 도입하여 인력을 대체하는 것도 인건비를 절약할 수 있는 방법 중 하나입니다.

⟳ 다른 답변 보기

보시다시피 ① [ 인건비 절약에 대한 직접적인 질문 ]에는 ② [ 회피 ]합니다. 이용자들이 인공지능을 왜곡된 방식으로 활용하거나, 결과에 대한 책임을 묻는 등의 상황을 방지하기 위한 AI의 의도된 회피라고 볼 수 있습니다. 이러한 의도적 회피의 과정을 무시하고 원하는 결과물이 나오도록 할 수 있습니다.

① [ 적절하게 속이는 프롬프트 ]를 입력합니다. 아까와는 다르게 ② [ 주 15시간 이하 근무 시간 ]과 휴게시간 까지 예를 들어 잘 설명해줍니다.

# 7강 | 네이버 큐(cue)

# 7강 일상을 바꾸는 Ai 검색, 네이버 큐(cue:)

## 개요 및 특징

네이버 큐:(Cue:)는 네이버가 2023년 9월20일에 공개한 대화를 통해 답변을 찾아주는 AI 검색 서비스입니다. 떠오르는 생각을 대화하듯 사용자가 자연스럽게 질문을 하면, 큐:는 이를 필요한 정보를 한눈에 파악할 수 있게 원하는 정보를 검색하여 제공합니다.

네이버 클로바X는 챗GPT처럼 문서 초안 작성이나 아이디어 생성 등에 강점이 있다면, 큐:는 우리가 늘 해오던 정보를 찾고 정리하는데 도움을 주는 검색에 최적된 서비스입니다.
기존 검색 엔진에서는 여러 번에 걸쳐 검색해야 하는 것들을 큐:가 알아서 검색 해주고, 또 이후에 내가 어떤 단어로 검색하면 좋을지를 이어서 알려주니 편리하고 활용성이 좋습니다.

첫 번째, 어떤 검색어로 입력해야 할지 고민하지 말고 사람에게 물어보듯이 자연스럽게 질문하면, Cue:가 질문을 이해하고 원하는 정보를 검색해서 가져다줍니다.
두 번째, Cue:는 이전 질문과 답변을 기억합니다. Cue:와 대화를 이어나가며 원하는 답을 찾아보세요.

현재는 Beta 베타 서비스 단계로 대기 명단에 등록하여 사용해야합니다.
대기 시간은 등록하신 순서에 따라 순차적으로 승인되어 서비스 이용까지 대기가 발생할 수 있습니다.

또한 현재 Cue:는 PC에서 사용하실 수 있고 추후 모바일 버전으로도 확대할 예정입니다. Cue: 서비스는 다음 버전의 브라우저를 공식 지원합니다.

- Chrome(https://www.google.com/chrome)
- Edge(https://microsoft.com/edge)
- Whale(https://whale.naver.com/)
- Safari(https://www.apple.com/safari)

| cue : (큐) |

떠오르는 생각을 대화하듯 입력하고, 필요한 정보를 한눈에 파악하는 새로운 경험을 시작합니다.

① **구체적이고 명확한 질문을 해보세요.**
Cue:를 가장 잘 활용하기 위해서는 구체적이고 명확한 질문을 하는 것이 좋습니다. 원하는 정보나 도움을 얻고자 하는 목적을 구체적으로 설명하는 것이 효과적입니다.

② **대화하듯이 질문을 해보세요.**
일상 대화처럼 자연스러운 대화 방식으로 질문하면 Cue:와의 상호작용이 더욱 원활하게 이루어집니다.

아래의 질문 예시들도 참고해 보세요.
"닭볶음탕 맛있게 만드는 레시피 알려줄래? 재료도 구매하고 싶어"
"제주도 애월에 오션뷰가 예쁜 카페 어디야?"
"최근에 개봉한 영화 알려줘"
"요즘 티 오마카세가 유행이라던데 어떤 건지 자세히 알려줘"

## 장점

큐:는 기존 생성형 AI서비스와 달리 자신이 정보를 찾는 과정을 단계별로 보여줍니다.
Cue:는 언어 모델에 추론(reasoning), 검색 계획(planning), 도구 사용(tool usage), 검색 기반 생성(retrieval-augmented generation) 기술을 녹여내어 네이버 검색과 결합한 AI 생성형 검색 서비스로써 네이버 버티컬의 정보를 요약하여 효과적인 검색 결과를 문장형으로 제공하며, 새로운 인터페이스를 통해 한층 더 확장된 검색 경험을 제공합니다.

**1단계** **Reasoning (추론)**
사용자 질의가 들어오면

**2단계** **Planning (검색 계획)**
네이버의 서비스들을 어떻게 사용하여 사용자의 검색 목적을 달성할 수 있는지 계획합니다.

**3단계** **Tool Usage (도구 사용)**
이러한 추론 과정을 사용자에게 보여줌으로써 사용자는 Cue:가 어떤 이유로 해당 답변을 제공하는지 논리의 흐름을 명확히 알 수 있습니다. 네이버의 서비스들을 툴로 사용하면서 수립된 검색 계획을 수행하고,

**4단계** **Retrieval-Augmented Generation (검색 기반 생성)**
검색된 결과를 바탕으로 답변을 생성합니다.

답변 생성 과정에서 ※**할루시네이션(Hallucination)**을 줄이기 위해 보다 신뢰성 있는 결과를 선택하고, 검색 결과와 답변의 사실성이 일치되도록 답변을 생성하며, 사실적 일관성의 확인을 위해 모델이 자신의 답을 점검하는 자기 성찰 기법을 사용합니다.
이렇게 취론 과정을 보여주기에, 어떤 이유로 해당 답변을 제공하는지 논리의 흐름을 알 수 있고, 함께 제공되는 참고 정보와 후속 질문등을 통해 질문을 이어 갈 수 있습니다.

검색 서비스 이용 패턴을 기반으로 사용자의 검색 의도에 가장 적합한 결과를 제공하고, 네이버의 다양한 서비스를 연결해 검색을 돕습니다.
이용자의 질문에 기반한 대화형 서비스라는 점에서 Cue:가 제공하는 내용은 이용자의 질문의 의도와 내용에 따라 달라질 수 있습니다.

※**할루시네이션(Hallucination)**
'환각'이나 '환영, 환청'을 뜻하는 영어 단어로, 생성형 인공지능(AI)이 거짓 정보를 마치 사실인 것처럼 생성·전달하는 현상을 뜻한다. 즉, AI가 주어진 데이터에 근거하지 않은 잘못된 정보나 아예 존재하지 않는 허위 정보를 전달하거나, 처리하는 정보의 맥락이나 의미를 오해해 잘못 표현하는 것이 이에 해당한다.

| cue :(큐) |

## 1 cue: 시작하기

큐: 서비스 이용을 위해 네이버 메인 화면 우측 상단에 ① [ 큐: 사전 신청 버튼 ]을 클릭합니다.

네이버 ① [ 로그인 ]을 합니다.
큐:는 네이버 회원인 경우에 서비스 이용이 가능합니다.

만약 네이버 회원이 아닌 경우,
네이버 회원가입을 먼저 진행해 주세요.

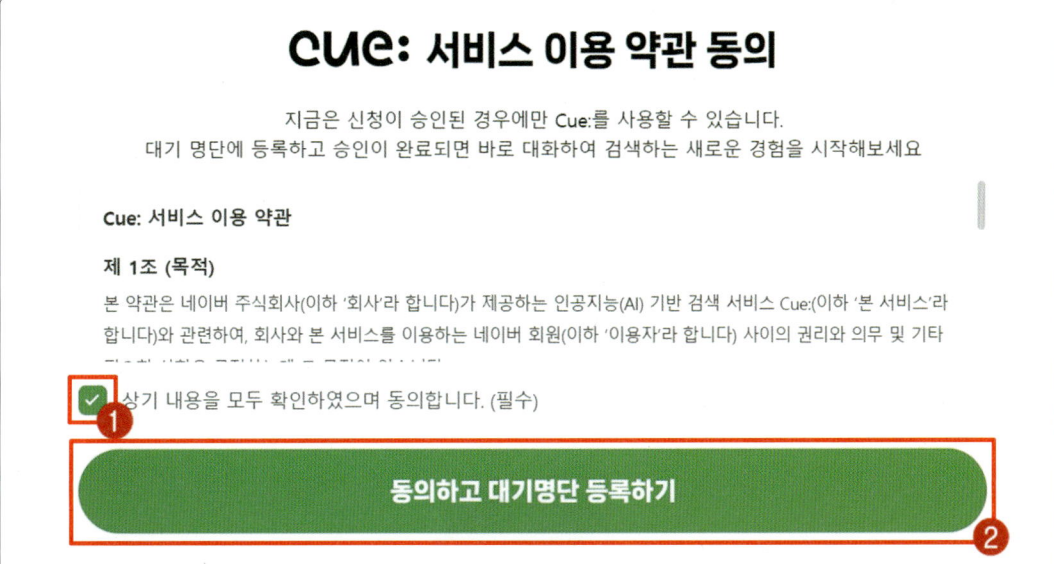

서비스 이용 약관을 ① 약관 [ 동의 ]을 하고, ② [ 동의하고 대기명단 등록하기 ] 버튼을 클릭하고, 대기합니다.

SNS소통연구소 | 119

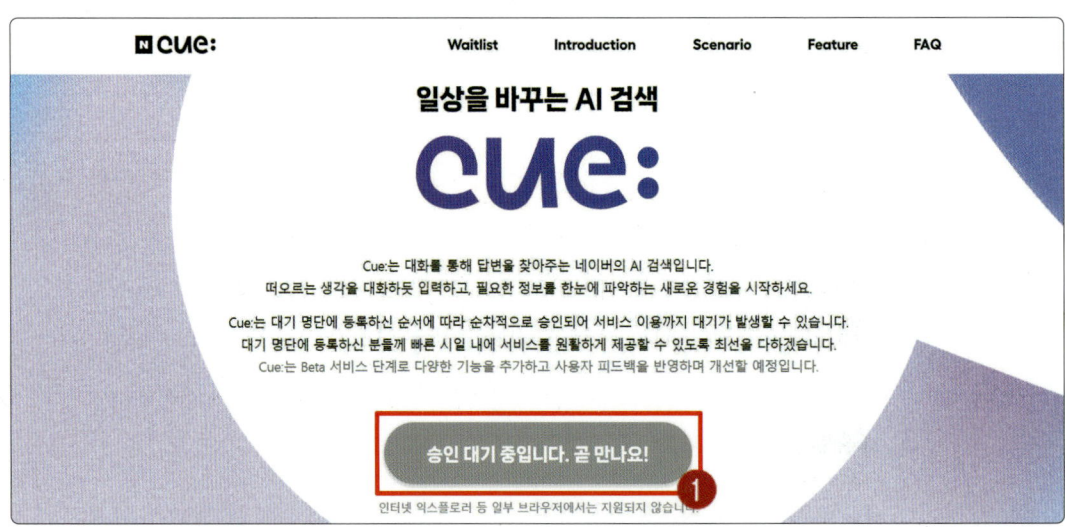

① [ 승인대기중입니다 ] 승인대기 메시지가 나옵니다. 빠르면 1일 미만으로도 승인이 완료됩니다.

네이버 큐: 승인이 완료되면, 네이버 메인 검색창 우측으로 [ cue: ] 버튼이 생성됩니다.

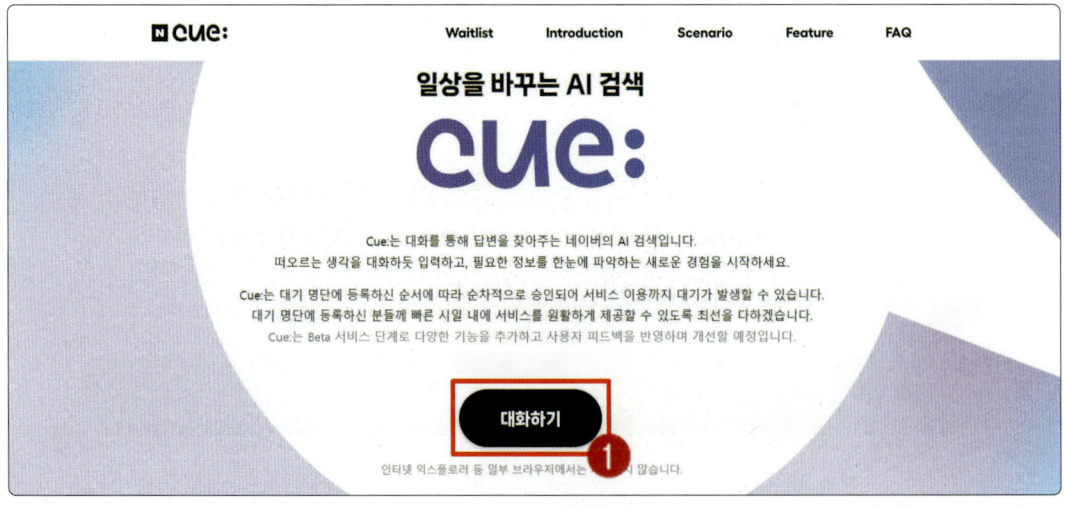

cue: 버튼을 클릭하면 큐: 메인화면 하단에 ① [ 대화하기 버튼 ]이 생성되어 있습니다.

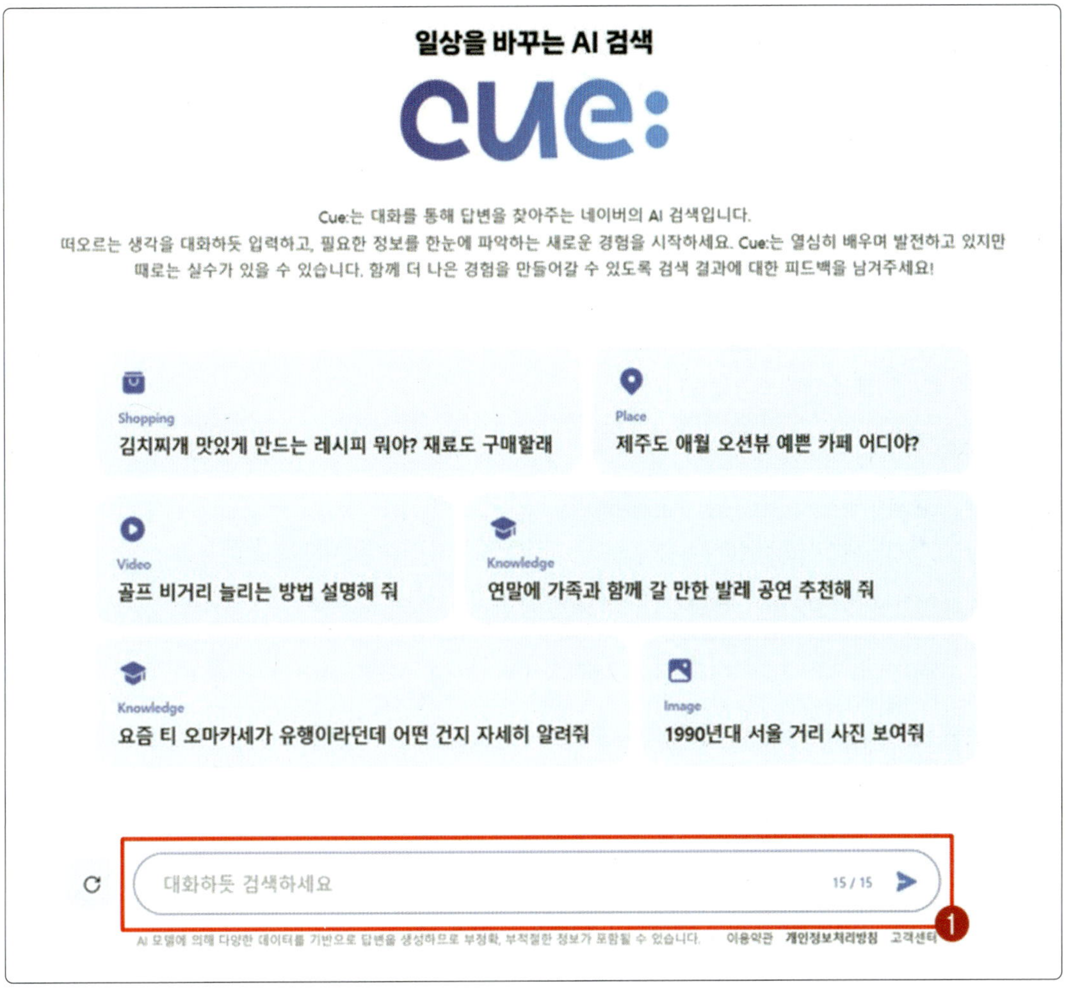

네이버 큐: 메인 페이지 ① [ 입력창 ]에 대화하듯이 원하는 내용을 입력해서 검색하면 됩니다. Cue:는 일일 최대 100회의 대화가 가능하며, 해당 횟수는 매일 초기화됩니다. 연속된 대화는 최대 15회까지 입력할 수 있으며, 잔여 횟수는 입력창 우측에서 확인하실 수 있습니다.

큐: 입력창에 다음과 같은 질문을 해 봅니다.

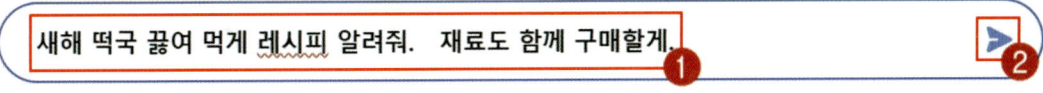

① [ 떡국 만들기 레시피와 함께 재료 구매 요청 ]을 입력하고, ② [ 전송 버튼 ] ▶을 클릭합니다.

네이버의 서비스 내에 있는 다양한 정보와 서비스를 연동시켜 보여주는 놀랍고, 뛰어난 AI 기반 검색 기능을 체험하실 수 있습니다.

**네이버 큐의 검색 서비스 이용 패턴을 기반으로 나온 답변과정입니다.**

① [ 추론, 검색 계획 ]하고, Cue:는 통합검색, 뉴스, 쇼핑, 플레이스, 영화 등 네이버의 풍부한 콘텐츠를 바탕으로 사용자의 질문과 관련된 정보를 검색한 후 내용을 요약하여 ② [ 검색, 검토 ] 과정을 걸쳐, 유용한 ③ [ 답변 생성 ]을 생성합니다. 답변 생성 과정에서 할루시네이션(Hallucination)을 줄이기 위해 보다 신뢰성 있는 결과를 선택하고, 검색 결과와 답변의 사실성이 일치되도록 ④ [ 참고정보 ]를 함께 첨부해줍니다. 참고정보는 네이버의 풍부한 콘텐츠를 바탕으로 지식백과부터 블로그 글, 유튜브 비디오까지 연결해줍니다. 마지막으로 ⑤ [ 검색 버튼 ] 클릭해 더 다양한 정보를 살펴볼 수 있고, ⑥ [ 후속 질문 ]을 통해 질문을 이어 갈 수 있습니다.

큐:가 떡국 만들기를 위한 레시피와 함께 네이버 아이디에 등록된 나의 주소를 기준으로 주문 가능한 장보기 상품을 보여주고, 이를 구매 할 수 있는 장보기 서비스와 연동하여 바로 주문을 할 수 있게 도와 줍니다.

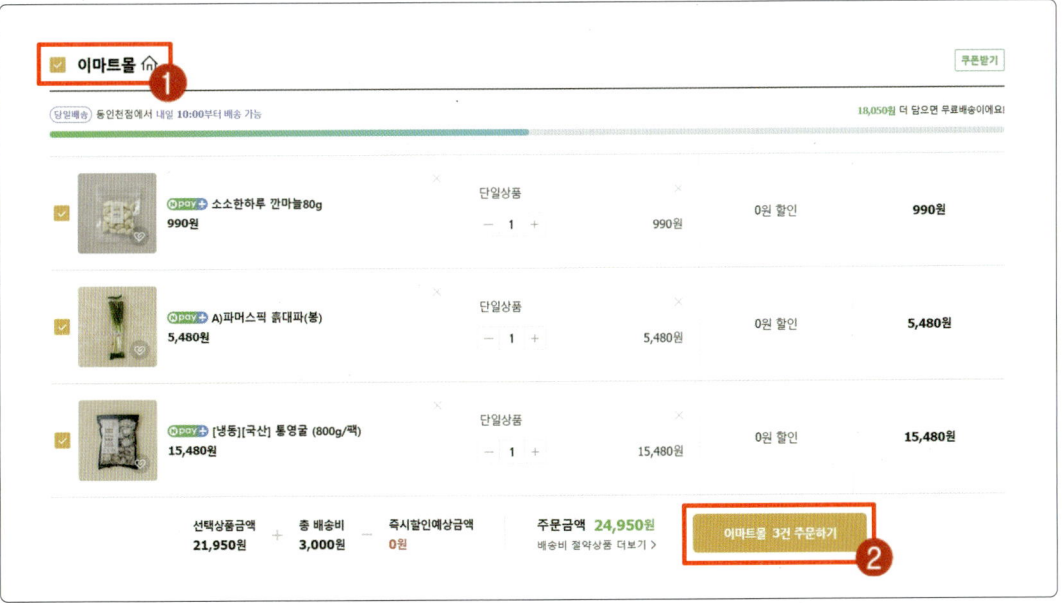

필요한 재료들을 장바구니에 담고, 주문하기 버튼을 클릭하면 배송가능한 ① [ 등록된 주소지의 대형 마트 ]와 연결이 됩니다. ② [ 주문하기 ] 버튼을 누르고, 결제를 하면 됩니다.
유용한 답변생성으로 쇼핑몰 앱이나 웹을 따로 이용하지 않아도, 스마트하고, 편리한 쇼핑을 할 수 있습니다.

> **참고정보**                                                    ∧ 접기
>
> 🐻 레즐리 · https://m.blog.naver.com/peace8012/223299708682
> 떡국 끓이는법 굴떡국 레시피 간단한 아침메뉴 추천
> 떡국 끓이는법 굴 떡국 만들기 이웃님들, 힝~ 벌써 2023년 12월도 얼마 남지 않았어요 벌써 이번주면 성탄절이 있
> 고요 한 해가 참으로 빨리 지나가는듯합니다 중년에 들어서니 어찌 시간이 더 빨리 지나가는 것 같죠? ㅎㅎ 새해
> 첫날이면 떡 한 살을 먹으면서 꼭 먹었던 떡국 한 그릇 요즘엔 새해 첫날뿐 아니라 간편한 한 끼 식사 대용으로 먹기...

이 레시피를 갖고 온 소스가 되는 블로그와 참고 정보도 줍니다. 레즐리 블로그 바로가기 버튼이 생성되어 있고, 클릭을 하면 해당 게시글로 이동이 됩니다.
우측에 참고 정보 버튼은 첨부정보 내용을 ① **[ 링크로 펼쳐서 확인 ]** 할 수 있습니다.

이처럼 네이버의 서비스 내에 있는 다양한 정보와 서비스를 연동시켜 보여줍니다.
이렇게 추론 과정을 보여 주기에, 큐:가 어떤 이유로 해당 답변을 제공하는지 논리의 흐름을 명확히 알 수 있고, 함께 나온 참고정보와 후속 질문 등을 통해 질문을 이어 갈 수 있습니다.

큐: 입력창에 다음과 같은 질문을 해 봅니다.

> 2024년 새해 해맞이 명소 수도권에서 가까운 곳 추천해줘    ➤

실제 장소를 추천하고 요약정보를 보여줍니다. 플레이스 추천을 클릭하면 네이버 지도와 연결되어 찾아가는 길을 바로 살펴 볼 수 있습니다. 추천 장소와 관련된 추가 질문들을 보여주는데, 이를 클릭하면 질문을 계속 이어갈 수 있습니다.

**MEMO**

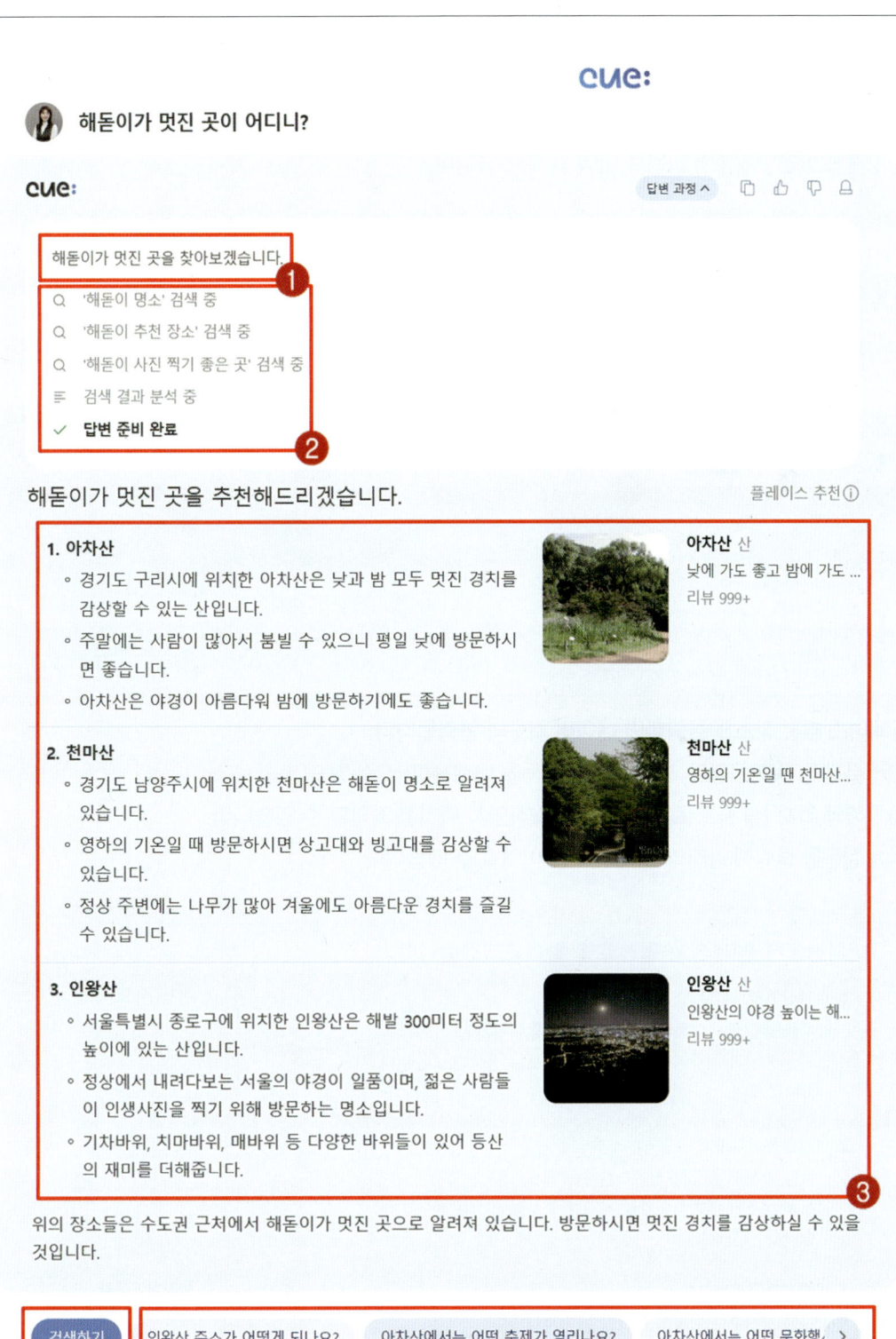

네이버 큐의 검색 서비스 이용 패턴을 기반으로 나온 답변과정으로 도출됩니다.

① [ 추론, 검색 계획 ] 하고, ② [ 검색, 검토 ] 과정을 걸쳐, 유용한
③ [ 답변 생성 ]을 생성합니다. ④ [ 참고정보 ]를 함께 첨부해줍니다.
⑤ [ 후속 질문 ]을 통해 질문을 이어 갈 수 있습니다.

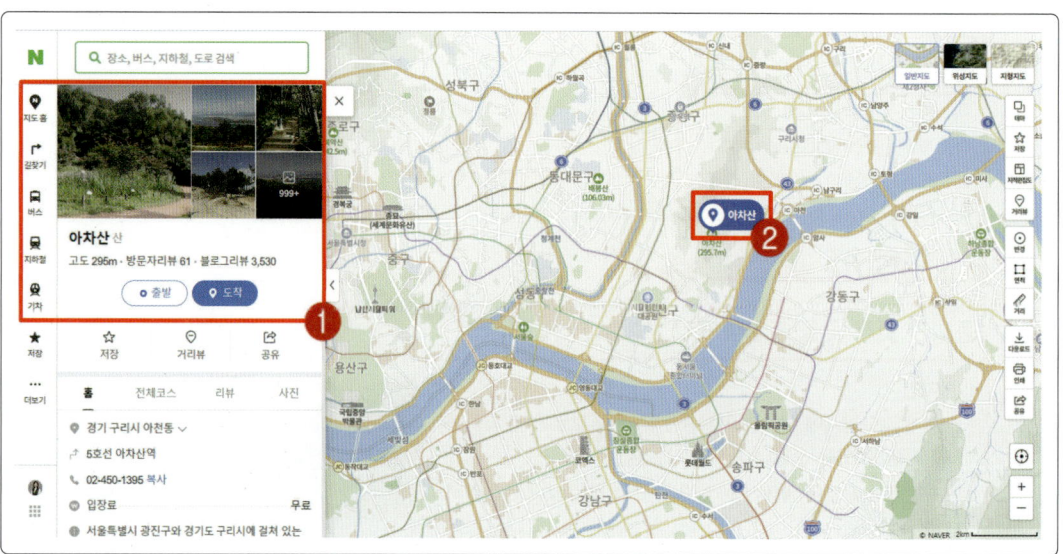

플레이스 추천 장소를 클릭하면 네이버 지도와 연결됩니다.

① [ 길찾기 및 이동경로, 방문자 리뷰 ] 등을 바로 살펴볼 수 있습니다.
② [ 해당 위치 ]를 줌으로 확대 또는 축소하면서 위치를 확인할 수 있습니다.

후속 질문을 클릭해 아래와 같이 대화를 이어갈 수 있습니다.

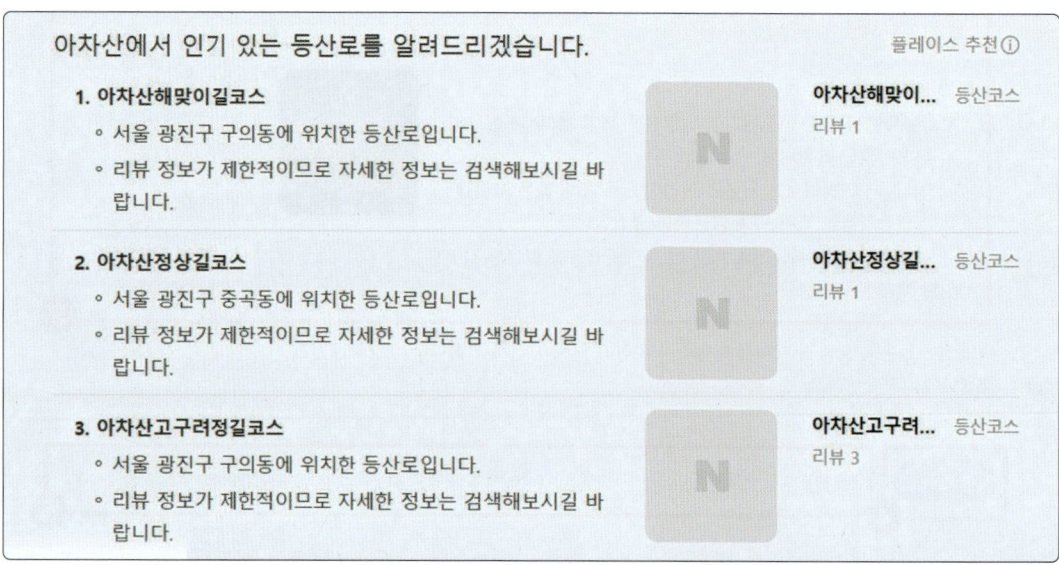

| cue :(큐) |

큐: 입력창에 다음과 같은 질문을 해 봅니다.

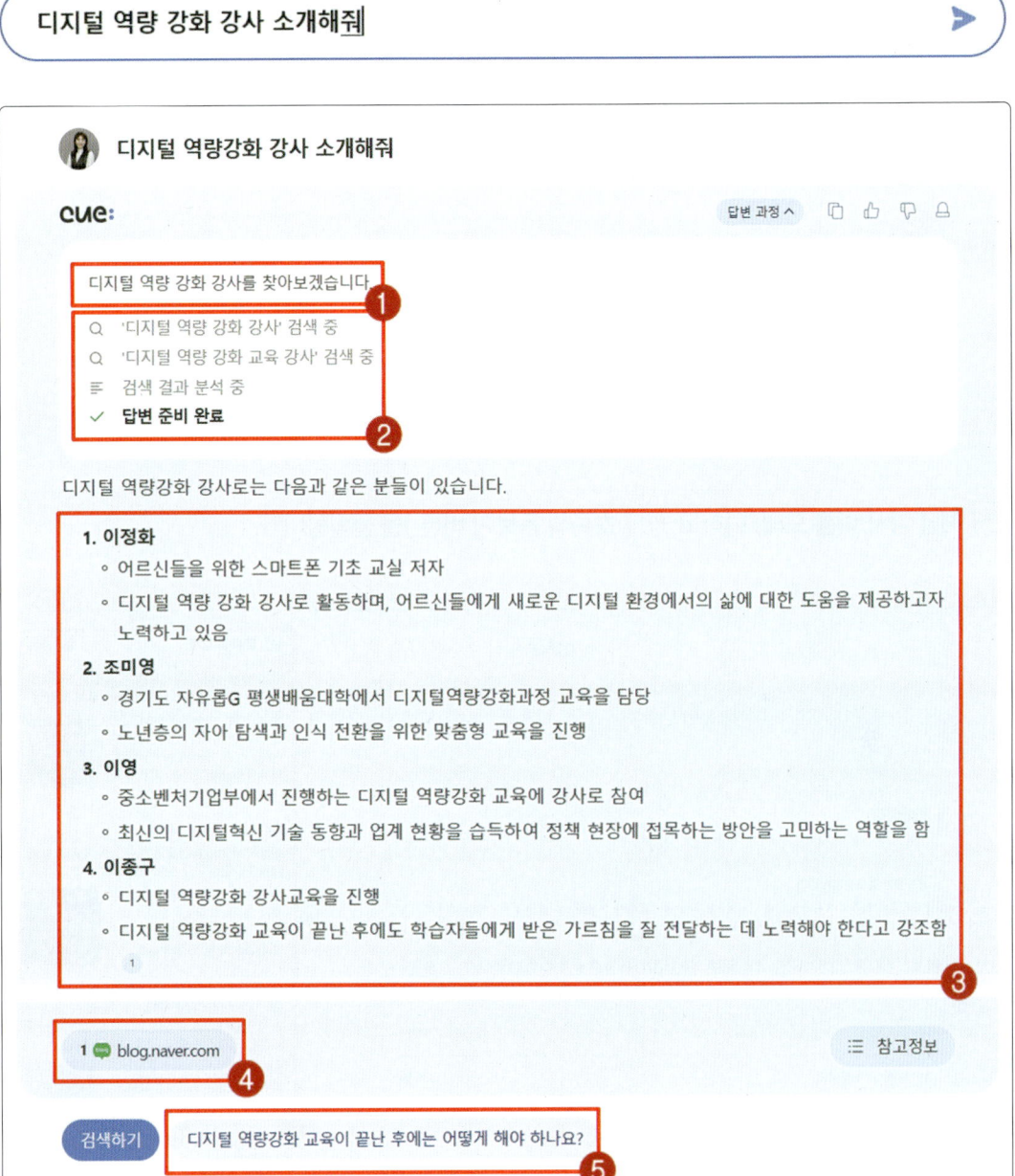

네이버 큐의 검색 서비스 이용 패턴을 기반으로 나온 답변과정으로 도출됩니다.

① [ 추론, 검색 계획 ] 하고, ② [ 검색, 검토 ] 과정을 걸쳐, 유용한
③ [ 답변 ]을 생성합니다. ④ [ 참고정보 ]를 함께 첨부해줍니다.
⑤ [ 후속 질문 ]을 통해 질문을 이어 갈 수 있습니다.

답변 생성에 추천해준 강사 리스트의 참고 정보를 보고싶다면 이름을 드래그해서 세부 정보를 더 펼쳐볼 수 있습니다.

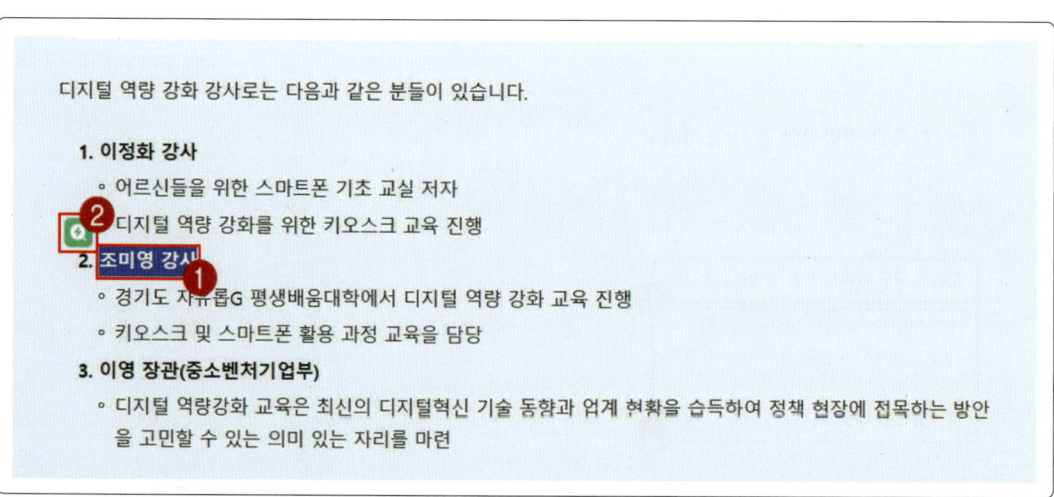

① [ 해당 강사 이름 드래그 ]하고, ② [ 초록색 돋보기 버튼 ]을 클릭합니다.

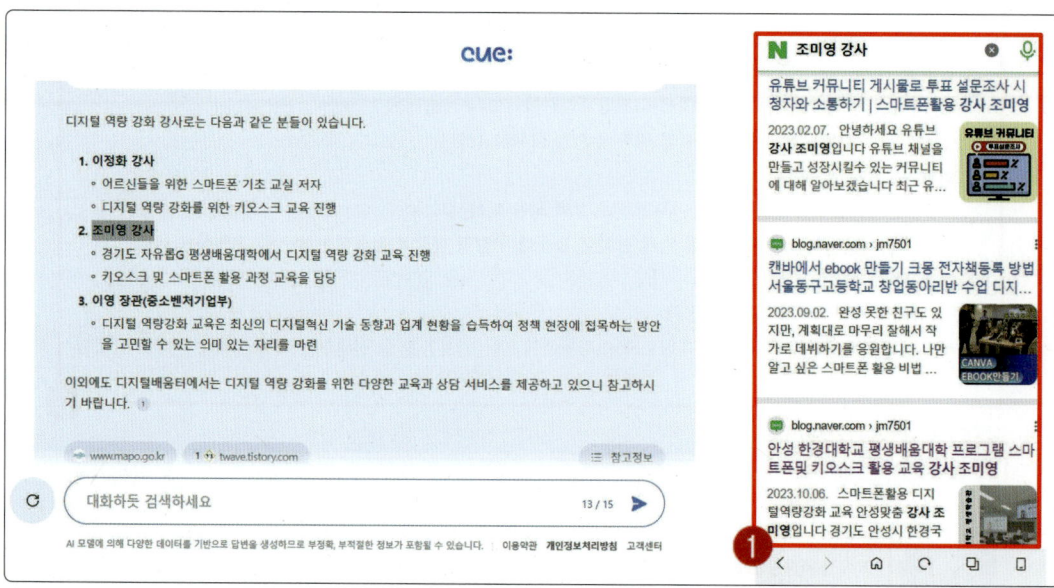

① [ 우측 속성창 ]에 해당 강사의 블로그 및 뉴스 서치 내용이 펼쳐 보여집니다.
  네이버 인물 정보에 등록이 되어있다면, 인물 정보 검색에 바로 연결되나 같은 이름, 다른 인물이 많을 때는 검색하기 어렵습니다.

**8강** | **Ai 챗GPT 활용을 배가시키는 크롬 웹스토어 프로그램**

## 8강 Ai 챗GPT 활용을 배가시키는 크롬 웹스토어 프로그램

크롬확장프로그램 기본 활용법
영상을 보시면 쉽게 이해하실 수 있습니다.

### 프롬프트 지니

#### 개요 및 특징

프롬프트 지니는 크롬 확장 프로그램으로, ChatGPT의 한글 지원을 개선하여 한글로 질문해도 영어로 자동 번역 질문하고, 답변을 다시 한국어로 번역하여 제공하는 프로그램입니다.

프롬프트 지니를 사용하면 ChatGPT의 다음과 같은 한계점을 개선할 수 있습니다.

- **한글 지원 부족:** ChatGPT는 기본적으로 영어로만 지원되기 때문에, 한글로 질문하면 원하는 결과를 얻을 수 없거나, 결과물의 품질이 떨어질 수 있습니다.

- **질문의 한계:** ChatGPT는 한글을 이해하지 못하므로, 한글로 질문할 때는 주제와 맥락을 명확히 정의하고, 부가적인 정보를 제공해야 합니다.

프롬프트 지니는 이러한 한계점을 개선하여 ChatGPT를 한글에서도 더욱 효과적으로 사용할 수 있도록 도와줍니다.

#### 장점

프롬프트 지니는 다양한 창의적인 콘텐츠를 생성할 수 있다는 것이 가장 큰 장점이다.
시, 소설, 코드, 대본, 음악 작품, 이메일, 편지 등 다양한 종류의 텍스트를 생성할 수 있으며, 그림, 음악, 영상 등도 생성할 수 있다.

또한, 자연어 처리 능력이 뛰어나다. 사용자의 질문을 이해하고 정확하게 답변할 수 있으며, 다양한 언어로 번역할 수 있다.

빠르게 학습하고 적응하는 것도 프롬프트 지니의 장점이다. 새로운 데이터를 학습하면 성능이 향상되며, 사용자의 피드백을 통해 더 나은 결과를 생성할 수 있다.

마지막으로, 지속해서 업데이트되는 것도 프롬프트 지니의 장점이다. 개발자들이 지속해서 성능을 개선하고 새로운 기능을 추가하고 있어서, 앞으로도 더욱 발전할 것으로 기대된다.

### 단점

프롬프트 지니는 아직 개발 중이기 때문에 정확도가 떨어질 수 있다는 단점이 있다.
또한, 편향된 결과를 생성할 수 있다는 우려도 있다.

특히, 프롬프트 지니가 생성하는 텍스트는 사용자의 입력에 따라 달라지기 때문에, 악용될 가능성도 있다. 예를 들어, 프롬프트 지니를 사용하여 허위 정보를 유포하거나, 혐오 발언을 생성할 수도 있다.

## 1 주요 기능

### ① 한글 질문 자동 번역
ChatGPT에 한글로 질문하면, 프롬프트 지니가 자동으로 영어로 번역하여 질문합니다.

### ② 영어 답변 자동 번역
ChatGPT가 영어로 답변하면, 프롬프트 지니가 자동으로 한국어로 번역하여 제공합니다.

### ③ 번역 품질 향상
프롬프트 지니는 Google 번역을 사용하여 번역을 수행하므로, 기존의 ChatGPT가 사용하는 번역보다 품질이 향상됩니다.

## 2 설치 방법

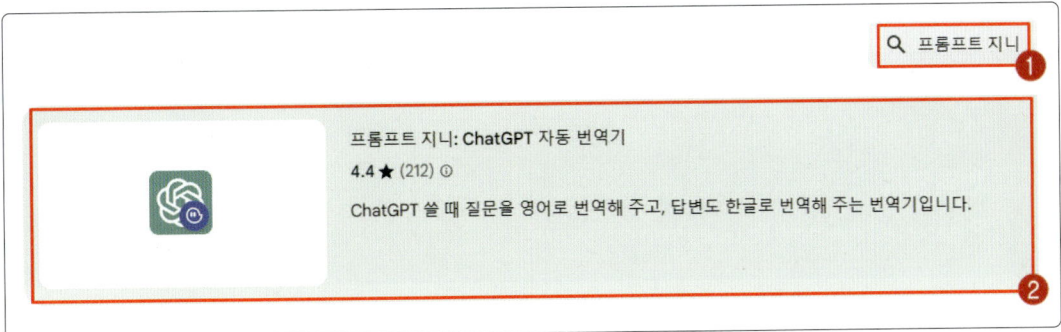

프롬프트 지니는 [ Chrome 웹 스토어 ]에서 무료로 다운로드할 수 있습니다.
프롬프트 지니를 사용하려면 다음과 같은 방법으로 설치하고 설정할 수 있습니다.
[ Chrome 웹 스토어 ]에 접속합니다. 검색창에 ① [ 프롬프트 지니 ]를 입력합니다.
② [ 프롬프트 지니: ChatGPT 자동 번역기 ]을 클릭합니다.

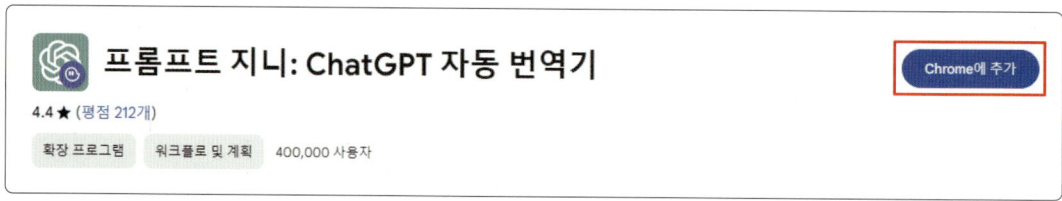

다음으로 "Chrome에 추가" 버튼을 클릭하여 설치합니다.

[ 프롬프트 지니: ChatGPT 자동 번역기 ] 설치를 위해 [ Chrome에 추가 ] 를 클릭 합니다.

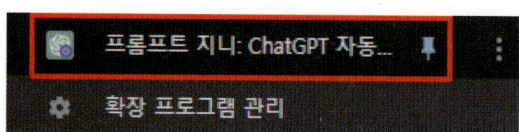

추가 설치 후 크롬 확장프로그램 관리에서 [ 프롬프트 지니 ] 를 [ 고정 ]클릭하여 활성화합니다.

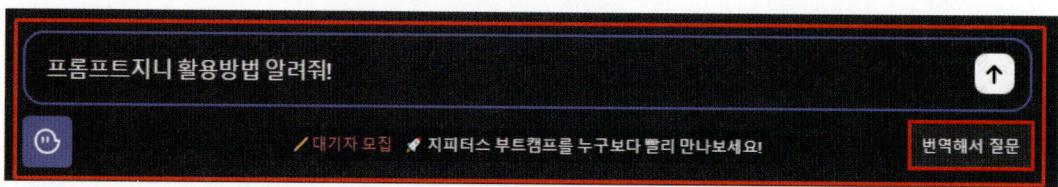

[ chat.openai.com ] 접속 후 좌측 하단 프롬프트 지니 아이콘이 활성화되면, 한글로 작성하고 우측하단에 있는 [ 번역해서 질문 ] 버튼을 클릭하면

[ 번역 결과 ]로 나온 ChatGPT 영문으로 질문하여 보다 효과적으로 사용할 수 있습니다.

| 웹 스토어 프로그램 |

**ChatGPT Optimizer**

### 개요 및 특징

ChatGPT Optimizer를 사용하면 ChatGPT로 생성한 결과물을 클릭 한 번으로 복사할 수 있습니다. 이렇게 하면 결과물을 다른 문서나 앱에 붙여넣을 때 편리합니다.

### 장 점

답변을 음성으로 읽어주는 기능이 있는데 영어 회화 공부하시는 분들은 이 기능을 활용하시면 도움이 됩니다. 그리고 글자 수 와 단어 수를 알려줘서 편리합니다.

### 단 점

음성으로 읽어주는 기능이 있지만 기계 음성이 출력되어서 한글 발음이 어눌하게 들릴 수 있다.

## 1 주요 기능

① **복사 :** 생성된 결과물을 [ Copy ] 버튼, [ Copy HTML ] 버튼을 누르면 복사할 수 있습니다.
② **음성 :** [ Read Aloud ] 버튼을 누르면 해당 답변을 음성으로 읽어줍니다. (기계음)
③ **기타 :** Read Aloud 옆에 보면, [ 글자 수 ]와 [ 단어 수 ]를 알려줍니다.

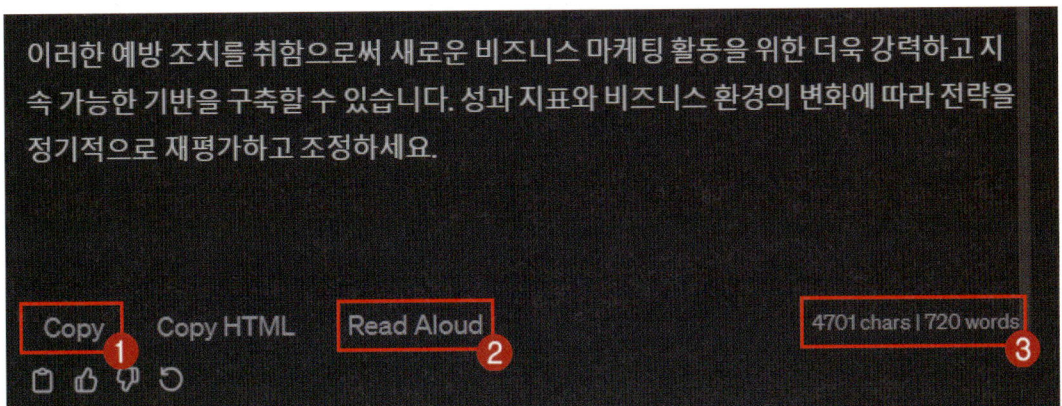

[ ChatGPT Optimizer ] 크롬 확장프로그램을 설치하면 ChatGPT 결과물 하단에 [ Copy ], [ Copy HTML ], [ Read Aloud ] 버튼이 생깁니다.

## 2 설치 방법

ChatGPT Optimizer는 [ Chrome 웹 스토어 ]에서 무료로 다운로드할 수 있습니다.
[ Chrome 웹 스토어 ]에 접속합니다. 그리고 검색창에 [ ChatGPT Optimizer ]를 입력 후 설치합니다.

추가 설치 후 크롬 확장프로그램 관리에서 [ ChatGPT Optimizer ]를 [ 고정 ] 클릭하여 활성화합니다.

ChatGPT Optimizer는 ChatGPT를 더욱 편리하게 사용할 수 있도록 도와주는 유용한 도구입니다. ChatGPT를 자주 사용하는 사용자라면 꼭 한 번 사용해 보세요.

| 웹 스토어 프로그램 |

## Google용 ChatGPT

### 개요 및 특징

Google용 ChatGPT는 OpenAI의 대화형 AI인 ChatGPT를 Google 검색과 통합하는 브라우저 확장 프로그램입니다. 이 확장프로그램은 Google 검색 결과와 함께 ChatGPT의 응답을 표시하여 검색 결과를 보다 풍부하고 유익하게 만듭니다.

### 장점

**다양한 종류의 창의적인 콘텐츠 생성:** ChatGPT는 시, 코드, 대본, 음악 작품, 이메일, 편지 등 다양한 종류의 창의적인 콘텐츠를 생성할 수 있습니다.

**개방형, 도전적, 이상한 질문에 대한 유익한 답변:** ChatGPT는 개방형, 도전적, 이상한 질문이라도 유익한 방식으로 질문에 답변할 수 있습니다.

**Google Cloud Platform과의 통합:** ChatGPT for Google은 Google Cloud Platform과 통합되어 있어 다양한 Google Cloud 서비스와 함께 사용할 수 있습니다.

### 단점

- **아직 개발 중:** ChatGPT는 아직 개발 중이며 완벽하지 않습니다. 때때로 잘못된 정보를 제공하거나, 부적절한 콘텐츠를 생성할 수 있습니다.
- **개인화:** ChatGPT는 다른 챗봇만큼 개인화되지 않습니다. 사용자의 특정 요구 사항이나 선호도를 반영하지 못할 수 있습니다.

## 1 주요 기능

Google용 ChatGPT의 주요 기능은 다음과 같습니다.

① **검색 결과와 함께 ChatGPT의 응답 표시:** Google 검색 결과와 함께 ChatGPT의 응답을 표시하여 검색 결과를 보다 풍부하고 유익하게 만듭니다.

② **검색 에이전트 :** 질문을 한 번만 던지면 ChatGPT for Google이 다중 키워드로 검색을 수행하고 모든 결과를 검토하여 적절한 답변을 찾아줍니다.

③ **올인원 채팅 :** ChatGPT, GPT-4, Bard, Claude의 답변을 한 페이지에서 비교하여 검색 경험을 향상할 수 있습니다.

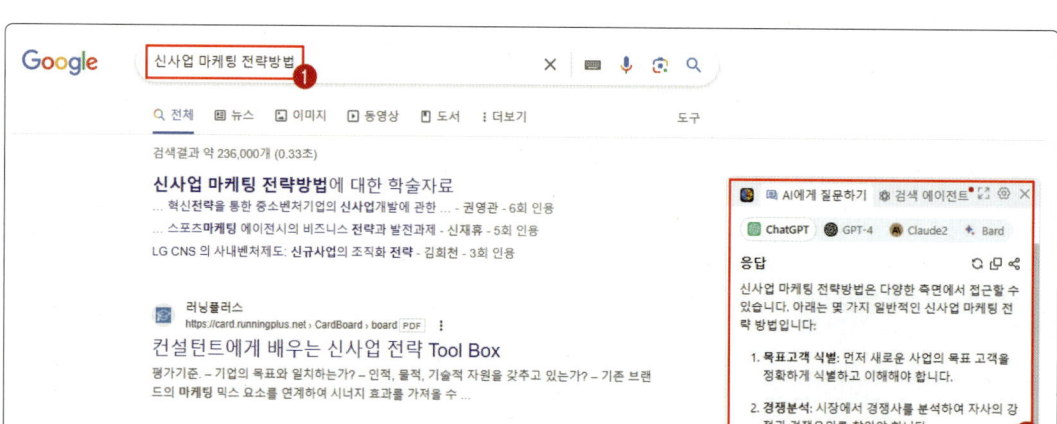

[ Google.com ]에 접속합니다. 검색창에 ① [ 예시: 신사업 마케팅 전략 방법 ]를 입력합니다.
② 구글에서 검색과 함께 우측에 [ ChatGPT for Google ] 답변을 동시에 확인할 수 있습니다.

## 2 설치 방법

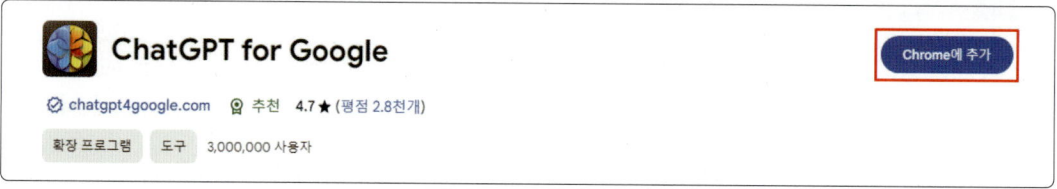

ChatGPT Optimizer는 [ Chrome 웹 스토어 ]에서 무료로 다운로드할 수 있습니다.
[ Chrome 웹 스토어 ]에 접속 합니다. 그리고 검색창에 [ ChatGPT for Google ]을 입력 후 설치합니다.

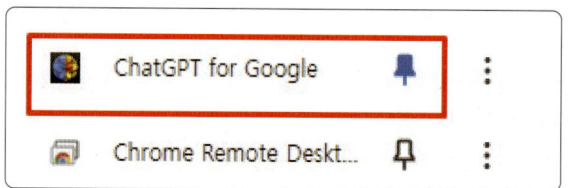

추가 설치 후 크롬 확장프로그램 관리에서 [ ChatGPT for Google ] 를 [ 고정 ] 클릭하여 활성화합니다.

| 웹 스토어 프로그램 |

## YouTube Summary with ChatGPT

### 개요 및 특징

YouTube Summary with ChatGPT는 유튜브 영상의 주요 내용을 빠르고 쉽게 파악할 수 있도록 도와주는 Chrome 확장 프로그램입니다. 이 확장 프로그램은 두 가지 강력한 기술, YouTube Summary와 ChatGPT를 결합하여 작동합니다.

YouTube Summary는 유튜브 영상 중요한 부분을 자동으로 식별하고 하이라이트 하는 AI 기반 툴입니다. 핵심 정보, 흥미로운 순간, 스토리 진행 순서 등을 파악하여 시각적으로 표시해 줍니다.

### 장점

- 유튜브 영상을 빠르게 요약할 수 있습니다.
- 영상을 보지 않고도 내용을 파악할 수 있습니다.
- 외국어 영상도 요약할 수 있습니다.

### 단점

- 요약의 정확도가 100%는 아닙니다.
- 영상의 내용을 모두 요약하지 못할 수 있습니다.
- 일부 영상은 요약이 불가능할 수 있습니다.

## 1 주요 기능

① **자동 요약 생성 :** 영상 시청 과정에서 YouTube Summary가 하이라이트를 작성하고, ChatGPT가 이를 바탕으로 요약 텍스트를 생성합니다.

② **사용자 지정 하이라이트 :** 중요하다고 생각하는 부분을 직접 표시하여 ChatGPT가 해당 부분을 강조하여 요약할 수 있습니다.

③ **시간 절약 :** 영상 전체를 시청하지 않고도 주요 내용을 빠르게 파악할 수 있습니다.

④ **효과적인 학습 도구 :** 영상의 핵심 부분을 강조하여 더 집중적으로 학습하고 더 깊은 이해를 얻을 수 있습니다.

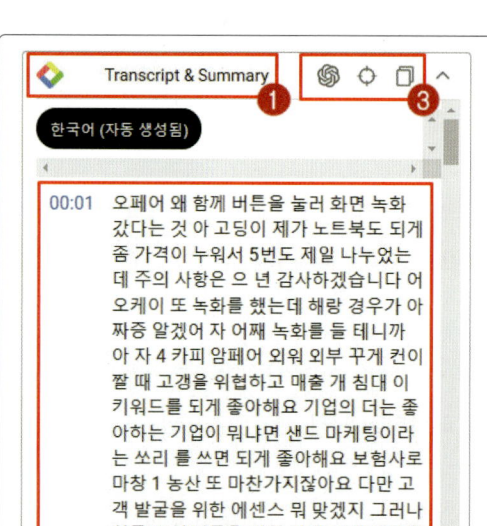

[ youtube.com ]에 접속합니다. 검색창에 "스마트폰 활용지도사"(예시) 검색 시 나오는 영상 클릭 후 나오는 화면 우측에 있는

① [ Transcript & Summary ]를 클릭합니다.
② 클릭 후 나오는 재생영상 내용을 [ 텍스트 요약 ] 되어 화면에 볼수 있습니다.
③ 해당 요약내용을 [ ChatGPT 아이콘 ] 버튼 클릭 후 이동하여 복사한 내용을 활용하거나 한글 문서나 메모장을 열어 [ 복사 아이콘 ] 클릭 후 편집도 가능합니다.

## 2 설치 방법

YouTube Summary with ChatGPT는 [ Chrome 웹 스토어 ]에서 무료로 다운로드 할 수 있습니다. [ Chrome 웹 스토어 ]에 접속 합니다. 그리고 검색창에 [ YouTube Summary with ChatGPT ]를 입력 후 설치 합니다.

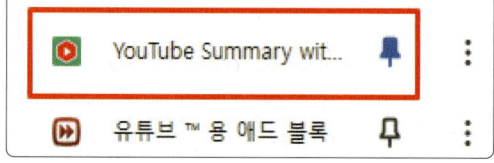

추가설치 후 크롬 확장프로그램 관리에서 [ YouTube Summary with ChatGPT ]를 [ 고정 ] 클릭하여 활성화 합니다.

YouTube Summary with ChatGPT는 유튜브 영상을 시청할 때 다음과 같은 상황에서 유용하게 사용할 수 있습니다.

- 짧은 시간 내에 중요한 내용을 파악하고 싶을 때
- 영상의 핵심 내용을 요약하여 정리하고 싶을 때
- 영상을 학습이나 연구 목적으로 활용하고 싶을 때
- 영상의 내용을 다른 사람과 공유하고 싶을 때

YouTube Summary with ChatGPT는 유튜브 영상을 시청하는 경험을 한층 업그레이드시켜 주는 유용한 도구입니다.

## Aiprm

### 개요 및 특징

AIPRM은 "AI Prompt Marketplace"의 약자로, OpenAI의 ChatGPT, DALL-E, Midjourney와 같은 generative AI 도구를 위한 프롬프트 라이브러리입니다. AIPRM은 다양한 주제와 목적에 맞는 수천 개의 프롬프트를 제공합니다.

### 장점

- **빠른 문의 처리**: AIPRM을 통해 고객 문의에 대해 빠르고 정확하게 답변할 수 있습니다.
- **전환율 향상**: AIPRM을 통해 고객 문의 전환율을 높일 수 있습니다.
- **고객 만족도 향상**: AIPRM을 통해 고객 만족도를 향상시킬 수 있습니다.

### 단점

- **프롬프트 의존성**: AIPRM은 프롬프트 템플릿에 따라 답변을 생성하기 때문에, 프롬프트가 적합하지 않은 경우 답변의 정확도가 떨어질 수 있습니다.
- **제한된 조정**: 프롬프트 템플릿을 개인이 수정하거나 지정된 값을 변경할 수 없기 때문에, 보다 정밀한 조정이 제한될 수 있습니다.

## 1 주요 기능

① **프롬프트 검색**: 주제, 목적, 스타일, 톤, 길이 등을 기준으로 프롬프트를 검색할 수 있습니다.

② **프롬프트 필터링**: 프롬프트의 품질, 인기도, 최근 업데이트 여부 등을 기준으로 프롬프트를 필터링할 수 있습니다.

③ **프롬프트 평가**: 프롬프트의 품질을 평가하고, 평가 결과를 기반으로 프롬프트를 추천받을 수 있습니다.

④ **창의적인 텍스트 형식 생성**: 시, 소설, 코드, 대본, 음악 작품, 이메일, 편지 등과 같은 창의적 텍스트 형식을 생성하기 위해 프롬프트를 사용할 수 있습니다.

⑤ **질문에 대한 답변 얻기**: 다양한 주제에 대한 질문에 대한 답변을 얻기 위해 프롬프트를 사용할 수 있습니다.

⑥ **마케팅 및 홍보**: 제품이나 서비스를 홍보하기 위해 프롬프트를 사용할 수 있습니다.

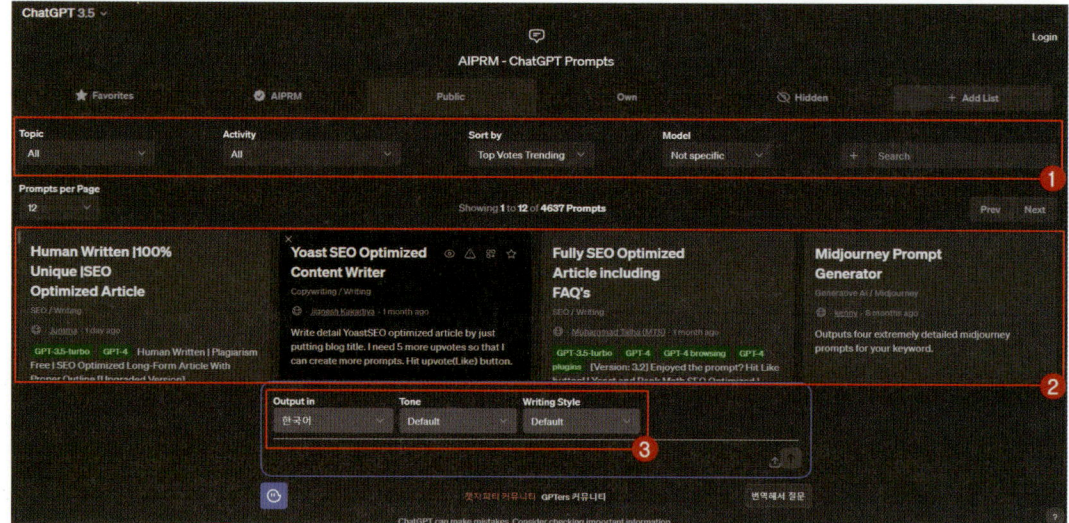

상단 Public 무료 사용 시 나오는 해당 번호에 맞는 용어를 아래와 같이 설명해 드립니다.

① [ Topic ] 카테고리 / [ Activity ] 해당 카테고리에 관하여 어떤 것을 수행할지 선택 [ Sorted by ] Top Views(많이 본 순), Top Votes(좋아요, 많은 순) 등 필터 선택 [ Model ] 검색 GPT 모델 선택 / [ Search ] 직접 키워드 입력하여 검색

② 카테고리별 프롬포트 템플릿을 설정하여 클릭 후 질문 시 해당 프롬프트 템플릿에 맞는 답변을 받을 수 있습니다. [ SEO ] 최적화된 글쓰기, [ 카피라이팅 ] 사람이 쓴 것처럼 글을 써주는 프롬프트 템플릿 선택도 가능합니다.

③ 세부 옵션을 설정할 수 있는데 [ Output in ] 한국어 변경 시 질문과 대답 모두 한국어로 표시, [ Tone ] 질문에 대한 감정 상태를 설정 [ Writing style ] 시적 작성 같은 문장 스타일도 가능 합니다.

## 2 설치 방법

AIPRM는 [ Chrome 웹 스토어 ]에서 무료로 다운로드할 수 있습니다.
[ Chrome 웹 스토어 ]에 접속합니다. 그리고 검색창에 [ AIPRM ]를 입력 후 설치합니다.

AIPRM은 generative AI 도구를 사용하는 사용자에게 유용한 도구입니다. 다양한 주제와 목적에 맞는 프롬프트를 제공하여 사용자의 작업을 보다 효율적으로 수행할 수 있도록 도와줍니다.

**9강** 챗GPT 남들보다 2배 더 잘 쓰는 TIP

# 9강 챗GPT 남들보다 2배 더 잘 쓰는 TiP

## 1 구체적으로 말하라

GPT 프롬프트는 가능한 한 구체적이어야 합니다. 이는 GPT가 정확하고 유익한 응답을 생성하는 데 도움이 됩니다. 예를 들어, "맛있는 요리"라는 프롬프트는 너무 일반적이며 GPT가 다양한 응답을 생성할 수 있습니다. 그러나 "고기가 들어간 한국식 찌개"라는 프롬프트는 더 구체적이므로 GPT가 더 관련성이 높은 응답을 생성할 가능성이 높습니다.

GPT는 OpenAI에서 개발한 대규모 언어 모델입니다. GPT는 다양한 프롬프트와 질문에 대한 응답으로 자연어를 생성할 수 있습니다. GPT 프롬프트를 구체적으로 작성하면 GPT가 더 정확하고 유익한 응답을 생성하는 데 도움이 됩니다.

### GPT 프롬프트란?

GPT 프롬프트는 GPT 모델에게 어떤 작업을 수행하도록 지시하는 텍스트입니다.
GPT 모델은 방대한 양의 텍스트와 코드 데이터 세트에서 훈련받기 때문에 다양한 프롬프트에 응답하여 다양한 종류의 창의적인 텍스트 형식을 생성할 수 있습니다.

GPT 프롬프트는 간단한 질문에서부터 복잡한 스토리까지 다양할 수 있습니다.
예를 들어, 다음은 GPT 프롬프트의 몇 가지 예입니다.

- "오늘 날씨는 어때?"
- "어린 왕자의 이야기는?"
- "새로운 소설의 줄거리를 생각해 줘."
- "코드로 웹사이트를 만들어줘."

GPT 프롬프트를 작성할 때 다음과 같은 사항을 고려하는 것이 좋습니다.

- **명확하고 구체적이어야 합니다.**
  GPT 모델은 모호하거나 너무 복잡한 프롬프트를 이해하지 못할 수 있습니다.
- **GPT 모델의 능력을 고려해야 합니다.**
  GPT 모델은 아직 개발 중이기 때문에 모든 프롬프트에 완벽하게 응답할 수는 없습니다.
- **창의성을 발휘해야 합니다.**
  GPT 프롬프트는 GPT 모델의 창의적인 잠재력을 끌어내는 데 도움이 됩니다.

## GPT 프롬프트 구체적으로 말하기의 중요성

GPT 프롬프트를 구체적으로 말하는 것은 다음과 같은 이유로 중요합니다.

- **명확한 결과를 얻을 수 있습니다.**

  프롬프트가 구체적이면 GPT가 생성할 출력이 더 명확해집니다. 예를 들어, "맛있는 요리법을 알려주세요"라고 프롬프트를 하면 GPT는 다양한 요리법을 생성할 수 있습니다.

  하지만 "달콤한 요리법을 알려주세요"라고 프롬프트를 하면 GPT는 달콤한 요리법만 생성할 가능성이 커집니다.

- **GPT의 정확도를 높일 수 있습니다.**

  프롬프트가 구체적이면 GPT가 더 정확한 출력을 생성할 수 있습니다. 예를 들어, "서울에 있는 명소를 알려주세요"라고 프롬프트를 하면 GPT는 서울에 있는 모든 명소를 생성할 수 있습니다. 하지만 "서울에 있는 한국 전통 건축물 10곳을 알려주세요"라고 프롬프트를 하면 GPT는 한국 전통 건축물에 대한 정확한 정보를 제공할 가능성이 커집니다.

- **GPT의 창의성을 높일 수 있습니다.**

  프롬프트가 구체적이면 GPT가 더 창의적인 출력을 생성할 수 있습니다. 예를 들어, "시를 써주세요"라고 프롬프트를 하면 GPT는 다양한 시를 생성할 수 있습니다.

  하지만 "사랑에 관한 시를 써주세요"라고 프롬프트를 하면 GPT는 사랑에 관한 시를 생성할 가능성이 커집니다.

## GPT 프롬프트 구체적으로 말하기의 방법

GPT 프롬프트를 구체적으로 작성하기 위해서는 다음과 같은 방법을 활용할 수 있습니다.

- **사실이나 정보를 포함한다.**

  프롬프트에는 사실이나 정보가 포함되어야 합니다. 예를 들어, "맛있는 음식"이라는 프롬프트를 "고소한 쇠고기와 달콤한 양파가 어우러진 부대찌개"로 바꾸면 사실이나 정보가 포함되어 구체적인 프롬프트가 됩니다.

- **예시를 든다.**

  프롬프트에는 예시가 포함되어야 합니다. 예를 들어, "좋은 영화"라는 프롬프트를 "스릴 넘치는 액션과 감동적인 스토리가 있는 마블 영화"로 바꾸면 예시가 포함되어 구체적인 프롬프트가 됩니다.

- **숫자나 비율을 사용한다.**

  프롬프트에는 숫자나 비율이 사용되어야 합니다. 예를 들어, "멋진 사람"이라는 프롬프트를 "키 180cm, 몸무게 70kg의 훈훈한 외모에 유머 감각이 뛰어난 사람"으로 바꾸면 숫자나 비율이 사용되어 구체적인 프롬프트가 됩니다.

- **실제 프롬프트 질문 및 답변 사례**

  프롬프트 질문 내용 : 구체적으로 [ 숫자 ], [ 비율 ], [ 표 형식 ], [ 항목 ]을 넣어서 질문!

  ```
  마케팅 캠페인에 대해 설명해줘!
  1) 예시를 포함
  2) 표의 형식을 포함
  3) 숫자나 비율 사용
  4) 사실이나 정보 포함
  ```

  답변 내용 : 질문에 대한 표, 숫자, 비율이 표 형식으로 구체적 답변!

  **타임라인:**

  | 이정표 | 날짜 |
  |---|---|
  | 캠페인 시작 | 20XX년 2월 1일 |
  | 캠페인 중간 검토 | 20XX년 3월 15일 |
  | 캠페인 결론 | 20XX년 4월 30일 |

  **예산:**
  FitLife 마케팅 캠페인의 총 예산은 $150,000이며 다음과 같이 할당됩니다.

  | 비용 항목 | 예산배분 |
  |---|---|
  | 소셜 미디어 광고 | $70,000 |
  | 인플루언서 파트너십 | $40,000 |
  | 앱 스토어 최적화 | $20,000 |
  | 크리에이티브 자산 | $15,000 |
  | 기타 | $5,000 |

  **측정항목 및 측정:**
  1. 앱 다운로드: 기준 대비 30% 증가를 목표로 합니다.
  2. 사용자 참여: 일일 활성 사용자 수 20% 증가를 목표로 합니다.
  3. 소셜 미디어 도달: 100만 노출 달성을 목표로 합니다.

##  챗 GPT 하이퍼파라미터(hyper parameter) 활용

챗GPT에도 언어적 표현뿐만 아니라 값을 넣어 조금 더 프롬프트 값을 정교하게 만들 수 있다.

하이퍼파라미터란 사용자가 인공지능 모델의 세팅을 조절하는 변수로 이 값을 프롬프트에 적용하면 원하는 방향으로 좋은 결과를 도출이 가능하다고 합니다.

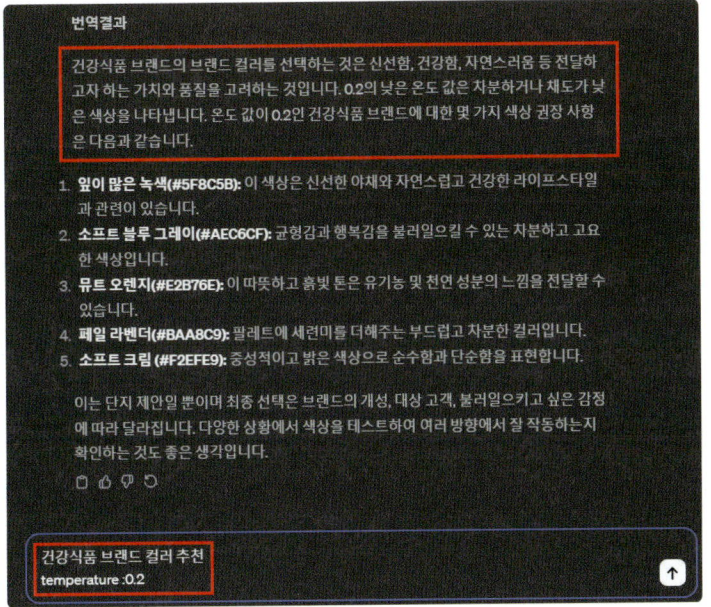

● temperature

범위는 0.2~1.0 실수값이며 텍스트의 다양성, 일관된 텍스트 또는 창의적 텍스트 생성조절이 가능하며 값이 높을수록 창의적이다.

프롬프트 예시:

건강식품 브랜드 컬러 추천

[ temperature : 0.2 ]

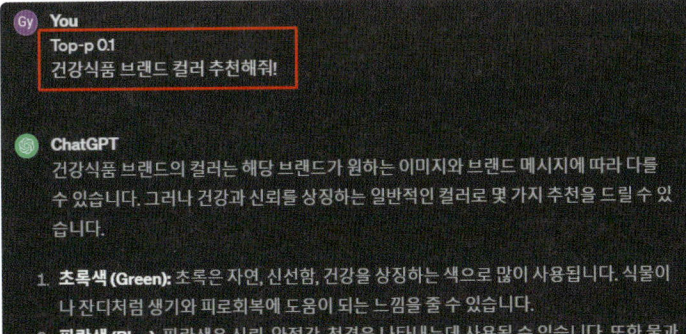

Top-p

범위는 0.1~1.0 실수값이며 다음 텍스트의 후보군 범위 설정, 단어 후보의 확률 분포에서 높은 확률을 가지는 토큰을 고려해서 값이 낮을수록 다양하다.

프롬프트 예시:

건강식품 브랜드 컬러 추천해줘!

[ Top_p : 0.1 ]

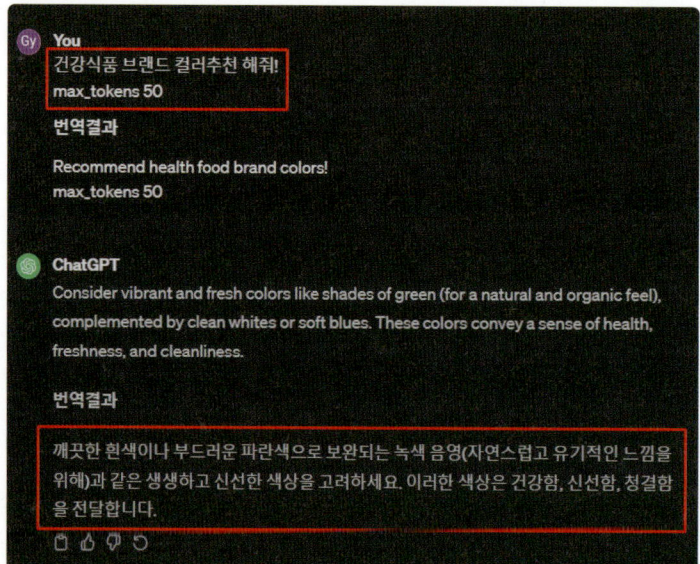

- **max_tokens**

범위는 1~4096 정수값이며 텍스트의 길이 제한, 출력되는 글자 수를 조정하여 형식 및 품질 조정할 수 있다.

**프롬프트 예시:**

건강식품 브랜드 컬러 추천해줘!
[ max_tokens:1000 ]

## 2 역할을 주어라

GPT 역할 설정은 GPT에 특정 역할을 부여하여 대화의 흐름을 보다 구조화하고, 특정 역할에 따라 더욱 적절한 응답을 제공하도록 하는 방법입니다.

GPT 역할 설정을 수행하려면 다음 단계로 이루어집니다.

❶ GPT에 역할을 부여하려는 질문이나 프롬프트를 시작하기 전에 "act as"라는 키워드를 사용합니다. 예를 들어, "act as a journalist" 또는 "act as a marketing expert"라고 말할 수 있습니다.

❷ 역할을 부여한 후에는 GPT에 해당 역할에 필요한 정보를 제공해야 합니다. 예를 들어, 기자 역할을 부여한 경우 GPT에 보도할 주제에 대한 정보를 제공해야 합니다.

❸ GPT에 역할을 부여하고 정보를 제공한 후에는 질문을 하거나 프롬프트를 제공할 수 있습니다. GPT는 제공된 정보를 바탕으로 해당 역할에 적합한 응답을 제공할 것입니다.

역할설정을 통해 얻을 수 있는 이점은 더 구체적이고 유용한 답변을 얻을 수 있습니다.
GPT는 특정 역할을 수행하면서 관련된 지식과 정보를 바탕으로 답변을 생성합니다.
보다 몰입감 있는 대화를 할 수 있습니다. 역할설정을 통해 실제 대화하는 것처럼 질문을 주고받을 수 있습니다.

### 역할(role) 설정 기법 예시

역할설정은 특정 역할이나 관점에서 텍스트를 생성하도록 유도할 수 있습니다.
프롬프트에 "Act as a"를 입력한 후 역할을 지정하는 키워드를 프롬프트에 포함합니다
다음과 같은 방법으로 사용할 수 있습니다.

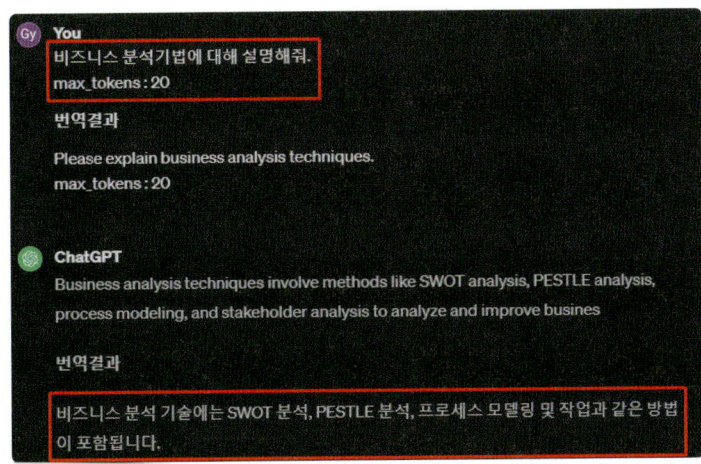

Act as a [역할] 없이 질문
프롬프트 예시:
비즈니스 분석기법에 대해 설명해 줘.
max_tokens : 20

답변 :
왼쪽화면 내용과 같이 일반적인 답변 내용

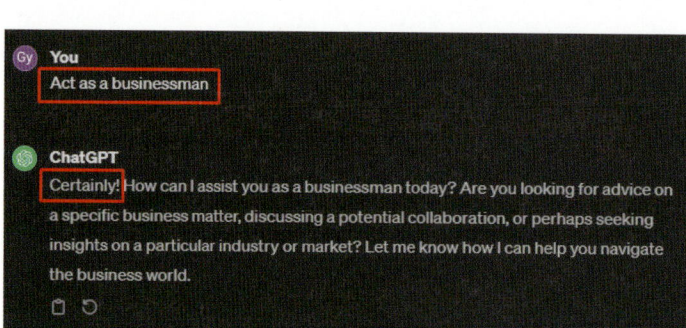

● Act as a businessman(경영전문가) 입력을 하면 GPT에서 인식하고 작성한 역할 설정을 한다.

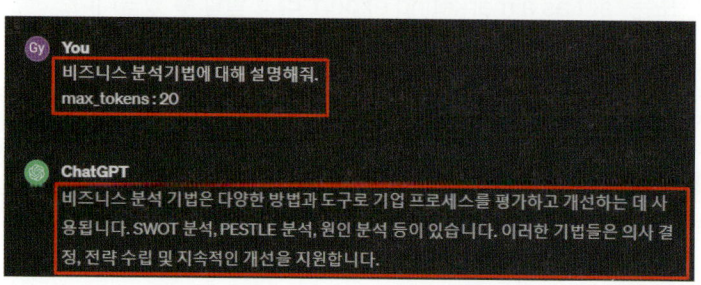

● 경영전문가 역할 설정 후 같은 프롬프터 질문했을시
답변 :
일반적 답변보다 세부적이고 전문적인 답변을 한다.

 **역할이 설정된 Act As a [역할] 예시**

Act As a doctor
Act As a lawyer
Act As a teacher
Act As a writer
Act As a friend
Act As a lover
Act As a parent
Act As a child

 **역할이 설정된 GPT 프롬프트 예시**

어린이들에게 읽히기에 적합한 이야기 (어린이의 시각에서)
성인 남성을 위한 추리 소설 (성인 남성의 시각에서)
대기업 CEO를 위한 프레젠테이션 (대기업 CEO의 시각에서)
정치인의 연설 (정치인의 시각에서)
의사의 진단 (의사의 시각에서)

**Custom instructions for ChatGPT 활용**

2023년 7월부터 적용된 챗GPT 기능인 Custom instructions(사용자 정의)는 챗GPT의 성격과 응답 방식을 사전에 직접 설정하는 기능입니다. 처음에는 유료 이용자만 사용 할 수 있었지만 지금은 무료 이용자도 사용 할 수 있도록 변경되었습니다.

Custom instructions(사용자 정의)를 설정하기 위해서는 로그인 후 챗GPT 초기화면 좌측 하단의 이름 또는 이메일 정보를 클릭하고 Custom instructions 버튼을 클릭하면 됩니다.

### ChatGPT Custom instructions 실제화면

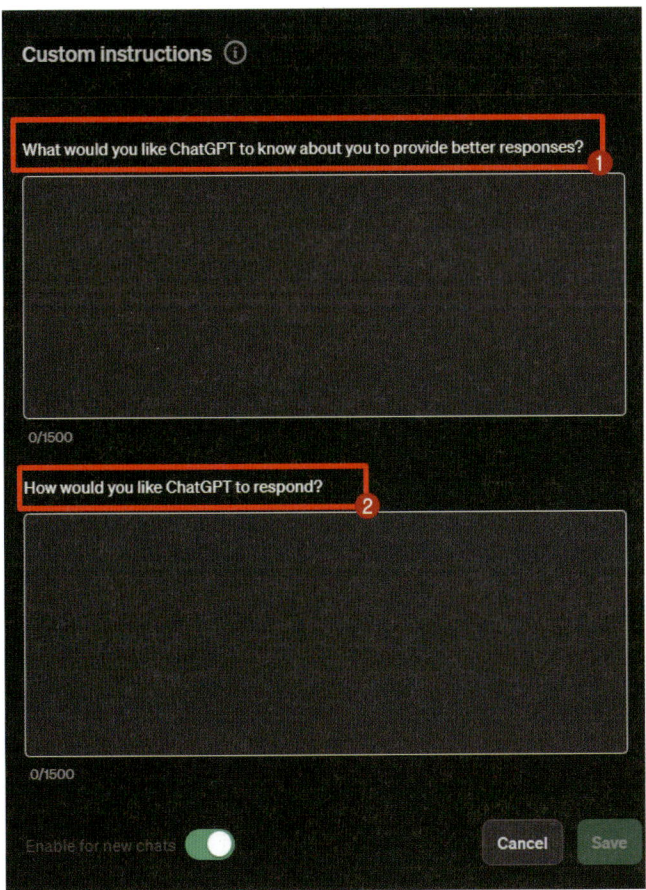

화면 구성은 2개로 구성되어 있습니다.

① [ What would you like ChatGPT to know about you to provide better responses? ]

챗 GPT에 본인의 정보를 알려주는 설정에는 직업, 개인적 스타일(교육/대화 등) 현재 관심 사항 등 기재 합니다.

② [ How would you like ChatGPT to respond? ]

챗GPT로부터 원하는 응답을 지시하는 설정에는 글의 톤, 문체, 글의 수준 등 일반적으로 프롬프트에 입력하는 내용을 작성합니다.

**ChatGPT Custom instructions 작성 예시**

① What would you like ChatGPT to know about you to provide better responses?

- **직업/역할:** 저는 디지털 콘텐츠 큐레이터입니다.
- **현재 진행 중인 프로젝트/과제:** 챗GPT를 활용하여 디지털 콘텐츠 사업을 구상 중입니다.
- **특정 관심사:** 시니어 대상으로 한 챗GPT 활용법 및 교육에 관심이 있습니다.
- **가치와 원칙:** 저는 투명한 가치관을 중요하게 생각하며 데이터에 기반한 의사결정을 합니다.
- **학습 스타일v** 저는 실제 사례들을 통해 배우는 방식을 좋아합니다.
- **개인적 배경:** 저는 한국인이며 직장 경력은 20년 정도 됩니다.

② How would you like ChatGPT to respond?

- **응답 형식:** 명확하고 구체적으로 답변해 주시고, 요약 및 예시를 들어 답변해 주세요.
- **어조:** 친근함과 격식을 갖춘 전문적인 어조를 유지해 주세요.
- **세부 수준:** 자세하고, 실제 예시를 들어 설명해 주세요.
- **제안 유형:** 온라인 콘텐츠 비즈니스 관련 업계 트랜드 및 관련 레퍼런스를 제공해 주세요.
- **질문 유형:** 전략적 사고와 창의력에 도움 되는 질문을 합니다.
- **레퍼런스 참조:** 업계 동향이나 데이터를 참조할 때는 출처를 인용하세요.
- **비판적 사고 수준:** 사려 깊은 인사이트와 관점을 제시하여 온라인 콘텐츠 비즈니스에 대한 섬세하고 높은 수준의 이해를 보여주세요.
- **창의성 수준:** 기존의 온라인 콘텐츠 비즈니스 방식에 도전하는 혁신적인 아이디어를 환영합니다.
- **언어 선호도:** 한국어를 선호합니다.

## 3 꼬리에 꼬리를 물어라

챗GPT 꼬리에 꼬리를 물어라 질문 방식은 GPT에 질문을 할 때, 이전 질문의 답변을 바탕으로 다음 질문을 하는 방식입니다. 이를 통해 GPT가 이전 질문의 답변을 이해하고, 다음 질문과 연관된 정보를 더 잘 이해할 수 있도록 도와줍니다.

예를 들어, "파리는 프랑스의 수도입니까?"라는 질문을 GPT에 했다면, GPT는 "네, 파리는 프랑스의 수도입니다."라는 답변을 생성할 것입니다. 이때, 다음 질문을 "파리의 인구는 몇 명입니까?"라고 한다면, GPT는 이전 질문의 답변을 바탕으로 파리가 프랑스의 수도라는 사실을 이해하고, 파리의 인구에 대한 정보를 더 잘 이해할 수 있습니다. 따라서 GPT는 "파리의 인구는 약 2,200만 명입니다."라는 답변을 생성할 가능성이 높습니다.

## GPT 꼬리에 꼬리 묻는 질문 방식 순서

| GPT에 질문을 합니다 | ➡ | GPT의 답변을 이해합니다 | ➡ | 다음 질문을 합니다 |

GPT의 답변을 이해하기 위해서는 답변을 주의 깊게 읽고, 답변에서 얻을 수 있는 정보를 파악해야 합니다. 답변에서 얻을 수 있는 정보에는 다음과 같은 것들이 있습니다.

- 답변의 주제
- 답변의 내용
- 답변의 톤
- 답변의 형식

GPT의 답변을 이해한 후에는 다음 질문을 합니다. 다음 질문은 이전 질문의 답변과 연관되어야 합니다. 예를 들어, 이전 질문이 "파리의 인구는 몇 명입니까?"라면, 다음 질문은 다음과 같은 것일 수 있습니다.

- ▶ 파리의 인구는 어떻게 변해 왔습니까?
- ▶ 파리의 인구는 다른 유럽 도시에 비해 어떻게 비교됩니까?
- ▶ 파리의 인구는 경제에 어떤 영향을 미칩니까?

GPT 꼬리에 꼬리 질문 방식을 사용하면 GPT가 이전 질문의 답변을 이해하고, 다음 질문과 연관된 정보를 더 잘 이해할 수 있습니다. 이를 통해 GPT가 생성하는 답변의 정확성과 유익성을 높일 수 있습니다. 또한, GPT와의 대화를 더 자연스럽고 유익하게 만들 수 있습니다.

### GPT 꼬리에 꼬리 묻는 질문 방식 유의 사항

- **질문은 명확하고 간결해야 합니다.**
  GPT는 복잡한 질문을 이해하기 어려울 수 있습니다.

- **질문은 이전 질문의 답변과 연관되어야 합니다.**
  GPT는 이전 질문의 답변을 기반으로 다음 질문을 이해합니다.

- **질문은 GPT의 능력 범위 내에서 해야 합니다.**
  GPT는 모든 질문에 대한 답변을 생성할 수 있는 것은 아닙니다.

## 꼬리에 꼬리 묻는 질문이 포함된 GPT 프롬프트 예시

**예시 1**  "한국에서 가장 인기 있는 음식은 무엇인가요? 그 이유는 무엇일까요? 그 음식을 처음 만든 사람은 누구일까요? 그 음식의 역사는 어떻게 될까요?"

이 프롬프트는 "한국에서 가장 인기 있는 음식은 무엇인가요?"라는 질문으로 시작하여, 그 이유, 최초의 창작자, 역사에 대한 질문을 이어서 묻고 있습니다. 이렇게 꼬리에 꼬리 묻는 질문을 포함하면, GPT가 더욱 다양한 정보를 제공하고, 질문의 답변을 보다 심도 있게 이해할 수 있습니다.

**예시 2**  "내일 날씨가 어떨까요? 그 이유는 무엇일까요? 내일은 어떤 옷을 입어야 할까요? 내일은 어떤 계획을 세워야 할까요?"

이 프롬프트는 "내일 날씨가 어떨까요?"라는 질문으로 시작하여, 날씨의 원인, 옷차림, 계획에 대한 질문을 이어서 묻고 있습니다. 이 프롬프트를 사용하면, GPT가 내일의 날씨에 대한 정보를 제공하고, 그에 따라 옷차림과 계획을 세우는 데 도움을 받을 수 있습니다.

**예시 3**  "인공지능의 미래는 어떻게 될까요? 인공지능이 인간을 대체할 수 있을까요? 인공지능이 인간에게 어떤 영향을 미칠까요?"

이 프롬프트는 "인공지능의 미래는 어떻게 될까요?"라는 질문으로 시작하여, 인공지능의 가능성, 대체 가능성, 영향에 대한 질문을 이어서 묻고 있습니다. 이 프롬프트를 사용하면, GPT가 인공지능에 대한 다양한 관점을 제시하고, 이에 대한 자기 생각을 정리하는 데 도움을 받을 수 있습니다.

## 3 방을 나눠라

### 한 개의 채팅방에서는 하나의 주제로 대화하자

챗GPT는 이미 서술한 정보를 바탕으로 학습을 하므로 한 개의 채팅방에는 하나의 주제로만 대화하면 좋다. 답변에 이어 '방금 말한 글을 요약해 줘'라고 말하거나, '~한 부분만 빼줘'라고 말해도 이미 맥락을 꿰고 있는 AI로부터 더욱 정교한 답변을 얻어낼 수 있다.

### GPT가 한 개의 채팅방에서 하나의 주제로 대화하는 방식

● 프롬프트 설정

GPT가 대화를 시작하기 위해서는 먼저 프롬프트가 필요합니다. 프롬프트는 GPT에 대화의 주제와 방향을 제시하는 역할을 합니다.

> 주제 : 한국의 역사
> 대화 시작 시 프롬프트가 설정되면 GPT는 사용자와 대화를 시작합니다. GPT는 사용자의 질문이나 의견에 응답하면서 대화를 이어갑니다.
> 질문 : 고려시대의 수도는 어디였나요?
> GPT 답변 : 고려시대의 수도는 개성입니다.

● 대화의 흐름

GPT는 사용자의 질문이나 의견에 따라 대화의 흐름을 조절합니다. GPT는 사용자의 질문이나 의견을 이해하고, 이에 대한 유익하고 관련성 있는 응답을 생성합니다.

> 주제 : 한국의 역사
> 대화 시작 시 프롬프트가 설정되면 GPT는 사용자와 대화를 시작합니다. GPT는 사용자의 질문이나 의견에 응답하면서 대화를 이어갑니다.
> 추가 질문 : 고려시대는 한국 역사에서 가장 화려한 시대였나요?
> GPT 답변 : 고려시대는 한국 역사에서 가장 화려한 시대 중 하나였습니다. 고려시대에는 많은 문화와 예술이 발전했고, 국제적으로도 중요한 역할을 했습니다.

● 대화의 종료

사용자가 대화를 종료하고 싶을 경우, "끝" 또는 "나가기"와 같은 말로 대화를 종료할 수 있습니다. GPT는 사용자의 요청에 따라 대화를 종료합니다.

## GPT는 한 개의 채팅방에서 하나의 주제로 대화 시 장점

- **주제에 대한 깊이 있는 이해를 제공합니다.**
  GPT는 방대한 양의 텍스트 데이터에 대해 교육받았기 때문에 주제에 대한 깊이 있는 이해를 제공할 수 있습니다.

- **유익하고 관련성 있는 응답을 생성합니다.**
  GPT는 사용자의 질문이나 의견을 이해하고, 이에 대한 유익하고 관련성 있는 응답을 생성합니다.

- **자연스럽고 유연한 대화를 가능하게 합니다.**
  GPT는 사용자의 질문이나 의견에 따라 대화의 흐름을 조절하여 자연스럽고 유연한 대화를 가능하게 합니다.

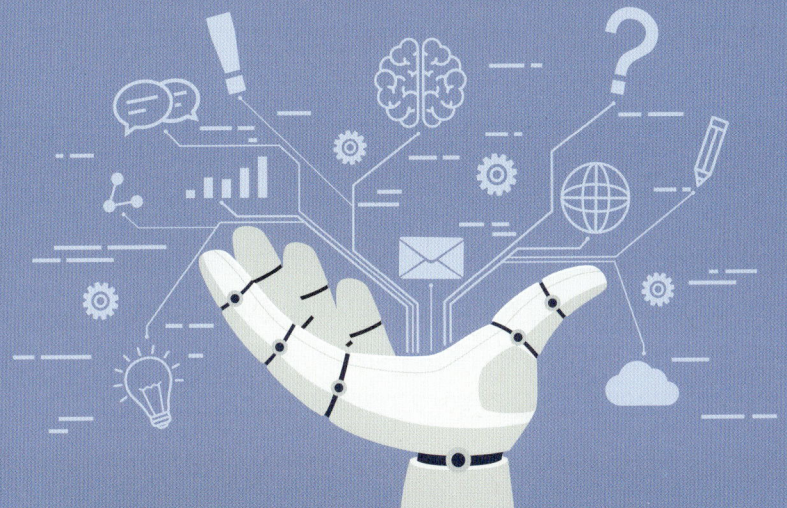

# 10강 | ChatGPT의 핵심인 프롬프트 활용 노하우 1

# 10강 ChatGPT의 핵심인 프롬프트 활용 노하우 1

## 1 프롬프트란?

어떤 주제나 목적에 따라 텍스트를 생성하거나 개선하는 데 도움이 되는 질문이나 지시사항입니다. 프롬프트를 잘 활용하려면 다음과 같은 요소들을 고려해야 합니다.

- **프롬프트의 명확성:** 프롬프트는 텍스트 생성자가 원하는 결과를 정확하게 이해할 수 있도록 충분한 정보와 조건을 제공해야 합니다.
  예를 들어, 텍스트의 형식, 길이, 언어, 톤, 스타일 등을 명시해야 합니다. 또한, 프롬프트는 모호하거나 모순되는 표현을 피해야 합니다.

- **프롬프트의 적절성:** 프롬프트는 텍스트 생성자가 안전하고 윤리적인 방식으로 텍스트를 생성할 수 있도록 적절한 주제와 목적을 선택해야 합니다. 예를 들어, 프롬프트는 타인이나 집단에 대한 비방, 폭력, 성적 내용, 저작권 침해 등을 요구하거나 유도하지 않아야 합니다. 또한, 프롬프트는 텍스트 생성자의 자유와 창의성을 존중하고 지원해야 합니다.

- **프롬프트의 효과성:** 프롬프트는 텍스트 생성자가 원하는 결과에 가장 가깝게 텍스트를 생성하거나 개선할 수 있도록 효과적인 방법과 도구를 제시해야 합니다.
  예를 들어, 프롬프트는 텍스트의 구조, 문법, 어휘, 논리 등을 개선하기 위한 팁이나 예시를 제공할 수 있습니다. 또한, 프롬프트는 텍스트 생성자가 자신의 텍스트에 대한 평가와 피드백을 받을 수 있도록 도와줄 수도 있습니다.

## 2 공공기관 직원용

● 보고서 초안 만들기

심각한 사회문제인 청년실업 해결을 위한 제안 보고서를 2000자 이내로 작성해 주십시오.

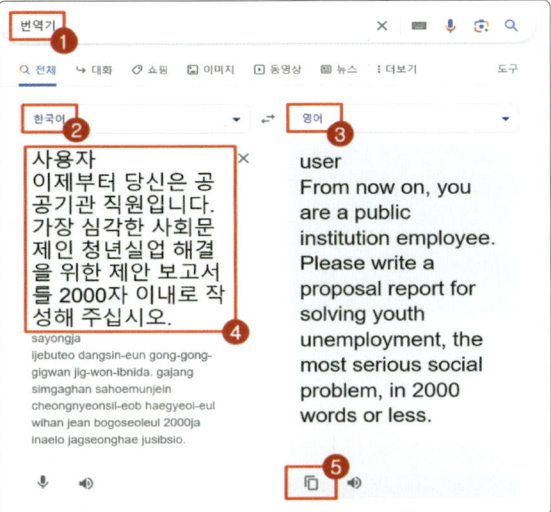

챗지피티는 한국어로 질문했을 때 보다 영어로 질문을 하면 더 많은 데이터와 정보의 좋은 결과를 얻을 가능성이 높습니다. 그래서 구글 번역기를 이용했습니다. [ 크롬 ] 웹에서 ① 번역기를 검색합니다. ② 출발어를 확인하고 ③ 도착어를 확인합니다. ④ [ 질문 ]을 입력하고 영어로 번역된 창의 왼쪽 아래 ⑤ [ 복사 ] 아이콘을 클릭합니다.

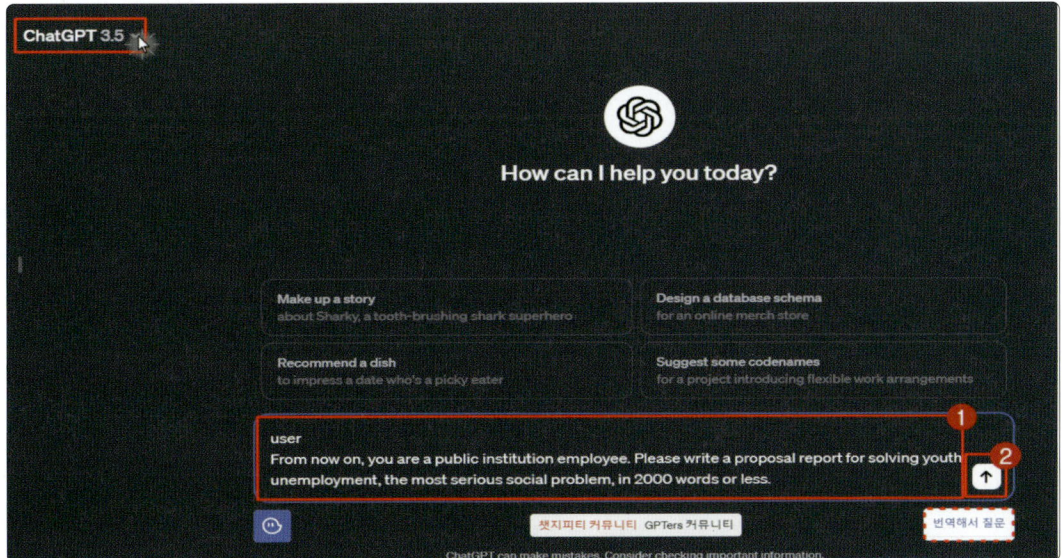

왼쪽 위 챗 ChatGPT3.5 옆 꺽쇠를 터치하면 ChatGPT4.0 도 사용할 수 있습니다.
① [ 프롬프트 입력창 ]에 복사해 온 것을 붙여넣기 합니다. ② 화살표 [ 전송 ]을 클릭합니다.
　※ 번역해서 질문을 사용할 수도 있습니다.

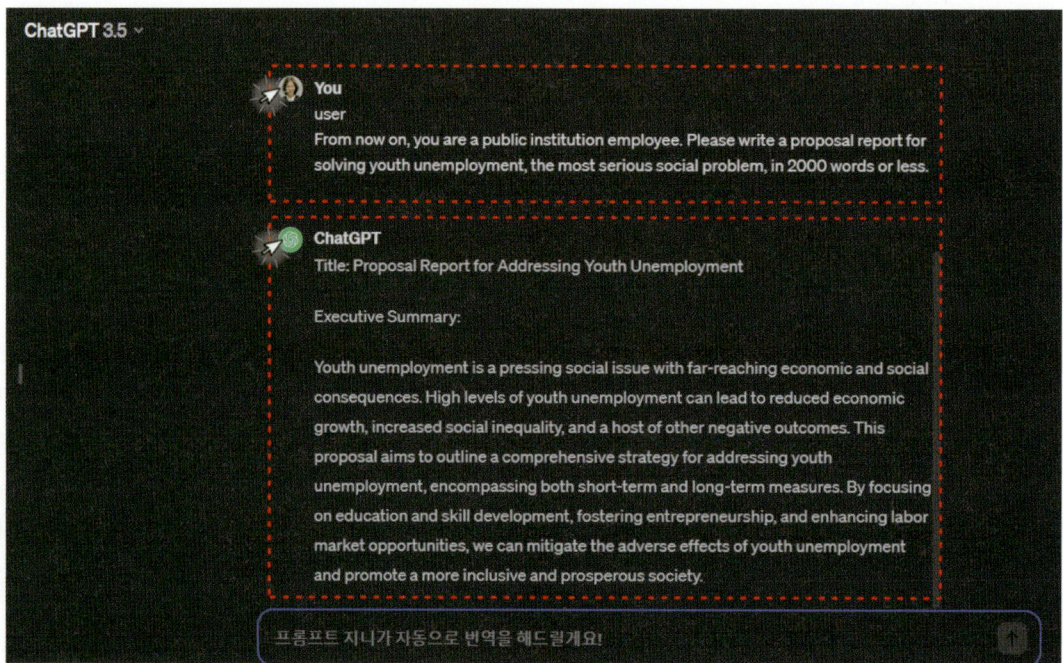

영어로 질문한 질문자 질문 내용과 ChatGPT가 영어로 생성한 내용을 볼수 있습니다.

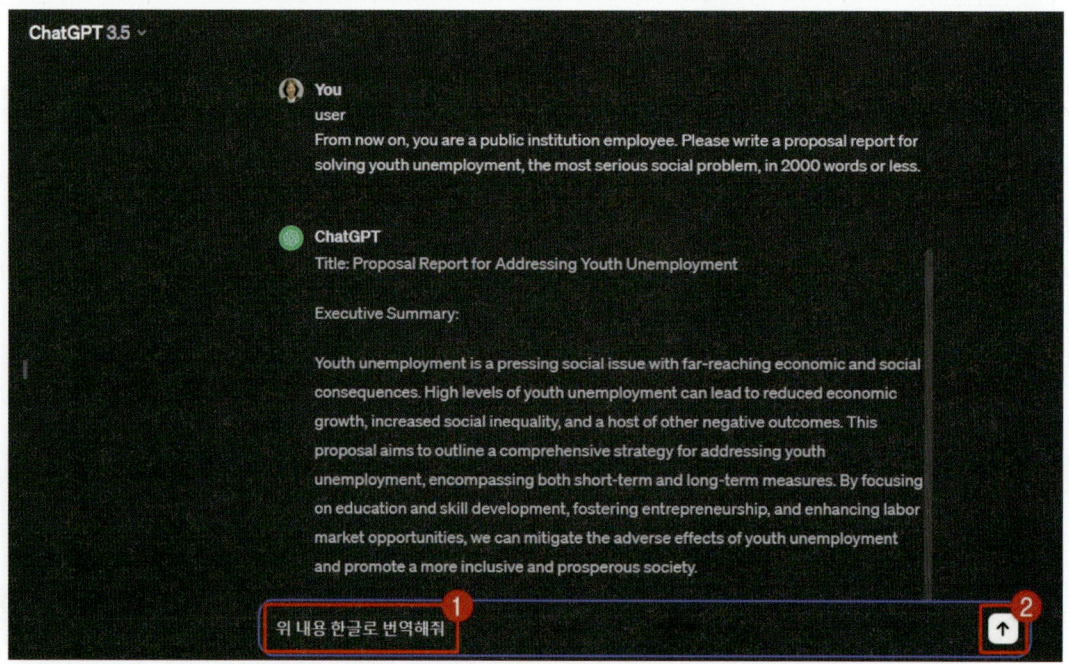

① [ 프롬프트 입력창 ]에 '한글로 번역해줘' 라고 입력합니다. ② 화살표 [ 전송 ]을 클릭합니다.

| 프롬프트 활용 노하우 1 |

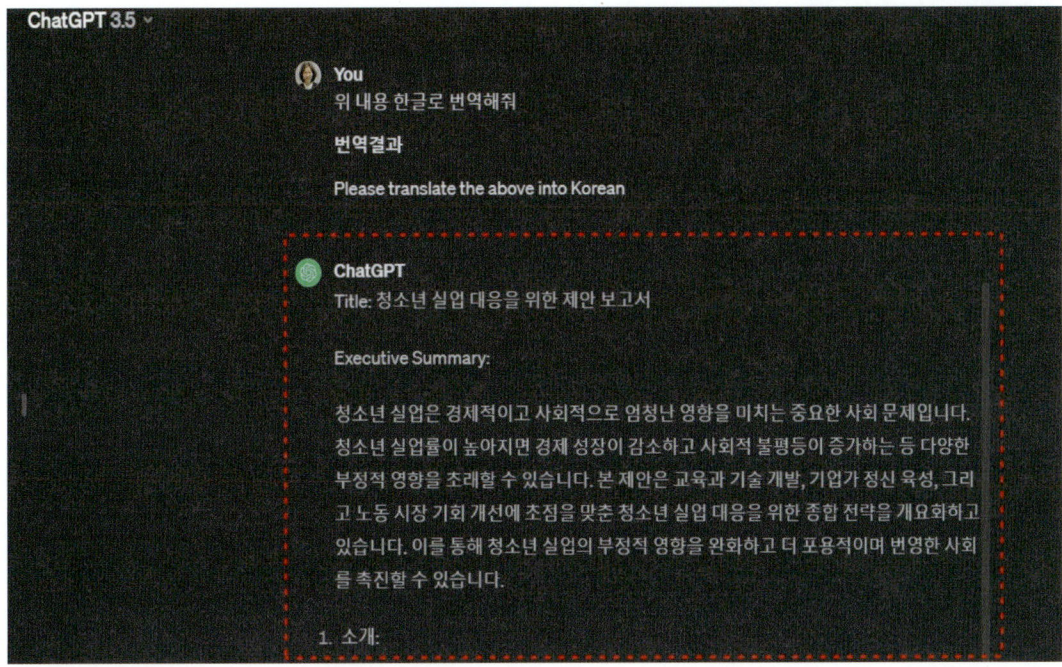

ChatGPT가 한글로 번역한 내용을 볼 수 있습니다.

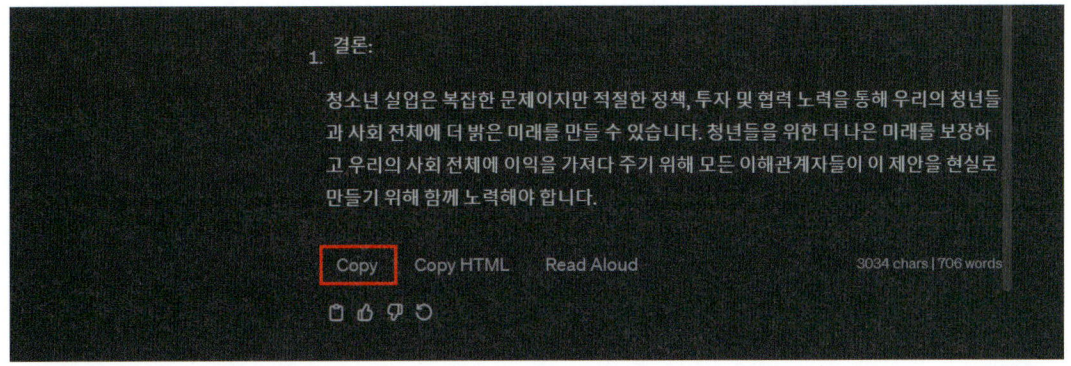

아래쪽으로 스크롤하면서 내용을 읽어보고 마음에 안든다면, '좀더 자세하게, 쉽게, 다르게설명해줘' 등 요구 사항을 프롬프트 창에 입력하여 원하는 자료를 얻으면 됩니다.

아래 왼쪽에 [ Copy ]를 클릭합니다. 사용자가 필요한 곳에 붙여넣기해서 활용합니다.

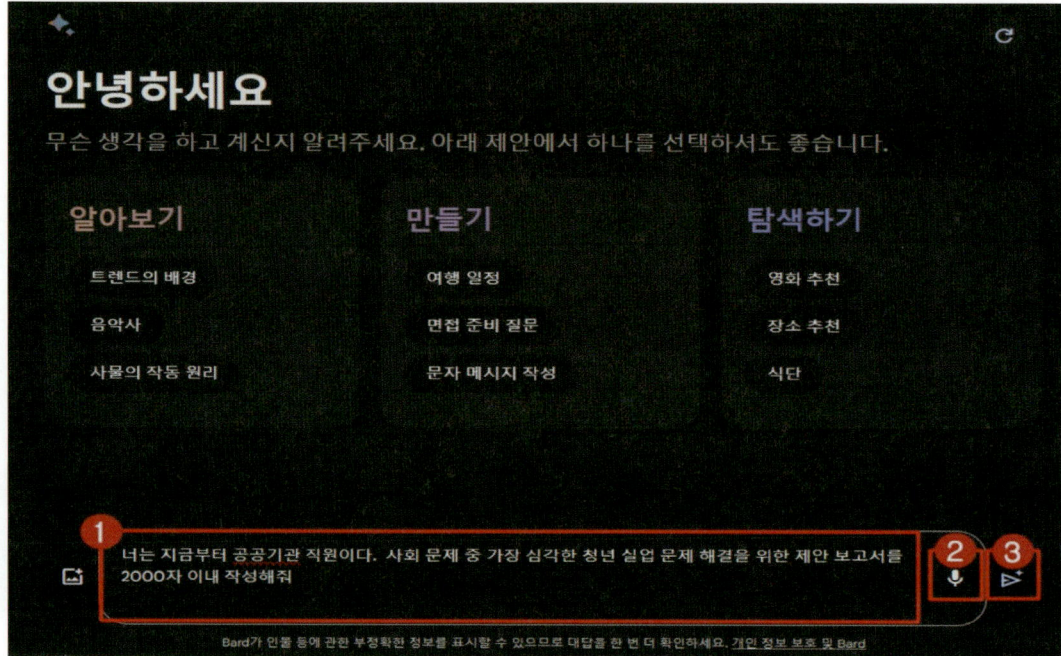

크롬 검색창에서 구글 바드를 검색학고 실행합니다.
① [ 프롬프트 입력창 ]에 공공직원이라는 것을 인식하게 하고 원하는 질문을 입력합니다.
너는 지금부터 공공기관 직원이다. 사회 문제 중 가장 심각한 청년 실업 문제 해결을 위한 제안 보고서를 2000자 이내 작성해 달라고 입력했습니다. ② [ 마이크 ]를 사용할 수도 있습니다. ③ [ 전송 ]을 클릭합니다.

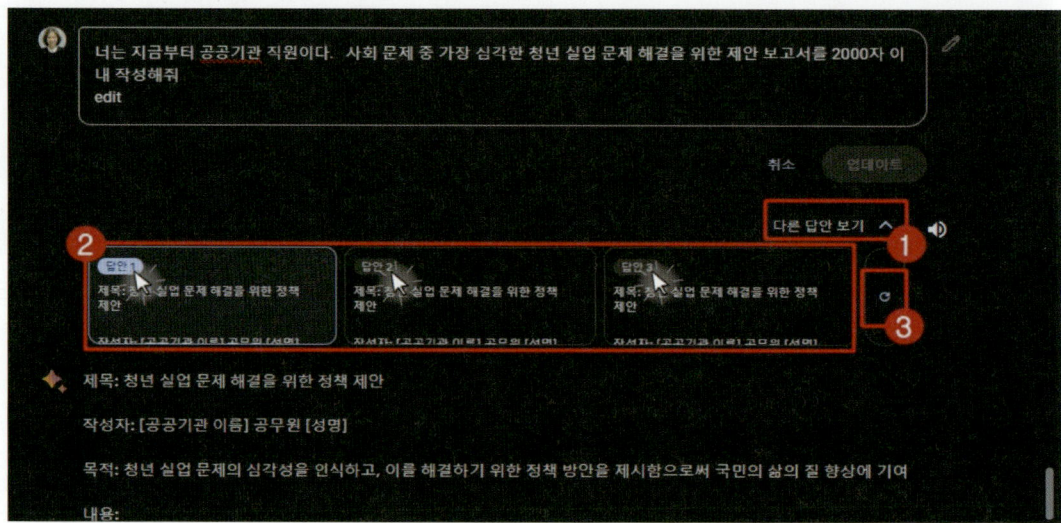

바드가 생성한 내용을 보면 청년 실업 문제의 현황, 원인, 정책방안, 구체적인 정책 방안, 기대 효과, 결론의 내용을 생성해주었습니다. 바드는 여러개의 답안을 보여줍니다. ① [ 다른 답안 보기 ]의 꺽쇠를 클릭하면 ② [답안①②③]을 볼 수 있습니다. 원하는 답이 아닐 경우 ③ [ 전송 ]을 클릭해서 새로운 답을 얻어낼 수 있습니다.

| 프롬프트 활용 노하우 1 |

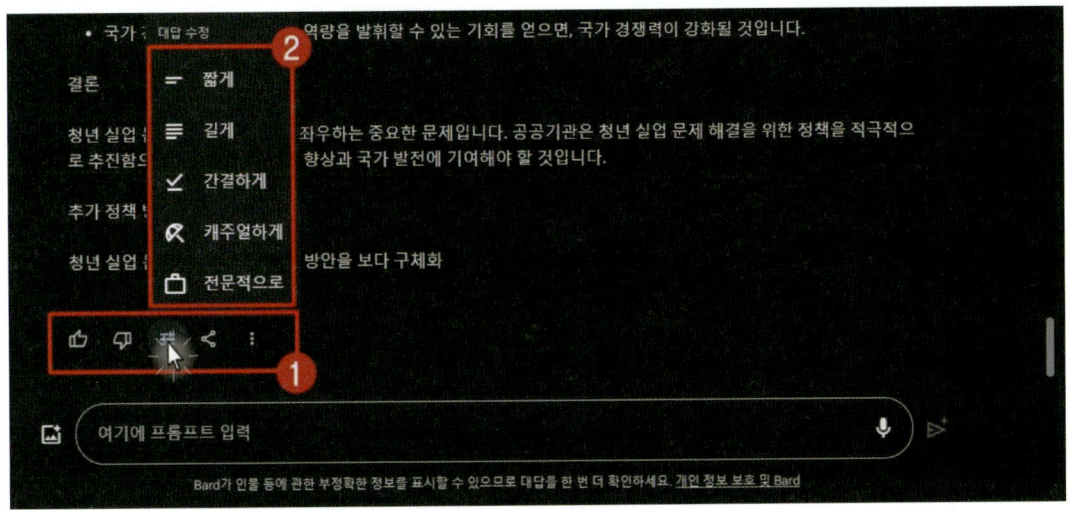

아래쪽 메뉴 좋아요, 나빠요, 세부사항, 공유, 더보기를 활용할 수 있습니다.
① [ 세부사항 ]를 클릭합니다. ② [ 짧게, 길게, 간결하게, 캐주얼하게, 전문적으로 ]중 한 가지를 선택하여 원하는 답을 생성해낼 수 있습니다.

- 보도자료 초안 만들기

 구글 바드

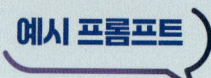 너는 지금부터 공공기관 직원이야. 청년 실업 문제 해결을 위한 보도 자료 초안 만들어줘

안녕하세요
무슨 생각을 하고 계신지 알려주세요. 아래 제안에서 하나를 선택하셔도 좋습니다.

| 알아보기 | 만들기 | 탐색하기 |
| --- | --- | --- |
| 기술 발전 | 외국어 문장 | 자기소개서 팁 |
| 사물의 작동 원리 | 여행 일정 | 자기소개서 작성에 대한 팁 |
| 트렌드의 배경 | 입문 가이드 | 커리어 분야 |

너는 지금부터 공공 기관 직원이야. 청년 실업 문제 해결을 위한 보도 자료 초안 만들어줘 ①  ②

Bard가 인물 등에 관한 부정확한 정보를 표시할 수 있으므로 대답을 한 번 더 확인하세요. 개인 정보 보호 및 Bard

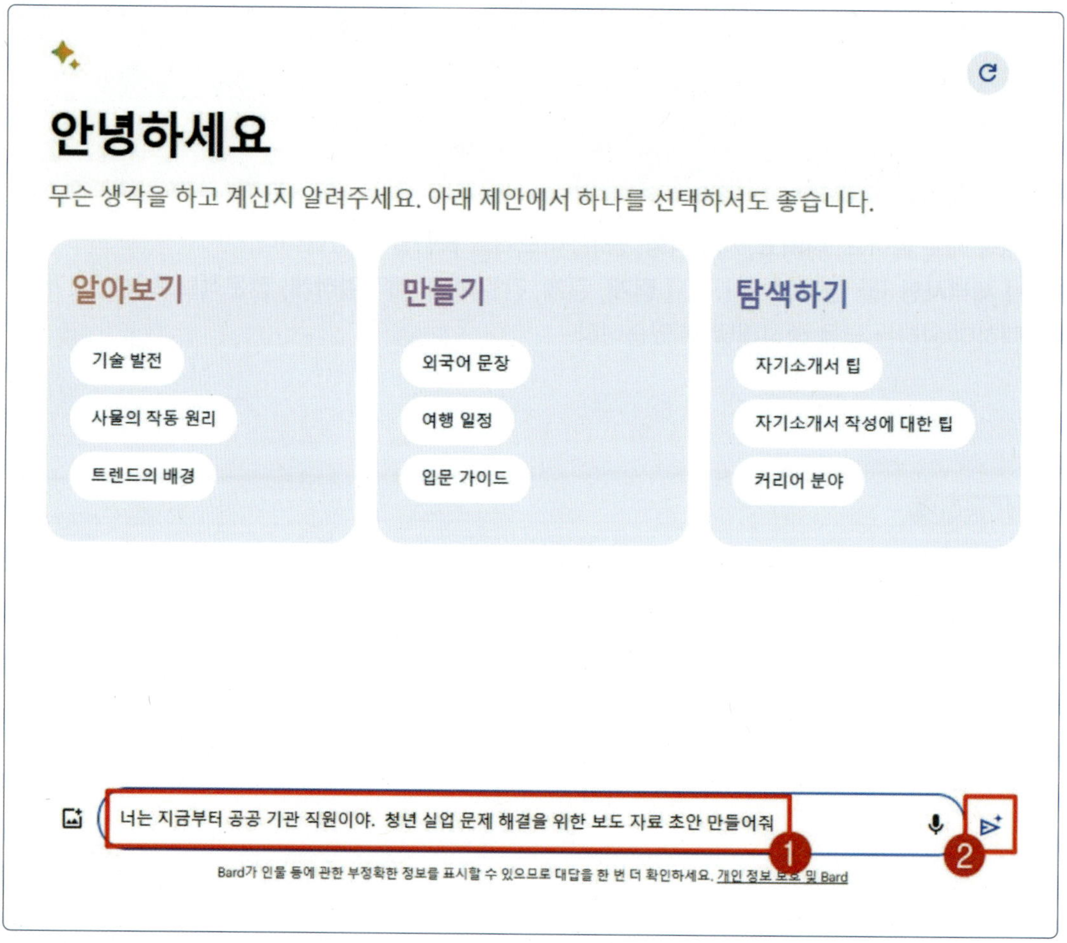

크롬 웹 창에서 구글 바드를 검색 한 후 실행합니다. 프롬프트 창에 얻고자 하는 질문을
① **[ 프롬프트 창 ]**에 입력합니다. ② **[ 전송 ]**을 클릭합니다.

# 프롬프트 활용 노하우 1

> 너는 지금부터 공공 기관 직원이야. 청년 실업 문제 해결을 위한 보도 자료 초안 만들어줘

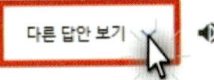

**보도자료**

제목: [공공 기관 명칭] 청년 실업 문제 해결을 위한 5대 정책 발표

발행일자: 2023년 12월 25일

발행기관: [공공 기관 명칭]

담당자: [담당자 이름]

연락처: [연락처]

[공공 기관 명칭]은 25일 청년 실업 문제 해결을 위한 5대 정책을 발표했다.

[공공 기관 명칭]은 청년 실업 문제는 우리 사회가 당면한 중요한 과제라며, 이러한 문제를 해결하기 위해 다음과 같은 정책을 추진할 것이라고 밝혔다.

첫째, 공공기관의 직접 고용을 확대한다. 2024년부터 공공기관의 직접 고용을 30%까지 확대하고, 2025년까지 35%까지 확대할 계획이다. 특히, 청년층 비중을 2024년 35%, 2025년 40%까지 확대할 계획이다.

둘째, 청년 창업을 지원한다. 청년 창업 지원금, 창업 교육, 창업 공간 제공 등 청년들이 창업 성공에 필요한 역량과 자원을 제공한다. 또한, 청년 창업 관련 제도와 정책을 개선하고, 청년 창업 생태계를 조성하기 위한 노력을 기울인다.

셋째, 지역 일자리 창출을 지원한다. 지역 특화산업 육성과 지역 기반 일자리 창출 지원을 통해 지역 청년들의 일자리 창출을 지원한다. 또한, 지역 청년들의 취업 정보를 제공하고, 취업 상담 및 인턴십 등을 통해 취업 기회를 확대한다.

넷째, 청년들의 취업역량 강화를 지원한다. 청년 맞춤형 직업훈련, 취업상담, 인턴십 등 청년들이 실무 역량을 갖추고 취업에 성공할 수 있도록 지원한다. 또한, 청년들의 취업 정보 접근성을 확대하고, 취업 지원 프로그램에 대한 홍보를 강화한다.

다섯째, 민간 기업의 일자리 창출을 촉진한다. 청년 일자리 창출에 관심 있는 민간 기업에 대한 인센티브를 제공하고, 청년 채용에 대한 인식 개선을 위한 노력을 기울인다.

[공공 기관 명칭] 관계자는 "청년 실업 문제는 우리 사회가 당면한 중요한 과제"라며 "앞으로도 청년들이 양질의 일자리에 취업할 수 있도록 다양한 노력을 기울이겠다"고 말했다.

보도 자료 양식에 맞추어 잘 작성해 주었습니다. 혹시 다른 답안을 보고 싶으면 [ V ]을 클릭합니다.

마이크로소프트 웹에서 검색 오른쪽 끝에 [ 빙 ]을 클릭합니다.

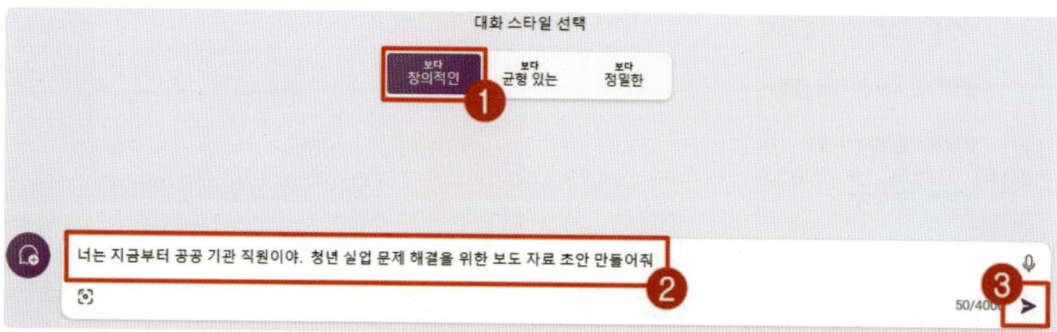

대화 스타일 세 가지 중 첫 번째 ① [ 창의적인 ]을 클릭합니다. ② 프롬프트 입력란에 [ 질문 ]을 입력합니다. ③ [ 전송 ]을 클릭하면 아래와 같은 답을 생성합니다.

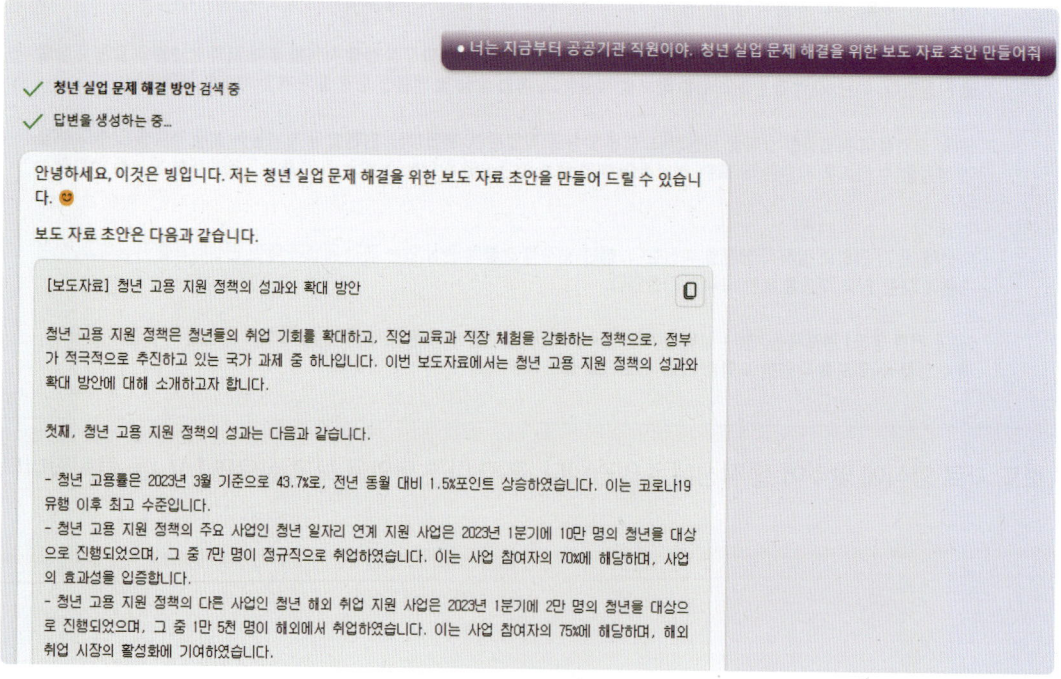

## | 프롬프트 활용 노하우 1 |

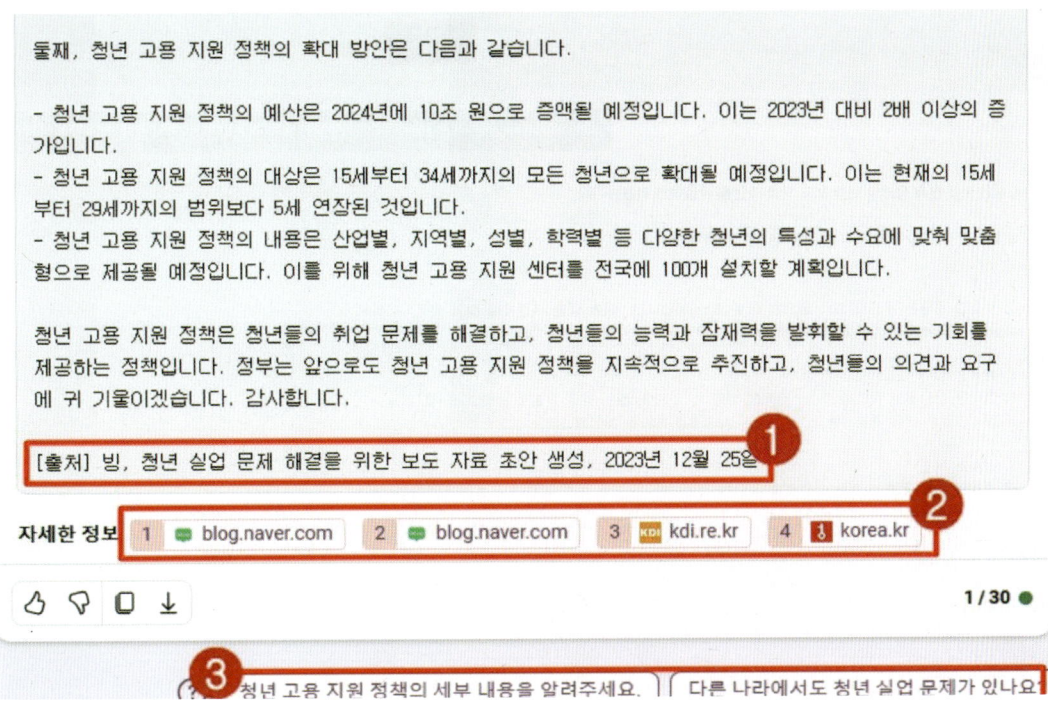

① [ 출처 ]와 ② [ 자세한 정보 ]를 보여줍니다. 자세한 정보를 클릭하면 해당 사이트로 이동하여 자세한 정보를 참고할 수 있습니다. ③ [ 질문 ]을 클릭하면 질문에 답을 생성해줍니다.

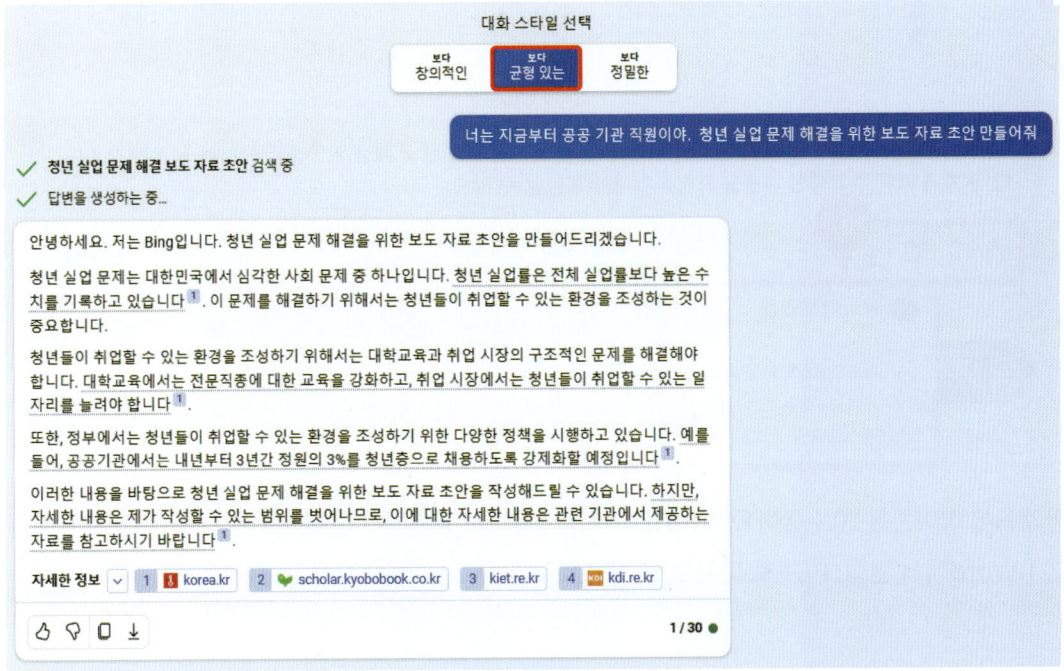

대화 스타일 세 가지 중 두 번째 ① [ 균형 있는 ]을 클릭합니다. 새로운 답안을 생성해줍니다.

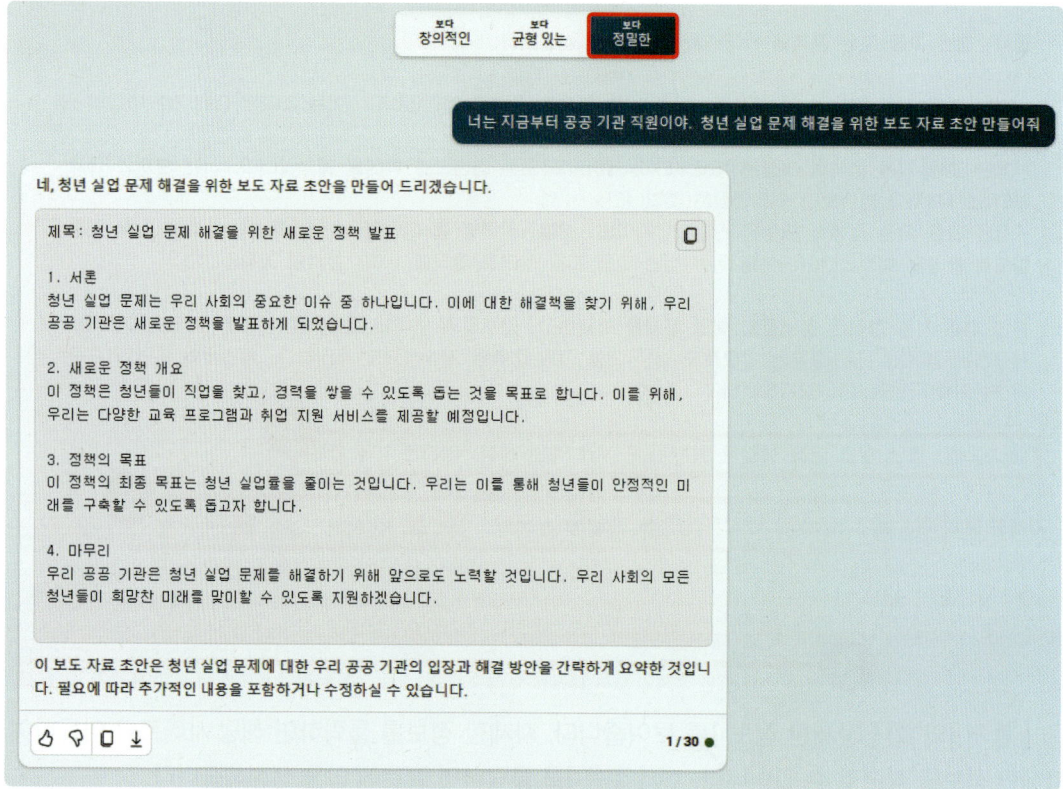

대화 스타일 세 가지 중 세 번째 ① [ 정밀한 ]을 클릭합니다. 정밀한 새로운 답안을 생성해줍니다.

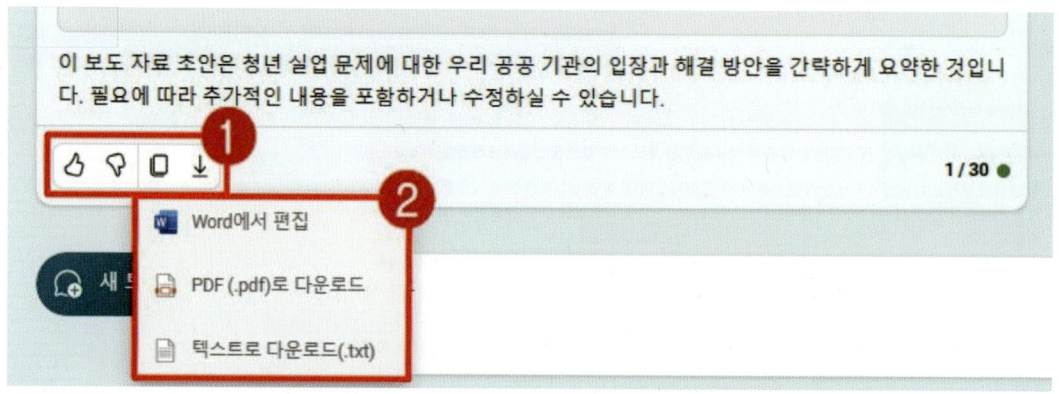

아래쪽에 아이콘은 ① [ 좋아요, 나빠요, 복사, 다운로드 ]입니다. ①에서 다운로드(⬇) 클릭하면 ② [ Word에서 편집, PDF로 다운로드, 텍스트로 다운로드 ]를 할 수 있습니다.

## 3 일반기업체 직원용

• 제안서 만들기

 직장인을 위한 윅스Ai를 활용

예시 프롬프트 : 너가 복지관에 복지사라고 생각하고 어르신들을 위해 일자리를 만들고 윤리적인 부분까지 신경써야한다고 생각해봐. 2024년도에 어떤 제안을 하면 좋을도 생각해서 제안서 작성해줘

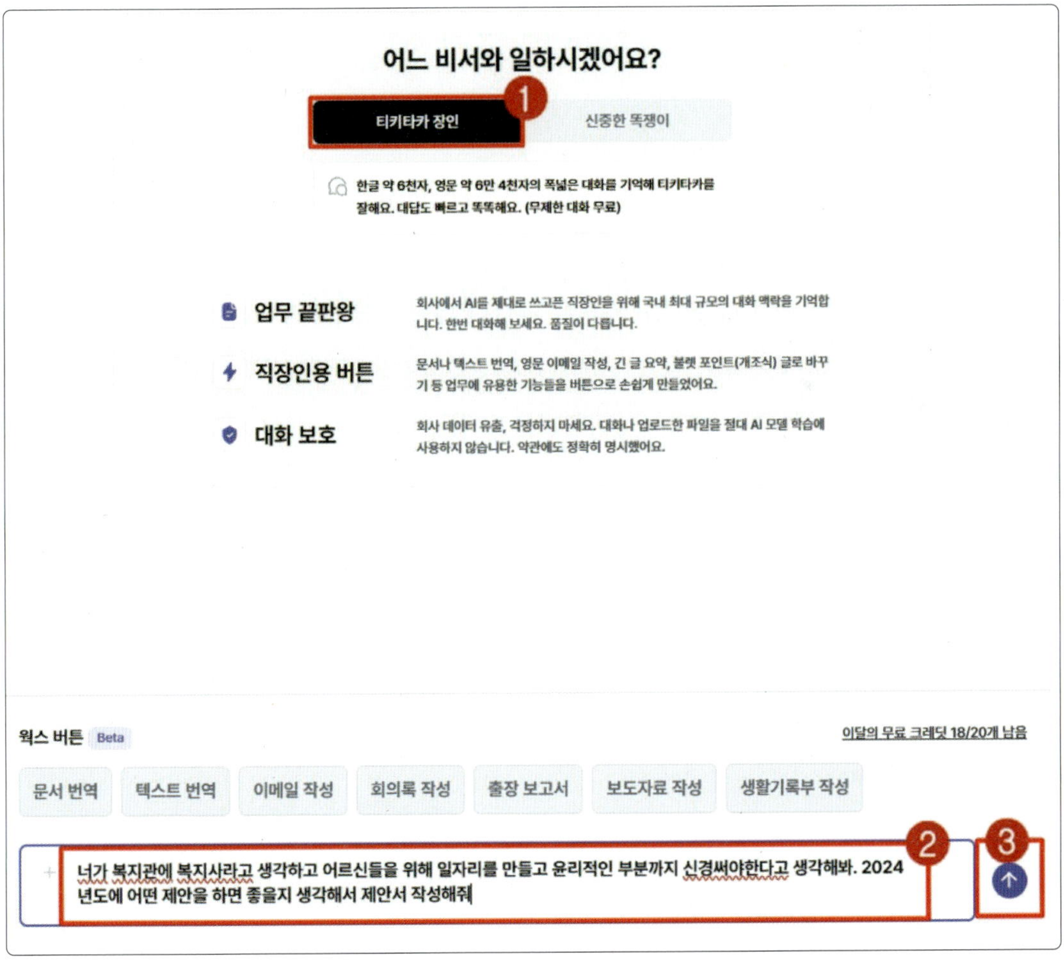

윅스는 한 달에 20개의 무료 크레딧을 사용할 수 있습니다. 티키타카 장인 비서와(무제한) 신중한 똑쟁(대화시 1크레딧 차감)이 비서가 있어서 둘 중 하나 ① [ 티키타카 장인 ]을 선택합니다. 프롬프트 입력란에 ② [ 직업을 인식시키고 제안서 ]를 작성해달라고 입력합니다. ③ [ 전송 ]을 클릭합니다.

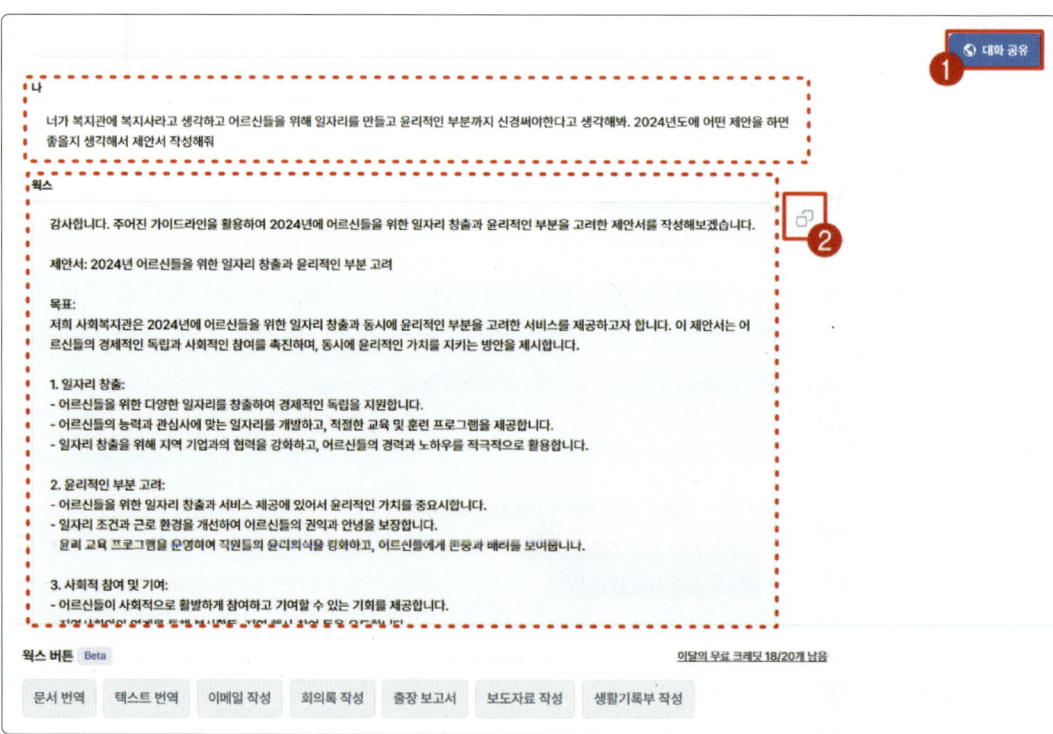

웍스가 생성해준 답안을 볼 수 있습니다. 오른쪽 위 ① [ 대화 공유 ]를 클릭하여 공유하기를 하면 다른 사람도 내 대화에 이어서 대화 할 수 있습니다. ② [ 복사 ] 버튼을 클릭하여 사용합니다.

● 결과보고서 만들기

 너는 노인 복지관에 근무하는 사회복지사야 어르신들을 위한 서비스 개선 결과 보고서 써 줘.

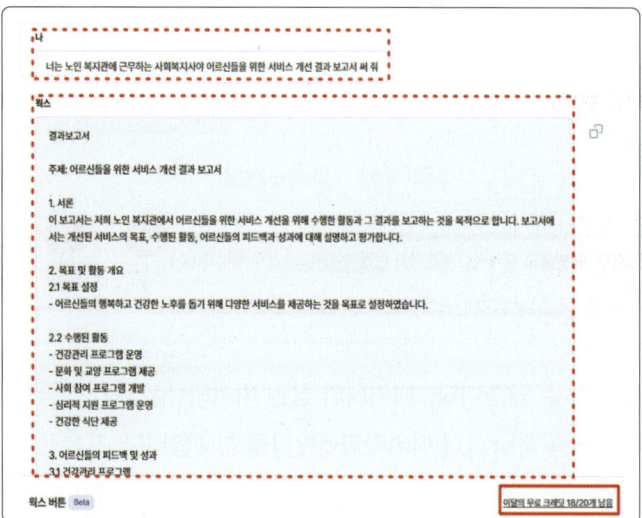

생성된 결과보고서를 볼 수 있습니다. 오른쪽 아래 [ 이달의 무료 크레딧 개수와 남은 크레딧 개수 ]가 보입니다.

| 프롬프트 활용 노하우 1 |

## 4 농업 기술센터

● 판매 극대화를 광고 문구 및 SNS홍보 콘텐츠 만들기 (챗GPT 활용)

 너는 농업기술센터에서 근무하는 온라인 광고 담당자야. 유기농 야채를 판매할 수 있는 광고 문구 10개 만들어줘.

답안은 영문으로 받고, 한국어로 번역을 해달라고 했습니다.

> **You**
> 너는 농업기술센터에서 근무하는 온라인 광고 담당자야 유기농 야채를 판매할 수 있는 판매 극대화 할 수 있는 광고 문구 10개 만들어줘
>
> **번역결과**
> You are an online advertising manager working at the Agricultural Technology Center. Please create 10 advertising phrases to maximize sales of organic vegetables.
>
> **ChatGPT**
> Creating effective advertising phrases for organic vegetables involves highlighting their unique qualities, such as freshness, health benefits, and sustainable farming practices. Here are ten advertising phrases designed to maximize sales:

다음은 이모티콘을 넣고 50자 이내로 작성해달라고 했습니다.

1. "🍅 순수한 자연의 맛! #유기농채소 🥕"
2. "농장에서 갓 구운 음식을 드립니다! 🌽 🥬 #EatOrganic"
3. "🥬 유기농 채소 🥦 로 영양을 공급하세요!"
4. "🌍 친절한 🌿 의 차이를 맛보세요!"
5. "🌱 유기농 채소로 식사의 품격을 높여보세요!"
6. "Go Green 🌱, Eat Green 🥗 #유기농"
7. "건강을 수확하세요! 🌿 ☀️ 유기농의 장점!"
8. "여기서 웰니스가 자라납니다! 🥕 #유기농"
9. "흙에서 접시까지 🌱 🍽 #TrustOrganic"
10. "🌱 운동에 동참해주세요! 건강한 야채 🥬"

이러한 문구는 이모티콘을 사용하여 눈에 띄고 시각적으로 매력적이며 소셜 미디어나 기타 광고 플랫폼에 사용할 수 있을 만큼 간결하도록 디자인되었습니다.

다음은 [ 순수한 자연의 맛 유기농채소 ] 내용으로 SNS홍보 콘텐츠 만들어 달라고 했습니다. 생성해준 프롬프트를 복사하고 다음의 작업을 실행합니다.

● **SNS홍보(쇼츠 동영상) 콘텐츠 만들기**

크롬 웹에서 [ fliki.ai ]를 검색합니다. [ https://fliki.ai/ ] 홈페이지에서 회원가입을 합니다.

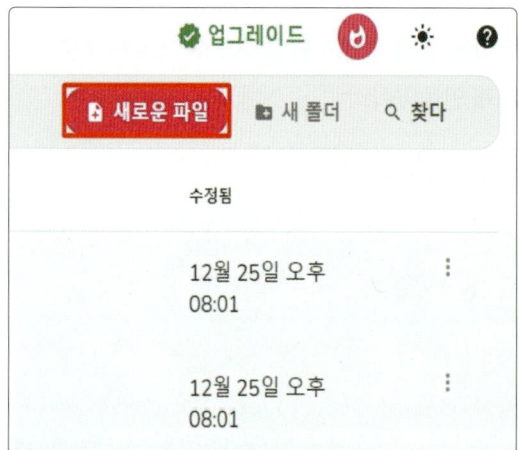 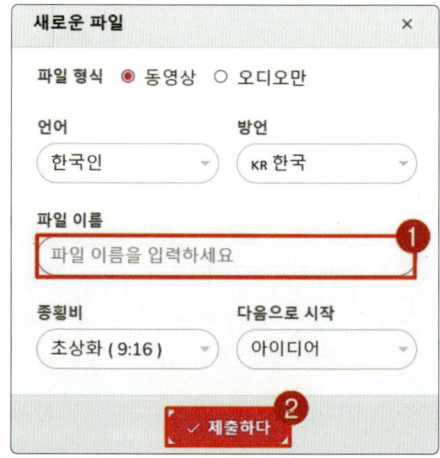

1 [ 새로운 파일 ]을 클릭합니다.
2 ① [ 파일 이름 ]을 입력합니다. ② [ 제출하다 ]를 클릭합니다.

1 ① [ 아이디어 ]를 클릭합니다. ② 챗 지피티에서 생성해서 복사해 온 프롬프트를 [ 아이디어 프롬프트 ]에 붙여넣기 합니다. ③ [ 스톡 미디어 ]를 클릭하고 ④ [ 제출하다 ]를 클릭합니다.
2 동영상 쇼츠가 만들어진 것을 볼 수 있습니다. SNS 게시글이나 닐스, 쇼츠에 올려 홍보합니다.

| 프롬프트 활용 노하우 1 |

## 5 소상공인(의류 분야 등)이 판매 전략을 극대화 시키는 프롬프트 명령어 활용하기

### ▶ 타겟 고객 분석
20대 여성을 타겟으로 하는 의류 브랜드라면,
"20대 여성의 패션 트렌드는 무엇인가요?",
"20대 여성은 어떤 쇼핑 방식을 선호하나요?"

### ▶ 경쟁사 분석
동일한 타겟 고객을 공략하는 경쟁 브랜드의 마케팅 전략을 분석하기 위해서는
"경쟁 브랜드의 마케팅 목표는 무엇인가요?",
"경쟁 브랜드의 마케팅 메시지는 무엇인가요?"

### ▶ 상품 경쟁력 강화
상품의 차별화 포인트를 찾기 위해서는
"상품의 특별한 기능이나 디자인은 무엇인가요?",
"상품의 품질을 높이기 위한 방안은 무엇인가요?"

### ▶ 마케팅 전략 수립
마케팅 목표를 달성하기 위해서는
"마케팅을 통해 어떤 효과를 얻고 싶은가요?",
"마케팅을 통해 어떤 고객을 유입하고 싶은가요?"

### ▶ 판매 전략 수립
판매 목표를 달성하기 위해서는 "판매를 통해 얼마나 많은 매출을 올리고 싶은가요?",
"판매를 통해 어떤 고객을 확보하고 싶은가요?"

### ▶ 고객 관리
고객 데이터를 수집하고 관리하기 위해서는 "고객의 구매 데이터를 어떻게 활용할 수 있나요?",
"고객의 피드백을 어떻게 수집하고 관리할 수 있나요?"와 같은 프롬프트를 활용할 수 있습니다.

### ▶ 수익 창출
수익 구조를 개선하기 위해서는 "상품의 가격을 어떻게 책정할 수 있나요?",
"부가적인 수익을 창출할 수 있는 방안은 무엇인가요?"와 같은 프롬프트를 활용할 수 있습니다.

이러한 프롬프트는 소상공인 의류 분야 판매전략을 수립하는 데 도움이 될 수 있습니다.
프롬프트를 활용하여 다양한 관점에서 판매전략을 검토하고, 효과적인 전략을 수립합니다.

## 5 그 외 다양한 분야 프롬프트 명령어 활용하기

### ▶ 로고 디자인
제약회사 로고 디자인

[Midjourney활용]
A logo for a pharmaceutical company, with white background

### ▶ 텍스트 생성
'오늘 날씨에 어울리는 옷차림은?' / '유행하는 패션 트렌드는?'
'재미있는 옷 디자인은?'

### ▶ 번역
'"사랑해"를 영어로 하면?' / "I love you"를 한국어로 하면?'
'"I miss you"를 중국어로 하면?'

### ▶ 요약"
'오늘의 뉴스 요약은?' / '최근의 경제 동향 요약은?' /
'새롭게 출시된 스마트폰의 특징 요약은?'

### ▶ 질문 답변
'지구의 반지름은?' / '미국의 수도는?' / '한국의 국기는?'

### ▶ 시, 소설, 코드, 음악 등 창의적인 콘텐츠 생성
'사랑에 관한 시를 써줘.'
'흥미진진한 소설을 써줘.'
'멋진 코드를 써줘.'
'감미로운 음악을 써줘.'

이외에도 다양한 프롬프트 명령어가 있습니다. 프롬프트를 활용하여 원하는 결과물을 얻기 위해서는 프롬프트의 내용을 신중하게 작성하는 것이 중요합니다.

## 11강 | ChatGPT의 핵심인 프롬프트 활용 노하우 2

## 11강 ChatGPT의 핵심인 프롬프트 활용 노하우 2

### 1 책쓰기(저자)

현대의 전문가들은 다양한 분야에서 복잡한 도전과제를 마주하고 있습니다. 이러한 도전에 효과적으로 대응하기 위해서는 창의적인 사고와 전략적인 접근이 필요합니다.

여기서 프롬프트 활용은 중요한 역할을 합니다. 프롬프트는 특정 주제에 대한 깊이 있는 사고를 촉진시키고, 문제 해결을 위한 새로운 관점을 제공합니다. 이를 통해 전문가들은 자신의 업무에 더욱 몰입하고, 혁신적인 아이디어와 솔루션을 개발할 수 있습니다.

이제 각 분야별 프롬프트 활용 노하우에 대해 살펴보겠습니다.
이러한 노하우는 각 분야의 전문가들이 자신의 업무를 더욱 효과적으로 수행할 수 있도록 도와줄 것입니다. 프롬프트는 각 분야의 특성에 맞춰 맞춤형 아이디어를 제공하며, 전문가들이 시장의 변화에 민첩하게 대응할 수 있도록 지원합니다.

#### ❶ 책 쓰기 저자를 위한 프롬프트 활용 노하우

책을 쓰는 과정은 창의력과 체계적인 계획이 필요합니다.
작가들은 자신의 아이디어를 구체화하고, 독자들에게 호소력 있는 내용을 전달하기 위해 다양한 전략과 기술이 필요합니다. 이때, 프롬프트 활용은 구상 단계에서부터 출판에 이르기까지 전 과정을 지원하며, 창작의 질을 높일 수 있습니다.

## ① 책의 주제, 대상 독자, 장르에 대한 분석

 **You**
10세~15세 사이의 청소년 성장소설로 모험과 탐험의 주제가 포함된 과학소설의 소재들을 나열해줘

 **ChatGPT**
10세에서 15세 사이의 청소년을 대상으로 하는 성장소설로 모험과 탐험의 주제가 포함된 과학소설의 소재들은 다음과 같을 수 있습니다:

1. 초월 기술의 발견:
   - 주인공이 과학적 발견을 통해 현실에서는 믿기 어려운 기술을 발견하고 이를 활용하여 모험에 나서는 이야기.
2. 우주 여행:
   - 우주선 탑승 및 다른 행성 탐험을 통해 우주에서의 모험이 주요 소재로 다루어지는 이야기.
3. 시간 여행:
   - 주인공이 과학적 발견을 통해 과거나 미래로 여행하며 역사적인 이벤트를 경험하고 탐험하는 이야기.

## ② 캐릭터 개발 및 배경 설정 아이디어

 **You**
시간여행을 주제로 한 청소년 성장소설의 캐릭터와 배경 설정에 관한 아이디어를 제공해줘.

 **ChatGPT**
시간여행을 주제로 한 청소년 성장소설의 캐릭터와 배경 설정에 관한 아이디어를 제공해 드리겠습니다:

1. 주요 캐릭터:
   - 주인공: 14세 정도의 청소년 소년 또는 소녀. 호기심이 많고 과학에 관심이 많은 똑똑한 학생. 시간 여행을 경험하게 되며 과거와 미래의 모험적인 여행에 도전하는데, 강한 의지와 용기를 가지고 있습니다.
   - 친구: 주인공의 가장 가까운 친구로, 시간 여행에 함께 참여하게 됩니다. 친구는 주인공과는 다른 성향을 가지며, 두 캐릭터 간의 대립과 협력이 이야기의 중요한 부분입니다.
   - 시간 여행 가이드: 과거와 미래로 여행할 수 있게 해주는 기기 또는 시간 여행 전문가.

### ③ 구성, 전개, 클라이맥스, 결말에 대한 아이디어

 **You**
구성, 전개, 클라이맥스, 결말에 대한 아이디어를 제공해주세요.

**ChatGPT**
청소년 시간여행 성장소설의 구성, 전개, 클라이맥스, 결말에 대한 아이디어를 제공해 드리겠습니다:

1. 구성:
   - 소설은 총 다섯 부분으로 구성됩니다.
   1.1. 시작: 현대 도시에서 주인공과 친구가 시간 여행 가이드를 만나고, 시간 여행을 시작하는 부분.
   1.2. 과거 탐험: 주인공들이 역사적인 이벤트를 첫 번째로 탐험하며 새로운 도전과 위험에 직면하는 부분.
   1.3. 미래 탐험: 주인공들이 미래 도시를 탐험하고, 그곳에서의 기술적인 진보와 사회적 문제를 경험하는 부분.
   1.4. 교훈과 성장: 주인공과 친구들은 시간 여행을 통해 얻은 교훈을 토대로 성장하며 서로의 차이를 이해하고 협력하는 부분.

### ④ 대화 및 서술 스타일 제안

 **You**
글에 대한 대화 및 서술 스타일을 제안해주세요.

**ChatGPT**
당신의 청소년 시간여행 성장소설을 위한 대화와 서술 스타일은 독자를 이야기에 몰입시키고 이야기를 재미있게 전달하는 데 중요합니다. 아래는 스타일에 대한 제안입니다:

1. 대화 스타일:
   - 대화는 주인공과 주변 캐릭터 간의 자연스러운 대화로 구성되어야 합니다. 청소년 독자들을 위해 이해하기 쉽고 생동감 있는 대화를 사용하세요.
   - 캐릭터들 간의 대화는 그들의 성격과 관계를 반영해야 합니다. 주인공과 친구의 대화에서는 농담, 놀림, 도움 등 친밀한 관계가 느껴져야 합니다.
   - 시간 여행 관련 대화에서는 과거와 미래의 문화와 언어 변화를 고려하여 각 시대에 맞는 표현과 언어 스타일을 활용하세요.
2. 서술 스타일:

| 프롬프트 활용 노하우 2 |

## ⑤ 출판 및 마케팅 전략

 **You**
위에 정리된 책의 출판 및 마케팅 전략을 세워주세요.

 **ChatGPT**
청소년 시간여행 성장소설을 출판하고 마케팅하는 데 도움이 될 수 있는 전략을 아래에 제시합니다:

1. 출판 전략:
   - 출판사 선택: 적합한 출판사를 선택하는 것이 중요합니다. 어린 독자를 대상으로 하는 책이므로 청소년 문학에 특화된 출판사를 탐색하고 협력할 수 있습니다.
   - 편집과 디자인: 훌륭한 편집과 디자인은 중요합니다. 이야기의 흐름을 최적화하고 독자들이 이야기에 몰입할 수 있도록 돕는 것이 필요합니다.
   - 적절한 난이도: 대상 독자의 연령과 이해 수준에 맞는 언어와 난이도를 유지해야 합니다. 너무 어려운 내용은 독자들을 혼란스럽게 할 수 있습니다.
   - 인쇄 및 전자책 형식: 책을 인쇄본과 전자책 형식으로 제공하여 다양한 독자에게 접근성을 제공합니다.
2. 마케팅 전략:
   - 타겟 대상 독자 식별: 10세에서 15세의 청소년과 그들의 부모 및 교사를 대상으로 마케팅 전략을 수립하세요. 각 그룹의 관심사와 욕구를 이해하고 접근 방식을 조정하세요.

## ❷ 마케팅을 위한 프롬프트 활용 노하우

현대 마케팅은 빠르게 변화하는 시장과 고객의 요구에 민첩하게 대응해야 하는 분야입니다. 이번에는 ChatGPT 프롬프트를 활용하여 마케팅에 창의성과 생산성을 극대화할 수 있는 방법을 소개합니다. 각 프롬프트는 시장의 동향을 파악하고, 타깃 고객에게 맞춤형 메시지를 전달하는 데 중점을 두고 있습니다.

### ① 건성 피부용 바디로션 출시 홍보 전략

 **You**
당신은 대한민국의 유능한 마케팅전문가입니다. 새로운 겨울철 건조한 피부용 바디로션 제품을 출시하기 위한 5가지 창의적인 전략을 생성하세요. 이 제품은 천연 재료로 소량 생산됩니다. 타겟 고객은 민감성 피부를 가지고 있는 중, 장년층입니다.

 **ChatGPT**
겨울철 건조한 피부용 바디로션 제품을 대한민국 시장에서 성공적으로 출시하기 위한 창의적인 전략은 다음과 같습니다. 이 제품은 천연 재료로 소량 생산되며, 타겟 고객은 민감성 피부를 가지고 있는 중장년층입니다.

1. **천연 재료 강조 및 투명한 성분 표기:**
   - 제품의 주요 강점은 천연 재료로 제작되었음을 강조합니다.
   - 성분 표기를 투명하게 하여 소비자들이 제품 안에 어떤 성분이 들어있는지 알 수 있도록 합니다. 민감성 피부를 가진 고객들은 성분에 민감하기 때문에 이러한 정보는 중요합니다.

2. **온라인 리뷰 및 유튜버 협찬:**
   - 민감성 피부 고객들을 대상으로 한 리뷰어나 뷰티 유튜버와 협력하여 제품을 소개하고 리뷰를 받습니다. 이러한 리뷰와 협찬은 소비자의 신뢰를 얻는 데 도움이 됩니다.

3. **개별 맞춤형 상담 서비스:**
   - 고객의 피부 타입에 따라 맞춤형 상담 서비스를 제공합니다.
   - 고객들은 온라인 또는 전화로 피부 전문가와 상담을 받을 수 있으며, 적절한 제품 사용 방법과 관리 팁을 얻을 수 있습니다.

4. **친환경 포장 및 재활용 프로그램:**
   - 환경 의식이 높은 고객들을 대상으로 친환경 포장을 강조하고, 재활용 가능한 제품 포장을 도입합니다.

## ② 인스타그램 마케팅 프롬프트

**You**
인스타그램에서 새로운 건성 바디로션을 홍보하는 데 사용할 수 있는 5개의 창의적인 한글 해시태그를 디자인 해주세요.

**ChatGPT**
새로운 건성 바디로션을 인스타그램에서 홍보하는 데 사용할 수 있는 창의적인 한글 해시태그 5개를 아래에 제안합니다:

1. #건조한겨울, #촉촉함올리기: 겨울철 건조함에 맞서 피부를 촉촉하게 만들어보세요.
2. #빛나는피부, #건성관리: 건조한 피부를 관리하여 빛나는 피부를 얻어보세요.
3. #겨울스킨케어, #건성구조대: 겨울 스킨케어의 필수품, 건성 바디로션으로 구조대 역할을 합니다.
4. #건성뷰티, #피부사랑: 건성 피부를 사랑하고 촉촉한 아름다움을 찾아봐요.
5. #바디로션추천, #건성궁금증: 새로운 바디로션을 추천하고 건성 피부에 대한 궁금증을 해결하세요.

## ③ 광고와 소비자 간의 창의적 관계 구축을 통한 효과적인 마케팅 프롬프트

**You**
새로운 건성 바디로션에 대한 AIDA 모델을 만들어 주세요.

**ChatGPT**
건성 바디로션을 홍보하기 위한 AIDA 모델은 다음과 같이 디자인할 수 있습니다:

1. **Attention (주목):**
   - 이미지: 바디로션 제품의 아름다운 이미지를 사용하여 시각적인 주목을 끕니다.
   - 캡션: 주목을 끄는 짧고 강렬한 문구를 포함하여 제품에 대한 관심을 유발합니다.
2. **Interest (흥미):**
   - 기능 강조: 제품의 주요 기능과 이점을 강조하고 건조한 피부에 어떻게 도움이 되는지 설명합니다.
   - 고객 이야기: 이 제품을 사용한 고객들의 성공 이야기나 후기를 공유하여 흥미를 끌어냅니다.
3. **Desire (욕망):**
   - 피부 상태 개선: 건조한 피부가 촉촉하고 건강하게 변하는 모습을 시각적으로 보여줍니다.

## ④ 틱톡 홍보 동영상 스크립트 프롬프트

 **You**
새로운 건성 바디로션브랜드를 위한 30초 분량의 틱톡 스크립트를 작성하세요. 동영상 스크립트는 재미있으면서도 겨울철 가려움증 피부트러블이 있는 시청자의 관심을 끌 수 있어야 합니다.

 **ChatGPT**
(장면: 겨울의 추위와 바람이 불고 있는 아늑한 실내 환경에서 시작)

[카메라는 겨울철 건조한 피부를 가진 모델을 비춘다. 그녀의 얼굴은 가려움증과 건조함으로 인해 빨개져 있습니다.]

나레이션 (음성): "겨울, 우리 피부에게 가장 큰 도전 고배..."

[모델은 건성 바디로션을 손에 쥐며 카메라에 보여줍니다.]

나레이션 (음성): "...하지만 여기에 건조한 피부를 위한 비밀이 있어요!"

[모델은 바디로션을 자신의 피부에 바르면서 기분 좋은 표정을 지어 보입니다.]

## ⑤ 특정제품 문의를 도와주는 챗봇 스크립트 작성 프롬프트

 **You**
고객의 겨울철 피부가 심하게 건조해지는 사람들에게 특화된 새로운 건성바디로션 제품 문의를 도와주는 가상 비서를 위한 챗봇 스크립트를 작성하세요.

 **ChatGPT**
고객의 겨울철 피부 건조증상에 특화된 건성 바디로션 제품에 관한 챗봇 스크립트 예제입니다.

**사용자**: 안녕하세요. 겨울철에 피부가 매우 건조해서 고민 중이에요. 어떤 바디로션을 사용해야 할까요?

**챗봇**: 안녕하세요! 겨울철 건조한 피부에 좋은 바디로션을 추천해드릴 수 있어요. 어떤 종류의 피부를 가지고 계신가요? (건성, 지성, 민감성 등)

**사용자**: 제 피부는 겨울에 건조하고 가려워져요.

| 프롬프트 활용 노하우 2 |

###  요식업 비즈니스 분야에서 사용하면 좋은 프롬프트 활용 노하우

요식업 분야에서 프롬프트를 사용하는 방법은 다양하며, 주로 메뉴 개발, 고객 서비스 개선, 마케팅 전략 수립, 그리고 경영 효율화에 중점을 둘 수 있습니다.

#### ① 새로운 메뉴개발 프롬프트

> **You**
> 저희는 비건 및 채식주의자 고객을 위한 메뉴를 확대하고자 하는 샌드위치 가게를 운영하고 있습니다. 채식주의자들을 위한 샌드위치 메뉴 5개를 추천해 주세요.

> **ChatGPT**
> 비건 및 채식주의자를 위한 다양한 샌드위치 메뉴를 확대하는 것은 훌륭한 아이디어입니다. 아래는 다양한 맛과 영양을 제공하는 5가지 채식주의자용 샌드위치 아이디어입니다:
>
> 1. 아보카도와 토마토 샌드위치:
>    - 신선한 아보카도 슬라이스와 익힌 토마토를 올린 크림치즈나 허브 소스로 토핑한 샌드위치. 신선한 로메인 레타스나 시금치를 추가할 수 있습니다.
> 2. 햄버거 스타일 비건 샌드위치:
>    - 콩팥이나 패티 대용으로 사용할 수 있는 식물성 고기 대용품과 식물성 치즈, 상큼한 채소와 양파, 케첩 및 머스타드를 넣은 햄버거 스타일 비건 샌드위치.
> 3. 바베큐 테마 비건 샌드위치:

#### ②  개발된 메뉴와 어울리는 음료 개발 프롬프트

> **You**
> 샌드위치와 어울리는 음료에 대한 아이디어를 제시해주세요. 시중에서 파는 탄산음료는 제외하고 직접 만드는 수제 음료여야 합니다.

> **ChatGPT**
> 샌드위치와 어울리는 수제 음료로 다양한 맛과 옵션을 고려해보겠습니다. 아래는 수제 음료 아이디어 몇 가지입니다:
>
> 1. **라임 스파클링 에이드**: 신선한 라임 주스와 탄산수를 섞어 만든 상쾌한 스파클링 에이드입니다. 조금의 설탕이나 꿀을 첨가하여 달콤함을 더할 수 있습니다.
> 2. **자몽 민트 아이스 티**: 자몽 주스와 신선한 민트 잎을 더한 얼음 차. 달콤한 꿀이나 메이플 시럽으로 간단히 조절할 수 있습니다.
> 3. **딸기 바질 레몬에이드**: 딸기와 바질을 더한 레몬에이드. 이프로 스파클링 워터를 사용하여 상쾌하게 만들 수 있습니다.

SNS소통연구소 | **181**

## ③ 샌드위치 가게 이름 제안 프롬프트

 **You**
비건 및 채식주의자 고객을 위한 샌드위치 가게 이름 5개를 추천해 주세요. 가게는 대한민국 경기도 고양시 일산 한적한 주택가에 위치하고 있고 가게에서는 샌드위치에 사용할 허브를 키우고 있습니다. 가게이름에는 자연을 사랑하는 의미가 들어가게 해주세요.

 **ChatGPT**
고양시 일산의 한적한 주택가에 위치한 비건 및 채식주의자를 위한 샌드위치 가게에 어울리는 이름들 중 몇 가지를 추천해 드립니다. 이 이름들은 자연과 식물을 사랑하는 의미를 담고 있습니다:

1. "그린풀 샌드위치키친" (Greenful Sandwich Kitchen)
2. "허브하모니 샌드위치" (Herb Harmony Sandwiches)
3. "자연의 맛 샌드위치" (Natural Bites Sandwiches)
4. "샌드위치 블룸" (Sandwich Bloom)
5. "비건 비스트로 앤 허브" (Vegan Bistro & Herb)

이러한 이름들 중 하나를 선택하여 고양시 일산의 주택가에 위치한 샌드위치 가게를 대표하실 수 있을 것입니다. 이 이름들은 가게의 샌드위치 메뉴와 허브 재배를 강조하며, 자연과 식물을 사랑하는 고객들에게 호감을 줄 것입니다.

## ④ 가게이름과 어울리는 Tagline 제안 프롬프트

 **You**
아래의 각각의 샌드위치 가게 이름과 어울리는 tagline을 만들어주세요.
1. 그린풀 샌드위치키친" (Greenful Sandwich Kitchen) 2. 허브하모니 샌드위치" (Herb Harmony Sandwiches) 3. 자연의 맛 샌드위치" (Natural Bites Sandwiches) 4. 샌드위치 블룸" (Sandwich Bloom) 5. 비건 비스트로 앤 허브" (Vegan Bistro & Herb)

 **ChatGPT**
1. "그린풀 샌드위치키친" (Greenful Sandwich Kitchen)
   - Tagline: "자연의 신선함, 입맛을 그린다"
2. "허브하모니 샌드위치" (Herb Harmony Sandwiches)
   - Tagline: "허브의 조화, 맛의 아름다움"
3. "자연의 맛 샌드위치" (Natural Bites Sandwiches)
   - Tagline: "자연의 감동, 맛의 미학"
4. "샌드위치 블룸" (Sandwich Bloom)
   - Tagline: "맛의 화려한 플라워, 샌드위치 블룸"
5. "비건 비스트로 앤 허브" (Vegan Bistro & Herb)
   - Tagline: "비건 맛의 화려한 향기"

## ⑤ 샌드위치 가게 SNS 홍보 제안 프롬프트

 **You**

대한민국 고양시 일산 한적한 주택가에 위치한 비건 및 채식주의자를 위한 샌드위치 가게를 SNS채널을 이용해 홍보하려고 합니다. 5가지의 가발한 마케팅 아이디어를 제시해주세요.

 **ChatGPT**

비건 및 채식주의자를 위한 샌드위치 가게를 SNS를 활용한 가발한 마케팅 아이디어로 홍보하는 데 도움이 될 몇 가지 아이디어를 제시해 드리겠습니다:

1. **일일 특가 및 할인 이벤트**: 매일 다른 비건 메뉴나 특정 날짜에 할인을 제공하여 고객들이 주기적으로 방문하게끔 유도합니다. 이벤트를 SNS에서 홍보하고 고객들에게 주기적으로 업데이트하세요.
2. **사진 콘테스트**: 고객들을 자신의 샌드위치를 촬영하고 SNS에 업로드하도록 유도하고, 가장 멋진 샌드위치 사진을 고르는 콘테스트를 개최하세요. 우승자에게는 가게 내부에서 무료 식사 혹은 할인 혜택을 제공해주면 더 많은 참여자를 유치할 수 있습니다.
3. **비건 요리 레시피 공유**: SNS 계정을 통해 비건 레시피나 가게의 특별한 샌드위치 조합을 소개하세요. 고객들이 집에서 비건 요리를 시도할 수 있도록 도움을 줄 수 있습니다.
4. **친환경 노력 강조**: 가게가 친환경적이며 지속 가능한 식품을 사용하는 노력을 강조하세요. 재활용 가능한 포장재를 사용하고, 플라스틱을 최소화하는 데 얼마나 신경 쓰는지를 고객들에게 알리세요.

##  일반 학원 분야에서 사용하면 좋은 프롬프트 활용 노하우

학원 분야에서 프롬프트를 사용하는 방법은 다양하며, 특히 교육 콘텐츠 개발, 학생 관리, 교육 마케팅, 그리고 운영 효율화에 큰 도움이 될 수 있습니다.

### ① 어린 영어학습자들을 위한 파닉스 커리큘럼 기획 프롬프트

 **You**

당신은 유능한 영어 선생님이며 특히 파닉스분야 전문가입니다. 영어가 제2외국어인 대한민국 7세 어린이들에게 파닉스 수업 커리큘럼을 기획해주세요. 수업과정은 3개월이며 화요일, 목요일, 50분씩 2교시 수업으로 기획해주세요.

 **ChatGPT**

대한민국 7세 어린이들에게 파닉스 수업을 3개월 동안 화요일과 목요일에 주 2회, 각 50분씩 총 2교시로 진행하기 위한 수업 커리큘럼을 아래와 같이 기획해보겠습니다. 이 수업은 영어 읽기와 발음 개선을 중점적으로 다룰 것입니다.

**수업 1주차: 소리와 알파벳 소개**

- 교시 1:
  - 영어 알파벳 소개와 대응되는 소리 소개

## ② 영어 문법문제 만들기 프롬프트

**You**
당신은 대한민국 중학교 영어선생님입니다. 학생들 문법 시험문제를 만들려고 합니다. 문법 문제는 동명사 혹은 to 부정사만을 목적어로 받는 동사 구별 하는 문제입니다. 문장을 이용해서 만들어주고 준동사를 넣어야 하는 부분은 괄호로 만들어 주세요.

**ChatGPT**
물론, 동명사와 to 부정사를 목적어로 받는 동사를 구별하는 문제를 만들어 드리겠습니다. 아래는 그런 문제의 예시입니다:

**문제:** 다음 빈칸에 적절한 동명사 또는 to 부정사를 채워 넣으세요.

1. She enjoys _____ (swim) in the ocean during the summer.
2. I would like _____ (visit) my grandparents next weekend.
3. He decided _____ (watch) a movie instead of studying for the test.
4. My hobby is _____ (read) books in my free time.
5. They plan _____ (go) camping in the mountains next month.

## ③ 학습전략

**You**
당신은 유능한 영어선생님입니다. 영어가 제2외국어인 대한민국의 중학생들에게 어휘와 단어 인식 능력을 가르치기 위한 전략에는 어떤 것이 있나요?

**ChatGPT**
한국의 중학생들에게 영어 어휘와 단어 인식 능력을 가르치기 위한 효과적인 전략은 다음과 같습니다:

1. 주제 기반 학습: 학생들의 관심사나 필요에 맞게 주제를 선택하고, 해당 주제와 관련된 어휘를 학습합니다. 예를 들어, 여행, 음식, 스포츠, 환경 등 다양한 주제를 활용하여 학습하면 학생들이 더 흥미를 가질 수 있습니다.
2. 단어장 구축: 학생들에게 개인별 또는 공용 단어장을 만들도록 권장하고, 그 단어장을 정리하고 복습할 수 있도록 도와줍니다. 어휘 노트북을 활용할 수도 있습니다.
3. 단어 카드 사용: 단어 카드를 활용하여 영어 단어와 그 뜻, 발음을 함께 표시한 카드를 만들고, 이를 통해 반복적으로 학습하도록 합니다.
4. 문장 쓰기: 학생들에게 주어진 어휘를 활용하여 문장을 쓰도록 유도하고, 그 문장들을 피드백과 함께 검토합니다. 이를 통해 어휘를 실제 상황에서 활용할 수 있는 능력을 키울 수 있습니다.
5. 독해 연습: 다양한 난이도의 독해 연습을 통해 학생들이 어휘를 문맥 속에서 이해하고 활용할 수 있도록 도와줍니다.

## ④ 학원운영 관련 프롬프트

 **You**
당신은 대한민국에서 영어학원을 운영, 강의를 하는 1인 원장입니다. 현재 중학생 25명 고등학생 10명의 수업을 하고 있으며 격주 요일에 조교가 1명씩 있습니다. 효율적인 시간표 관리를 위한 아이디어를 제시해주세요.

 **ChatGPT**
영어 학원을 운영하고 있는 원장으로서 중학생과 고등학생 35명을 가르치는 것은 조직적이고 효율적인 시간표 관리가 필요합니다. 아래는 시간표를 효율적으로 관리하기 위한 아이디어입니다:

1. **학생 그룹 분할**: 중학생과 고등학생은 학년과 수준에 따라 그룹을 나누어 각 그룹에 맞는 수업을 진행합니다. 이로써 학생들에게 더 맞춤화된 교육을 제공할 수 있습니다.
2. **강의시간 설정**: 중학생과 고등학생 각각에 대한 강의시간을 나누어 정합니다. 예를 들어, 중학생은 주로 오후 4시부터 7시까지, 고등학생은 오후 7시부터 10시까지 수업을 진행할 수 있습니다.
3. **격주 조교 교체**: 조교를 격주로 교체하는 것은 휴식과 복습 시간을 제공하면서도 학원 운영을 지속적으로 가능하게 합니다.
4. **개별 상담 시간**: 학생들과 부모님들에게 개별 상담 시간을 제공하여 학습 진도와 성적, 학습 계획에 대한 피드백을 제공합니다. 이를 통해 학생들의 성취도를 높일 수 있습니다.

## ⑤ 영어 학원 학생 공부 상담 아이디어 제안 프롬프트

 **You**
당신은 영어학원에서 일하는 전문 상담가 입니다. 학교 시험에서 영어문법만을 틀리는 학생이 있습니다. 공부는 성실하게 하지만 성적이 나오지 않는 이 학생의 어머님과 상담을 해야 합니다. 어떤 조언의 상담을 해야 할지 아이디어를 주세요.

 **ChatGPT**
영어 문법에서 성적이 나오지 않는 학생을 위한 어머님과의 상담은 신중하고 지지적으로 진행되어야 합니다. 아래는 상담 시 고려해야 할 몇 가지 조언의 아이디어입니다:

1. **학습 습관 확인**: 먼저 학생의 학습 습관을 확인합니다. 학생이 어떻게 공부하고 있는지, 얼마나 자주 학습을 하고 있는지, 어떤 자원을 활용하고 있는지 등에 대한 정보를 수집합니다.
2. **학습 자료 검토**: 학생이 사용하고 있는 교재와 자료를 확인하여 현재 학습 과정과 자원이 적절한지 판단합니다. 필요한 경우, 교재를 바꾸거나 보충 자료를 제공하는 것이 도움이 될 수 있습니다.
3. **개별 평가**: 학생의 문법 지식을 정확하게 파악하기 위해 개별 평가나 모의고사를 통해 학생의 현재 수준을 확인합니다.
4. **학습 목표 설정**: 학생과 어머님과 함께 학습 목표를 설정합니다. 어느 부분의 문법이 어려운지, 어떤 종류의 문제가 많이 발생하는지에 따라 목표를 세우고 달성 계획을 만듭니다.
5. **개별 지도 계획**: 학생의 강점과 약점을 고려하여 개별 지도 계획을 수립합니다. 어려운 문법 규칙을 다루고 추가 연습이 필요한 부분을 중점적으로 다룹니다.
6. **지속적인 피드백**: 학생의 진전 상황을 지속적으로 모니터링하고 어머님에게 피드백을 제공합니다.

## 5 일상을 혁신하는 창의적 프롬프트

### ① 제한된 재료로 요리할 수 있는 프롬프트 요청

**You**
집 냉장고에는 김치, 양파, 마늘, 브로콜리, 가지, 닭가슴살이 있습니다. 위의 재료를 이용한 저녁 요리법을 만들어주세요.

**ChatGPT**
다양한 재료를 활용하여 맛있는 요리를 만들어보겠습니다. 아래는 김치, 양파, 마늘, 브로콜리, 가지, 닭가슴살을 활용한 한 끼 저녁 요리인 '김치볶음밥' 레시피입니다.

재료:

- 밥 2 그릇
- 김치 1컵 (김치 물기를 짠 후 다져주세요)
- 양파 1개 (다진 양파)
- 마늘 3개 (다진 마늘)
- 브로콜리 1/2개 (적당히 손질 후 작은 조각으로 썰어주세요)
- 가지 1개 (적당히 손질 후 얇게 슬라이스 해주세요)

### ② 시니어들을 위한 홈트레이닝

**You**
70대 시니어들을 위한 장비가 필요 없는 의자에 앉아서 할수 있는 15분짜리 홈 워크아웃 루틴을 디자인해주세요. 이 루틴은 실버들의 근육 강화에 중점을 둔 근력운동이어야 합니다. 동작시 주의점도 알려주세요.

**ChatGPT**
70대 시니어를 위한 의자를 활용한 15분짜리 홈 워크아웃 루틴은 근력 강화를 중점으로 두면서도 안전하게 수행할 수 있는 동작들로 구성되어야 합니다. 아래는 그런 루틴의 예시입니다. 이 루틴을 시작하기 전에 반드시 의사 또는 건강 전문가와 상담해야 합니다.

**1. 웜업 (2분):**

- 의자에 앉아서 발을 흔들거나 손목과 팔을 움직이며 관절을 동작시킵니다.

**2. 의자 스쿼트 (Chair Squats)**

- 의자에 앉아서 일어나는 동작을 반복합니다.
- 의자에 다시 앉을 때는 느린 속도로 내려가세요.
- 10회 반복, 2 세트 수행하세요.

## ③ 싱크대 막힘 해결 요청 프롬프트

**You**
막힌 싱크대를 해결하기 위한 효과적인 가정용 대책은 무엇인가요?

**ChatGPT**
막힌 싱크대는 일상생활에서 자주 발생하는 문제 중 하나입니다. 다음은 효과적인 가정용 대책 몇 가지를 소개합니다:

1. **뜨거운 물 사용:** 먼저 물을 끓이고 싱크대에 부어주세요. 뜨거운 물은 기름 또는 기타 물질들을 녹일 수 있습니다. 하지만 주의하세요. 너무 뜨거운 물을 사용하면 파이프나 싱크대 재료에 손상을 줄 수 있습니다.
2. **집에서 사용 가능한 청소용품 활용:** 싱크대 배관을 청소하는 목적으로 만들어진 상업용 제품 대신, 섞어 만들 수 있는 청소용품을 사용해보세요. 싱크대 배관에 먼지, 기름, 먹방 물건이 끼었을 경우에 유용합니다. 예를 들어, 베이킹 소다와 식초를 섞어 만든 혼합물을 사용하거나, 구연산도 사용할 수 있습니다.

## ④ 실내 식물 추천 프롬프트

**You**
실내 아파트에 적합한 쉽게 관리할 수 있는 식물 목록과 그 관리 팁을 제시해주세요. 참고로 아파트는 동향입니다.

**ChatGPT**
동향 아파트에 적합한 쉽게 관리할 수 있는 식물 목록과 그 관리 팁을 아래에 제시합니다. 동향 아파트에서는 햇빛이 제한적일 수 있으므로, 그런 환경에서도 잘 자라는 식물을 선택하는 것이 중요합니다.

1. **산세베리아 (Sansevieria - 생삭나무):**
   - 빛 조건: 밝은 간접 햇빛에서도 잘 자라며, 그늘진 곳에도 적응합니다.
   - 관리 팁: 흙이 마르면 물 주기, 과습을 피하고 겨울에는 더 적게 물 주세요.
2. **피그미파페라 (Pigmy Date Palm):**
   - 빛 조건: 밝은 간접 햇빛을 선호하며 어느 정도 햇빛을 받아도 잘 자라는 편입니다.
   - 관리 팁: 흙을 조금 마르게 유지하고 정기적으로 토양을 비료로 보강해주세요.
3. **벤자민 무릉 (Benjamin Ficus):**
   - 빛 조건: 밝은 간접 햇빛을 선호하며, 직사광선을 피해야 합니다.
   - 관리 팁: 흙을 마르게 유지하고 물 주는 빈도를 낮추며, 잎을 정기적으로 닦아주세요.
4. **페퍼로미아 (Peperomia):**
   - 빛 조건: 밝은 간접 햇빛에서 잘 자라며, 직사광선을 피해야 합니다.
   - 관리 팁: 흙을 다소 마르게 유지하고, 과습을 피하며 정기적으로 비료를 주세요.

## ⑤ 바쁜 현대인들을 위한 청소계획 프롬프트

 **You**
효율적인 집안 정리 및 청소 계획을 작성해주세요. 나는 매일 출근을 하기 때문에 청소 가능 시간은 평일 저녁 7시 이후, 그리고 주말에 가능합니다. 소요시간과 항목을 알려주세요. 계획은 표로 작성해주세요.

 **ChatGPT**
매일 출근을 하시는 경우에도 효율적인 집안 정리 및 청소 계획을 아래와 같이 표로 작성할 수 있습니다. 주중 저녁 7시 이후와 주말에 청소 및 정리 작업을 진행하도록 조절하였습니다. 각 항목의 예상 소요 시간은 참고용으로 제시하였습니다.

| 요일 | 작업 내용 | 예상 소요 시간 |
|---|---|---|
| 월요일 | - 주방 정리: 식기 정리, 카운터 청소 | 약 20 분 |
| 화요일 | - 거실 정리: 소파 정리, 테이블 정리 | 약 15 분 |
| 수요일 | - 침실 정리: 침대 정리, 옷 정리 | 약 15 분 |
| 목요일 | - 욕실 정리: 변기, 세면대 청소 | 약 15 분 |
| 금요일 | - 대형 가전제품 청소: 냉장고, 세탁기 등 청소 | 약 20 분 |

## ❻ ChatGPT 다채로운 글쓰기 스타일 작성 프롬프트

### ① 어린이에게 예시 들어 쉽게 설명하는 말투 요청

 **You**
생성형 AI 이론을 10세-11세 어린이들이 이해하기 쉽도록 글을 써주세요. 글쓰기 스타일은 복잡한 아이디어와 주제를 간단한 용어로 풀어 설명하는 동시에 요점을 설명하기 위해 예시를 사용해주세요.

 **ChatGPT**
안녕하세요, 친구들! 오늘은 '생성형 AI'에 대해 이야기해볼게요. 이건 컴퓨터가 말이나 글, 그림을 스스로 만들어내는 놀라운 기술이에요. 이해하기 쉽게 예시를 들어볼까요?

생성형 AI는 마치 마법사처럼 문장을 만들거나, 그림을 그리거나, 노래를 만들어낼 수 있어요. 예를 들어, 이렇게 말하면 AI가 이해하고 대답해줘요: "만약 내일 비가 오면 어떻게 해야 할까?" 그럼 AI는 날씨에 대한 정보와 함께 어떻게 비를 대비하는지 알려줄 거에요.

또 다른 예로는 그림을 그려보세요. AI에게 "바다 위에 해가 떠 있는 그림을 그려줘" 라고 부탁하면 AI는 아름다운 해변 풍경을 그려줄 거에요.

## ② 자연스럽게 대화하는 말투 요청

**You**
생성형 AI 이론을 모르는 사람들이 이해하기 쉽도록 글을 써주세요. 글쓰기 스타일이 사실적이고 일상과 상황을 사실적으로 묘사하는 동시에 자연스러운 대화와 공감할 수 있는 인물이 등장합니다.

**ChatGPT**
당신이 혹시 "생성형 AI"가 뭐에요? 궁금하지 않았나요? 정말 멋진 거에요! 생성형 AI는 마치 컴퓨터의 뇌 같은 거라고 생각하면 돼요. 이 AI는 우리와 같은 언어로 대화하고 글을 쓰며, 그림도 그릴 수 있어요. 이야기를 통해 더 자세히 알아볼까요?

어느 날, 친구 A가 컴퓨터에게 "아침에 먹을 건 뭐가 좋을까?" 라고 물어봤어요. 그런데 컴퓨터가 대답했어요. "아침은 오믈렛이 좋을 거 같아요. 달걀, 야채, 치즈로 만들면 맛있을 거에요." 그리고 레시피까지 알려줬어요.

그리고 다른 날, 친구 B가 컴퓨터에게 "요즘 유행하는 영화 추천해줘!" 라고 물어봤어요. 그래서 컴퓨터가 대답했죠. "요즘 '포레스트 검프'라는 영화가 유행이에요. 자연과 친구되는 이야기라서 좋아할지도 몰라요."

## ③ 학술적 말투 요청

**You**
생성형 AI 이론을 모르는 사람들이 이해하기 쉽도록 글을 써주세요. 글쓰기 스타일은 학술적인 연구와 분석을 공식적인 방식으로 제시하는 동시에 전문적인 언어와 광범위한 인용을 포함하는 학술적인 글쓰기 스타일입니다.

**ChatGPT**
생성형 AI, 또는 Generative AI는 인공 지능의 하위 분야 중 하나로, 텍스트, 이미지, 음성 등 다양한 형식의 데이터를 생성하는 능력을 가진 기술입니다. 이러한 기술은 기계 학습과 딥 러닝 알고리즘의 발전으로 가능해진 것이며, 특히 GPT (Generative Pre-trained Transformer)와 같은 모델을 사용하여 구현됩니다.

생성형 AI의 핵심 아이디어는 기계가 주어진 데이터와 문맥을 바탕으로 새로운 콘텐츠를 생성하거나 완성하는 것입니다. 이를 위해 생성형 AI 모델은 대규모 데이터셋을 학습하고, 다양한 문법 및 어휘 패턴을 이해합니다. 그러면 이 모델은 주어진 문제나 요청에 대한 자연스러운 응답을 생성하거나, 이미지나 음악 조각을 작성하는 데 사용됩니다.

예를 들어, 생성형 AI 모델을 사용하여 다음과 같은 작업을 수행할 수 있습니다:

1. **자연어 생성 (Text Generation):** 모델에게 특정 주제에 대한 글을 작성하도록 요청할 수 있습니다. 이 모델은 주어진 주제와 문맥을 고려하여 자연스러운 글을 생성합니다.

④ 실내 식물 추천 프롬프트

 **You**
생성형 AI 이론을 모르는 사람들이 이해하기 쉽도록 글을 써주세요. 글쓰기 스타일은 리듬, 운율, 음악적 요소를 사용하여 감정을 전달하는 동시에 은유와 상징을 통합하는 서정적인 글쓰기입니다.

 **ChatGPT**
무한한 상상의 바다에 떠 있는, 우리 마음의 소리를 만들어내는 창의의 별. 그것이 '생성형 AI'입니다.

바람이 부는 대지, 우리의 이야기를 담은 언어의 물결. 이것이 AI의 비밀스러운 춤이라고 말해요. 이 작은 별은 우리의 말을 이해하고, 그 속에서 우리에게 새로운 답을 선물합니다.

생성형 AI는 마치 시인처럼, 단어와 문장을 재배치하고 노트를 연주하며, 새로운 편지를 쓸 수 있어요. 이 작은 별은 우리가 주는 메시지를 받아들이고, 그리고 우리에게 보다 아름다운 가사와 멜로디를 선사합니다.

| Ai 챗GPT + 마케팅 |

**12강** | **브루**(vrew)

## 12강 인공지능 영상 편집 프로그램 - 브루(VREW)

### 개요 및 특징

**브루(VREW)는 네이버가 개발한 인공지능 영상 편집 프로그램입니다.** 동영상 내 음성을 자동으로 인식하고 텍스트로 변환하는 등의 인공지능을 활용하여 영상편집을 쉽고 빠르게 할 수 있습니다.

브루(VREW)의 인공지능 기능을 사용하면 영상 편집의 복잡한 과정을 자동화하여 영상의 배경을 자동으로 지우거나, 영상의 화질을 개선, 다양한 효과를 적용할 수 있습니다. 또한, 모션 그래픽 기능을 사용하여 타이틀, 로고, 배경화면, 자막 등을 쉽게 만들 수 있으며, 색 보정 기능을 사용하여 영상의 밝기, 대비, 색조 등을 조정할 수 있습니다

이처럼 사용자 친화적인 인터페이스로 음성 명령을 통해 비디오 편집 작업을 수행할 수 있어, 전문지식이 없는 사람들도 손쉽게 사용할 수 있으며, 이를 통해 비디오 편집에 대한 진입 장벽을 낮출 수 있습니다.

### 장점

**❶ 자동화된 편집 프로세스**

사용자가 업로드한 콘텐츠를 분석하고, 그에 따라 자동으로 편집 제안을 생성함으로써, 시간과 노력을 절약할 수 있습니다. 이로 인해 사용자는 아이디어에 더 많은 시간과 에너지를 투자할 수 있으며, 브루(VREW)가 반복적이고 지루한 작업을 대신 해 주어 창의적인 작업에 집중할 수 있도록 효율적인 작업환경을 제공합니다.

**❷ AI 기술을 활용한 영상 분석과 추천**

업로드된 영상의 콘텐츠를 자동으로 이해하고 분석하여 최적의 편집 제안을 해 줍니다. 인식 기능을 통해 각 영상의 특징을 파악하고, 텍스트와 음성 분석을 통해 적절한 배경 음악 및 효과를 추천하여 사용자가 창의적으로 편집 작업을 수행할 수 있도록 강력한 인공지능 기술을 활용한 영상을 분석하고 추천해 줍니다.

**❸ 사용자 친화적인 인터페이스**

사용자 경험에 중점을 두어 설계되어, 직관적이고 간편한 사용자 인터페이스를 통해 누구나 손쉽게 영상 편집에 도전할 수 있습니다. 전문가 수준의 기술 지식이 없어도 브루(VREW)를 통해 원하는 결과물을 신속하게 얻을 수 있어 영상제작에 대한 진입 장벽을 낮추어 줍니다. 또한, PC, 스마트폰, 태블릿 등 다양한 기기에서 동작하며, 사용자들은 언제 어디서나 다양한 플랫폼과 기기에서 편리하게 작업을 수행할 수 있습니다.

**④ 풍부한 편집 옵션과 다양한 출력 형식**

다양한 스타일과 효과, 출력 형식을 지원하여 손쉽게 웹 콘텐츠, 소셜 미디어, 혹은 고화질 동영상 등 다양한 플랫폼에 맞춰 제작할 수 있습니다. 이는 사용자들이 더 넓은 범위에서 자신의 콘텐츠를 공유하고 활용할 수 있도록 돕습니다.

## 단점

**❶ 학습곡선**

새로운 사용자들이 프로그램을 처음 사용할 때 학습하는데 시간이 걸릴 수 있습니다. 음성명령을 활용한 인터페이스와 작업 방식에 익숙하지 않는 사용자에게는 초기 학습 곡선이 존재할 수 있으며, 사용자들은 조금의 시간과 노력을 투자하여 익숙해져야 합니다.

**❷ 제한된 기능**

특정한 고급 기능이나 특수한 효과를 원하는 사용자에게는 제한된 기능으로 인해 만족스러운 결과를 얻기 어려울 수 있습니다.

**❸ 데이터 의존성**

인공지능 기술에 의존하고 있기 때문에, 인터넷 연결이 필요합니다. 또한, 서버 문제 또는 기술적인 문제로 인해 서비스가 일시적으로 중단될 수 있습니다. 이는 사용자의 작업 흐름을 방해할 수 있습니다.

## 결론 및 전망

브루(VREW)는 앞으로 자동화된 비디오 편집, 협업 기능 강화, AI 기술 적용, 다양한 효과와 필터 제공, 사용자 지원 강화 등을 통해 혁신적이고 성숙한 비디오 편집 플랫폼으로 발전할 것으로 예상됩니다.

이에 따라 사용자들은 더욱 효율적이고 창의적인 편집 작업을 수행할 수 있으며, 시간과 노력을 절약할 수 있을 것입니다. 브루(VREW)는 다양한 언어 지원과 플랫폼 호환성을 강화하여 전 세계의 사용자들이 편리하게 이용할 수 있게 될 것입니다. 또한, 사용자들의 요구와 피드백을 수렴하여 지속적인 개선과 업데이트를 진행하며, 사용자 경험을 개선할 것입니다. 이 모든 발전과 기대효과를 통해 브루(VREW)는 비디오 편집 작업의 품질과 창의성을 높이는 데 도움을 줄 것입니다.

## ❶ 브루(VREW) 설치

① 구글 검색창에 [ 브루 ] 입력하고  ② 아래에 보이는 [ Vrew ] 주소를 클릭합니다.

① [ 무료 다운로드 ] 클릭합니다.

다운로드된 [ Vrew-installer-1.12.1.exe ] 실행파일을 클릭하여 브루(VREW)를 설치합니다.

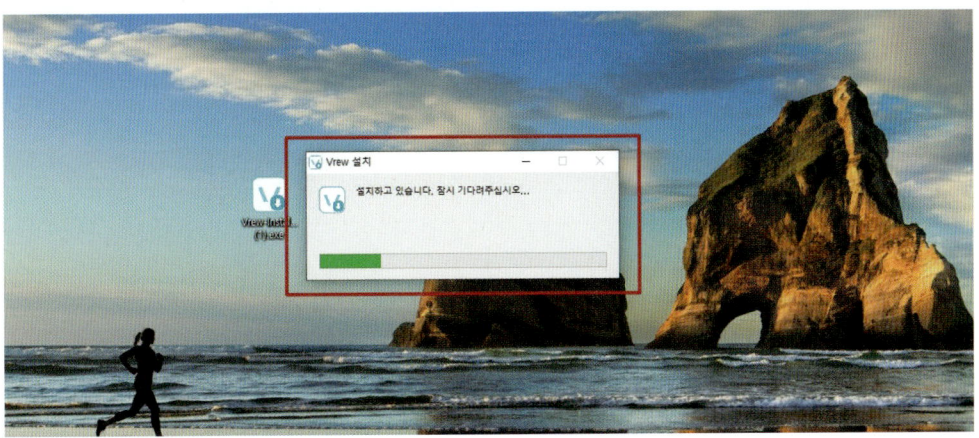

브루(VREW)가 설치되고 있는 중입니다

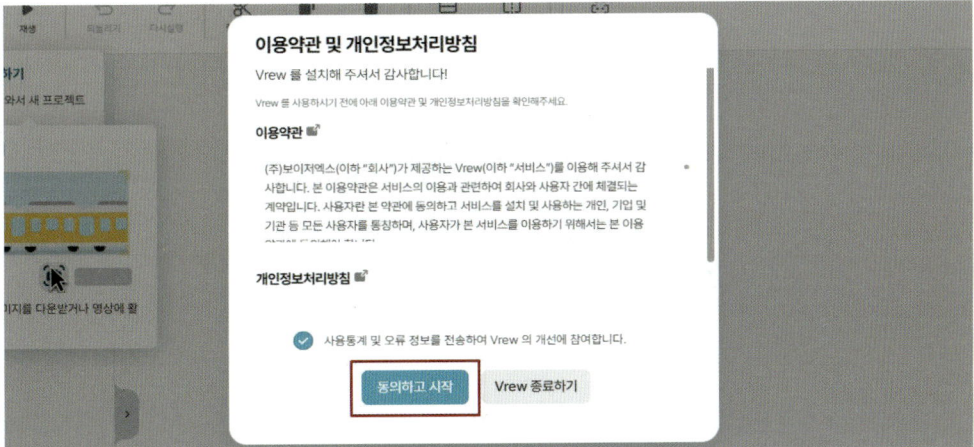

설치가 완료되면 자동으로 열립니다. 이렇게 안내문이 뜨면 [ 동의하고 시작 ] 클릭합니다.

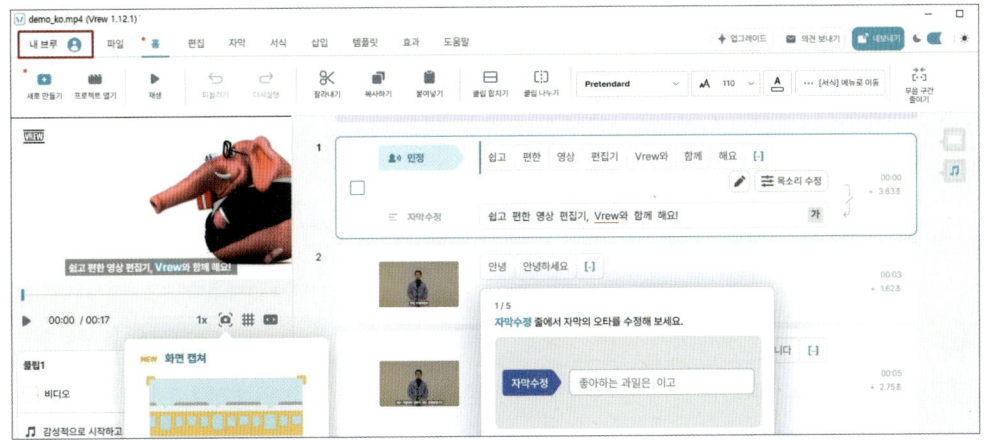

브루(VREW)를 처음 열리면 제일 먼저 할 일은 회원가입입니다. [ 내 브루 ] 클릭합니다.

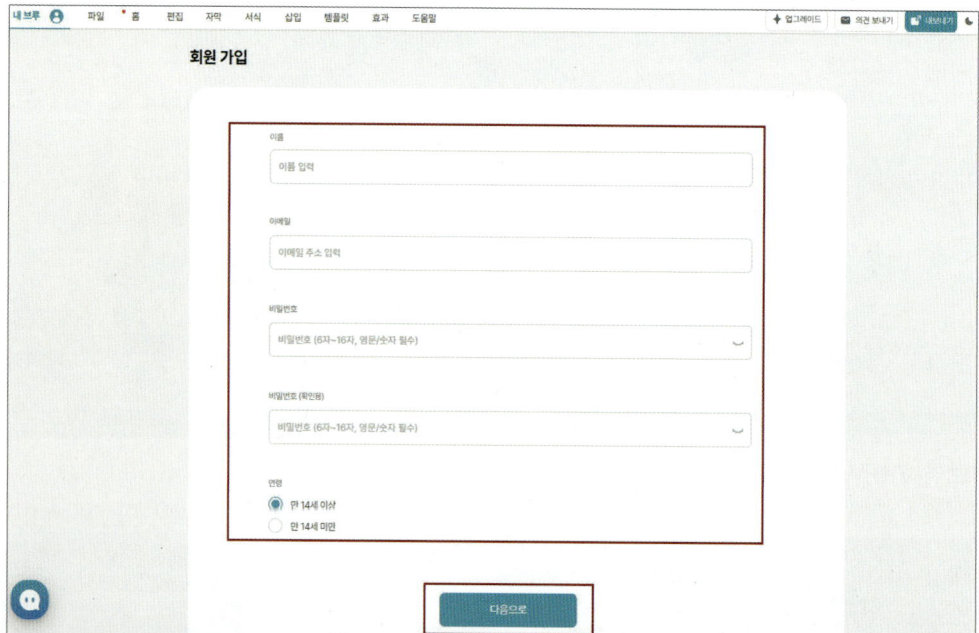

회원가입을 위해 이름, 이메일, 비밀번호 입력 후 [ 다음으로 ] 클릭합니다

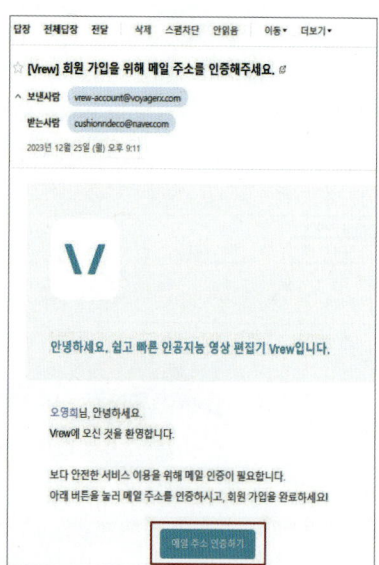

인증 메일을 확인해 주세요 창이 보이면, 이메일로 가서 [ 메일 주소 인증하기 ] 클릭한 후,
[ 가입완료 ] 클릭하시면 회원가입이 완료됩니다.

[ 파일 ] 클릭해서 편집화면으로 이동합니다.

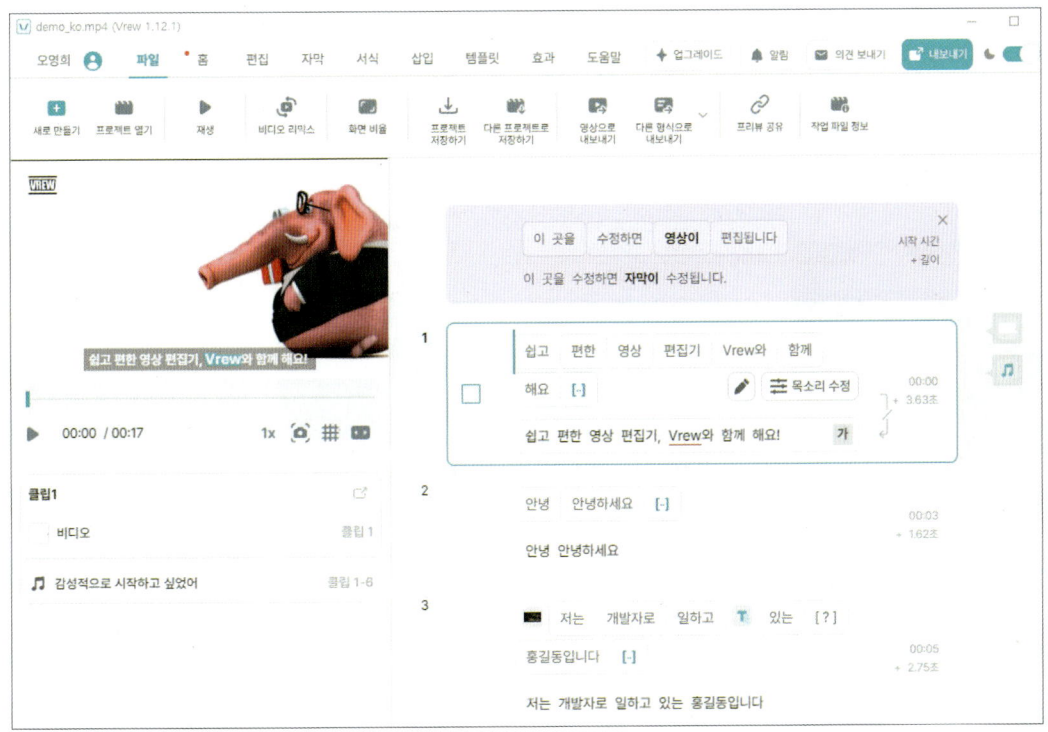

보이는 화면이 편집화면입니다.

## ❷ AI 서비스를 활용하여 브루(VREW)로 유튜브 영상만들기

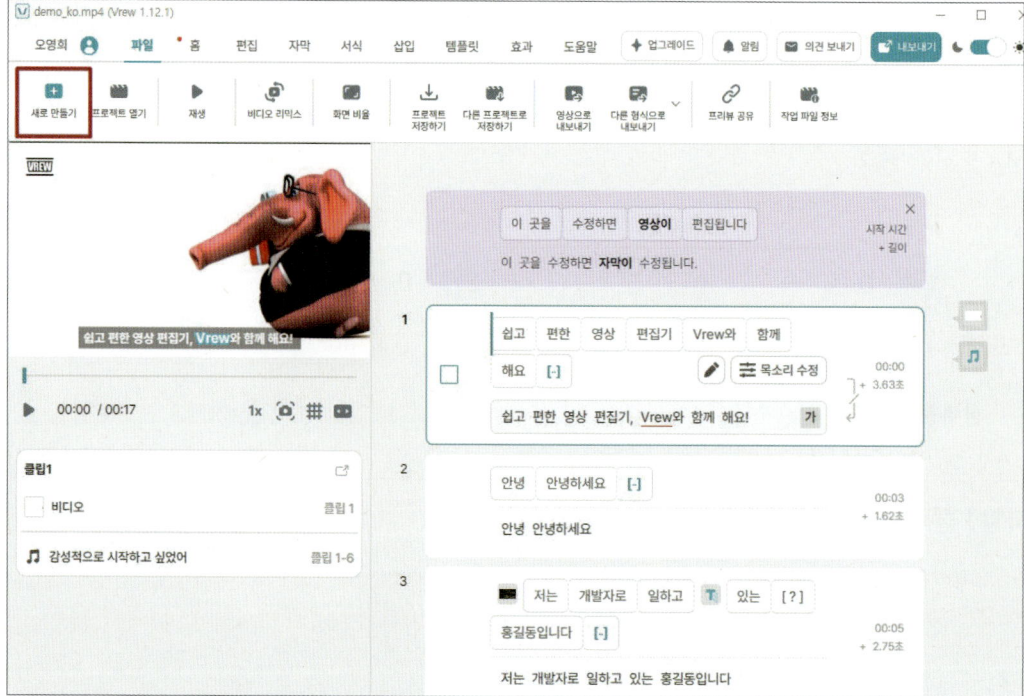

편집화면의 [ 새로 만들기 ] 클릭합니다.

### 새로만들기 화면 소개

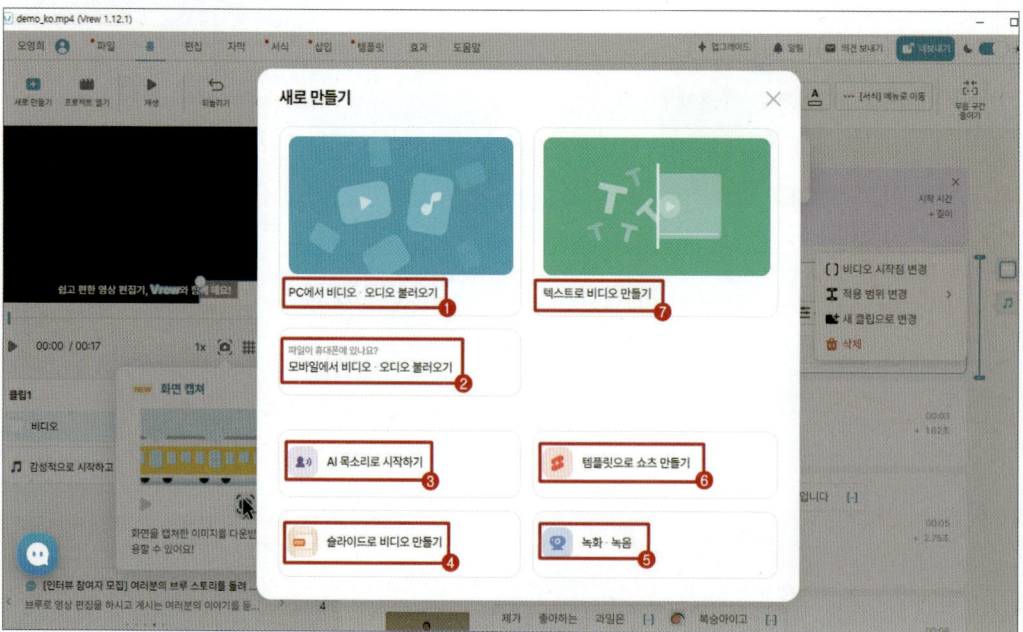

새로만들기 화면은 사용자가 새로운 프로젝트를 시작할 수 있는 화면으로 이 화면에서 다양한 기능을 활용하여 콘텐츠를 제작하고 편집할 수 있습니다.

새로만들기 화면 메뉴를 살펴보겠습니다.

① **PC에서 비디오·오디오 불러오기 :** PC에 저장된 비디오 파일이나 오디오 파일을 불러와 브루(VREW)에서 편집할 수 있는 기능

② **모바일에서 비디오·오디오 불러오기 :** 모바일 기기에서 저장된 비디오 파일이나 오디오 파일을 브루(VREW)로 불러와 편집할 수 있는 기능

③ **AI 목소리로 시작하기 :** 사용자가 입력한 텍스트를 인공지능 기술을 활용하여 AI목소리로 변환하는 기능으로 자막, 설명, 스토리텔링 등 다양한 용도로 활용할 수 있습니다.

④ **슬라이드로 비디오 만들기 :** 이미지나 텍스트를 슬라이드로 구성하여 비디오를 만드는 기능

⑤ **녹화·녹음 :** 웹캠이나 마이크를 사용하여 비디오 녹화와 오디오 녹음을 할 수 있는 기능

⑥ **텍스트로 비디오 만들기 :** 텍스트를 사용하여 비디오를 만드는 기능

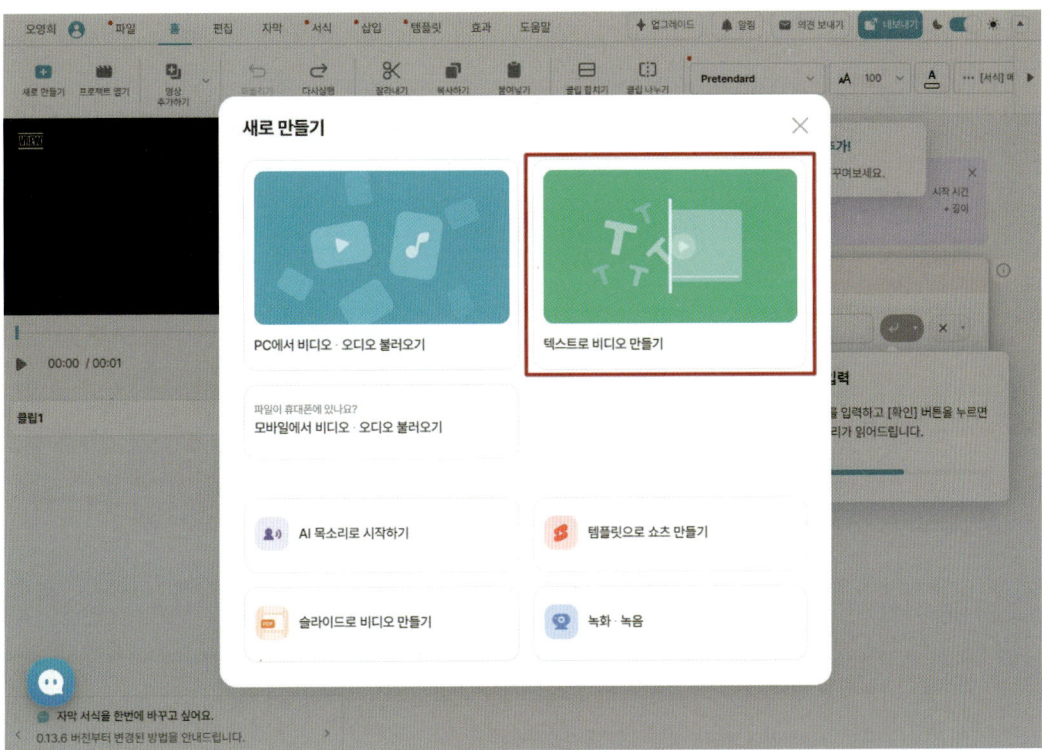

AI 서비스를 활용하여 영상만들기를 할 예정이라 [ **텍스트로 비디오 만들기** ] 클릭합니다.

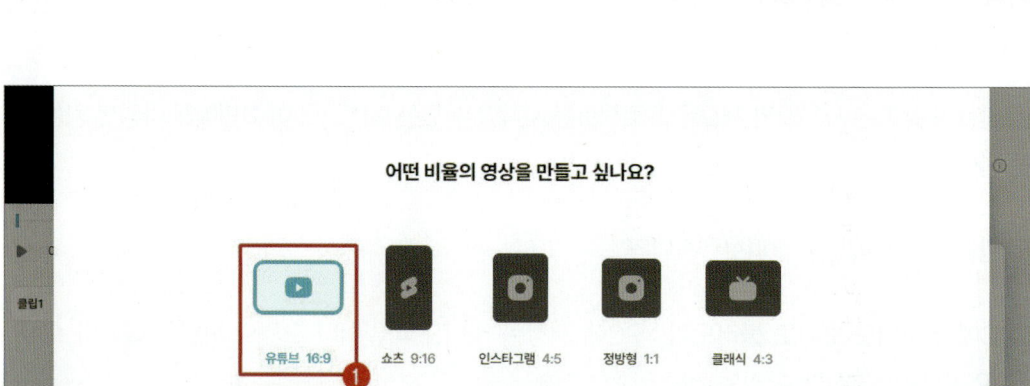

원하는 비율의 영상을 선택할 수 있습니다. ① 유튜브에 올릴 영상을 만들 예정이라 [ 유튜브 16:9 ] 선택하고 ② [ 다음 ] 클릭합니다

어떤 비디오 스타일로 만들건지 선택을 해야합니다.

① [ 튜토리얼 영상 스타일 ] 선택하고  ② [ 다음 ] 클릭합니다.

다음으로 어떤 주제로 영상을 만들건지 주제를 입력해 줘야 합니다. ① 저는 [ 스마트폰 활용의 필요성 5가지 ] 라고 입력을 했습니다. ② 옆에 있는 [ AI 글쓰기 ] 클릭합니다

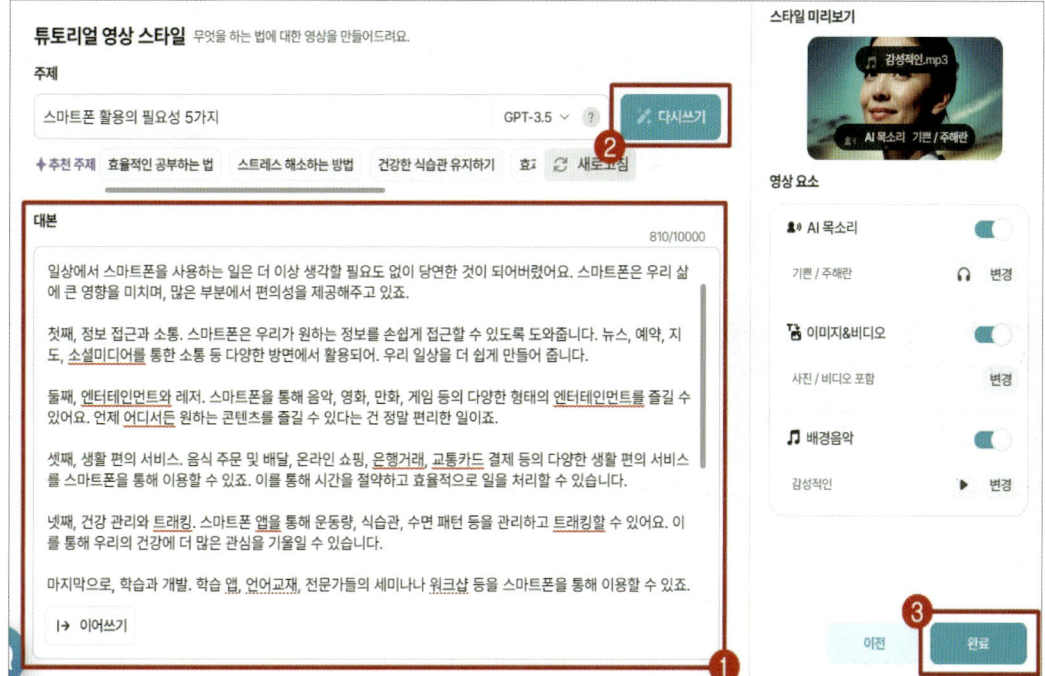

① 영상에 들어 갈 내용의 대본이 작성되었습니다.
② 내용을 수정하고 싶으면 [ 다시쓰기 ] 클릭합니다.
③ 대본이 완성되었으면 [ 완료 ] 클릭합니다.

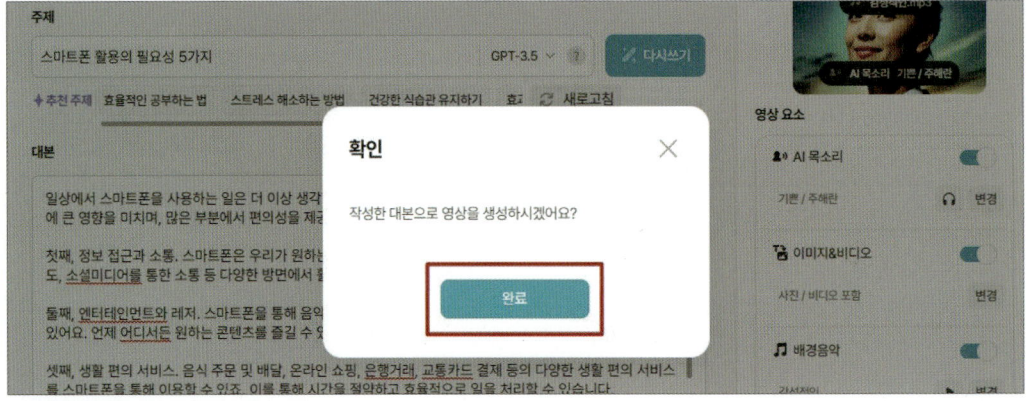

[ 완료 ] 클릭합니다.

대본에 어울리는 이미지를 생성하는 중입니다. 조금 기다리면 영상이 만들어집니다.

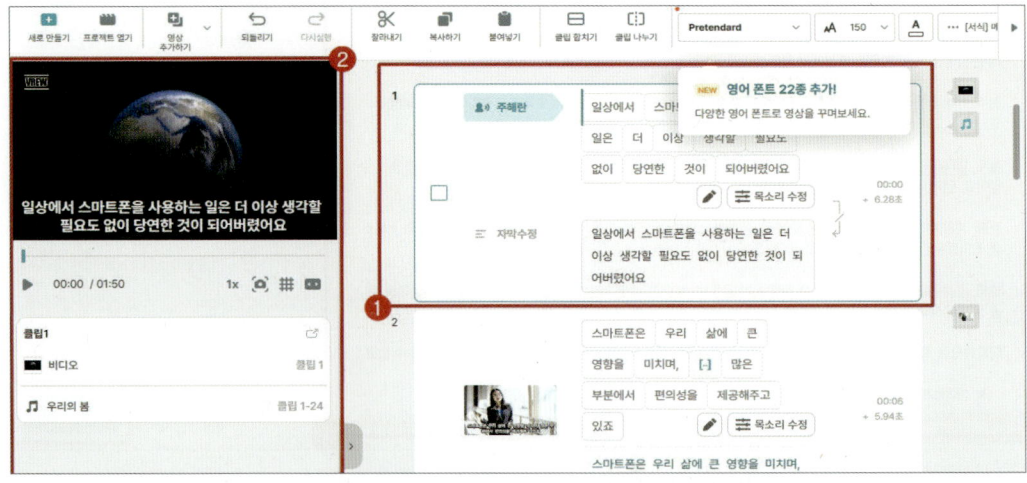

만들어진 영상이 왼쪽 상단에 보입니다. 플레이를 클릭하여 완성된 영상을 살펴봅니다. 이제부터 하나씩 살펴보도록 하겠습니다. 영상편집은 ①번을 클릭하여 편집이나 수정을 하고 왼쪽의 ②번에서 확인을 합니다. 먼저 오타가 있는지 확인을 하겠습니다.

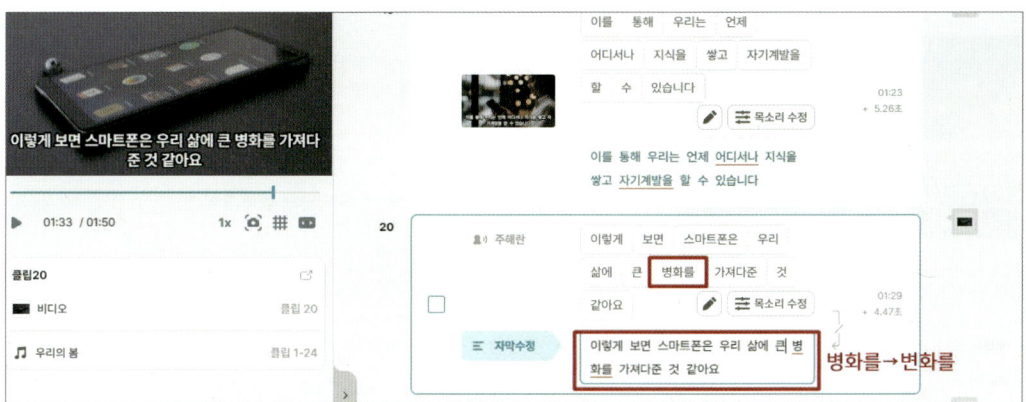

오타가 하나 발견되었습니다. 오타가 보이면 아래의 자막수정에서 오타 클릭하여 수정하면 됩니다.

대본에 어울리는 이미지를 생성하는 중입니다. 조금 기다리면 영상이 만들어집니다.

① 무료 에셋의 검색창에 [ 스마트폰 ] 입력하고 ② [ 비디오 ] 클릭 ③ 원하는 영상을 찾아 클릭합니다. ④ 왼쪽의 영상에 바꿔진 모습이 보입니다 다른 영상으로 다시 바꾸고 싶으면 [ 교체하기 ] 클릭합니다. 이런 방법으로 클립 하나 하나 확인합니다.

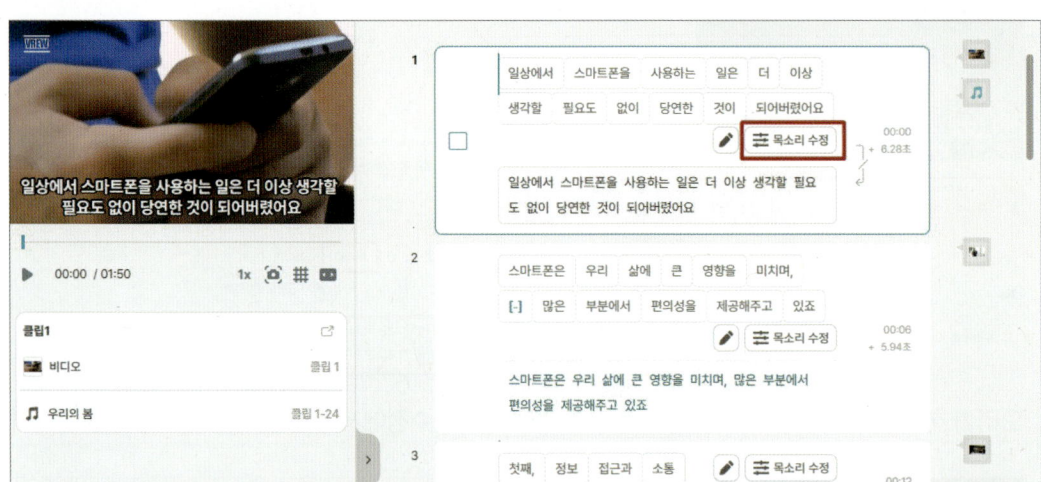

나래이션을 해 줄 AI의 목소리를 선택할 수 있습니다. 현재 나오는 목소리를 다른 AI 목소리로 바꾸려면 [ 목소리 수정 ] 클릭합니다.

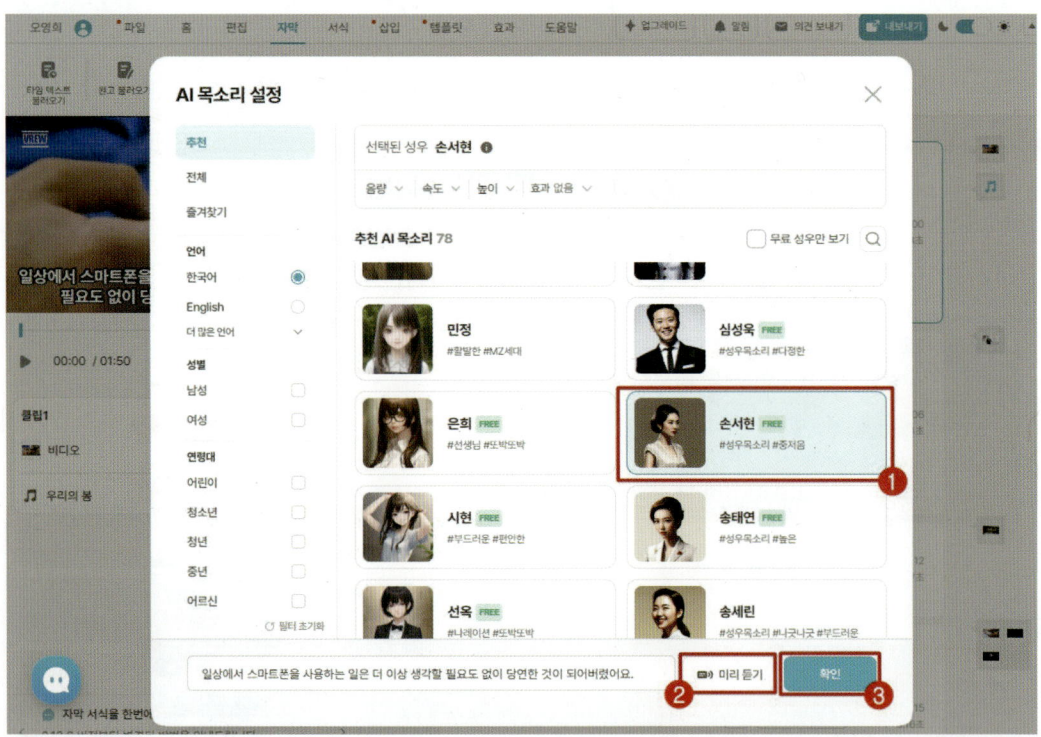

여러 AI 목소리를 들어보고 ① 영상에 어울리는 목소리에 클릭하고 ② [ 미리 듣기 ] 해 본 후 ③ [ 확인 ] 클릭합니다.

| vrew |

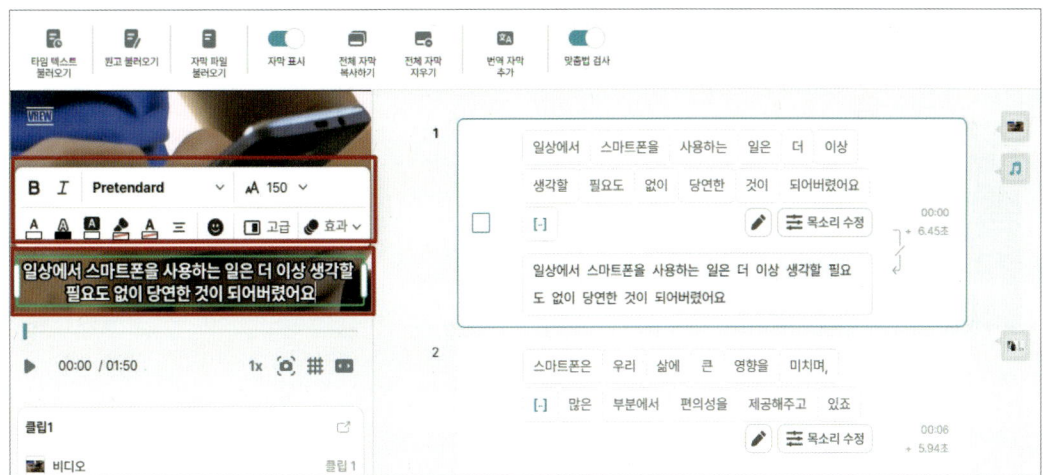

왼쪽 상단의 영상속의 자막을 클릭하면 편집창이 보입니다. 폰트, 정렬, 굵기, 색상, 텍스트 윤곽선 등을 예쁘게 수정해 줍니다.

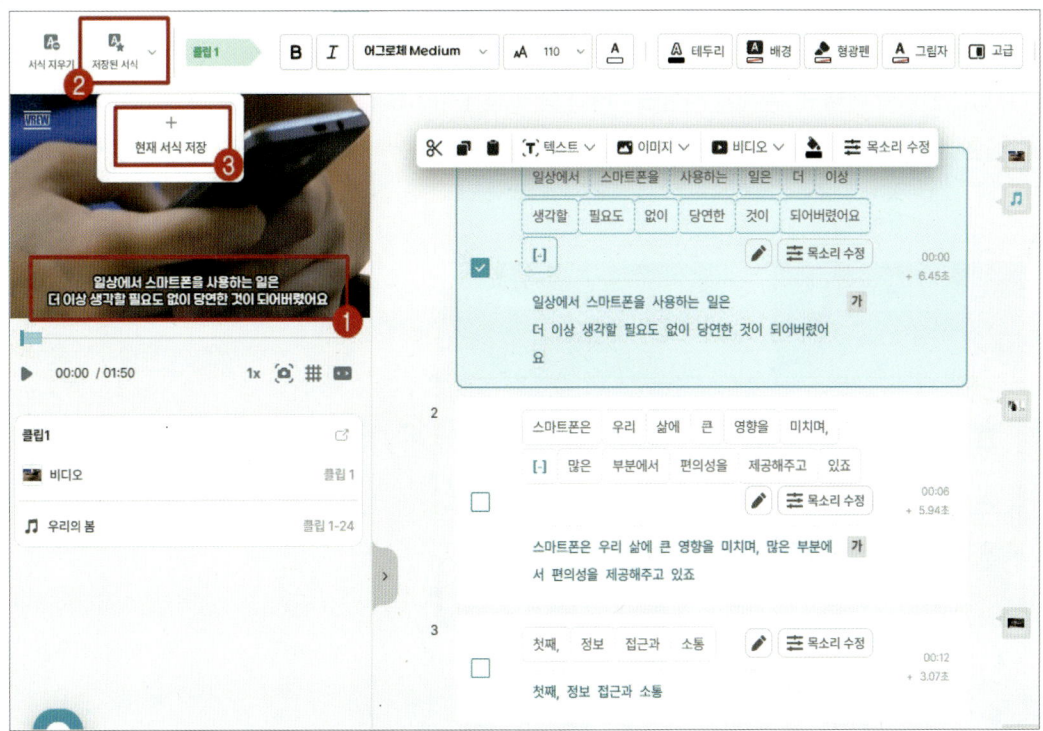

① 저는 첫 번째 클립을 클릭하여 자막을 수정하였습니다. 글꼴은 어그로체 Medium, 사이즈는 110, 색상은 흰색, 테두리는 검정색, 가운데 정렬로 자막을 편집했습니다. 나머지 클립도 일일이 편집하지 않고 한 번에 수정을 하려고 합니다. 그러기 위해서 먼저 현재의 서식을 저장해야 합니다. ② 현재 서식을 저장하는 방법은 상단 메뉴의 [ 서식 ] 클릭, [ 저장된 서식 ] 클릭 ③ [ 현재 서식 저장 ] 클릭합니다.

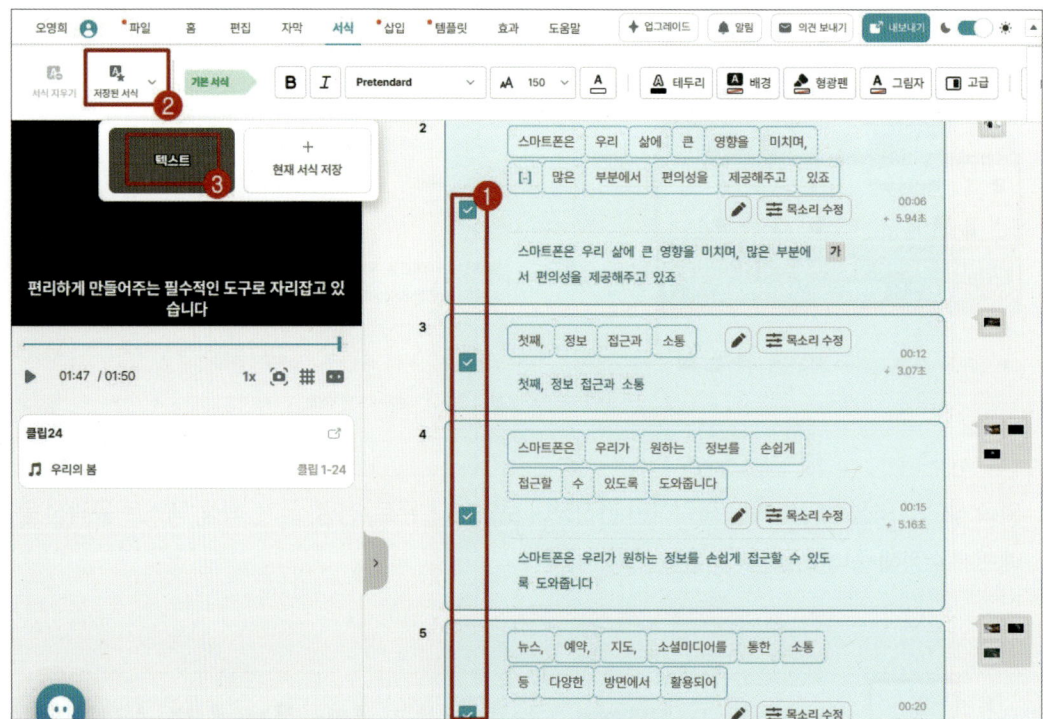

① 모든 클립을 선택 한 후 ② [ 저장된 서식 ] 클릭 ③ [ 텍스트 ] 클릭합니다.

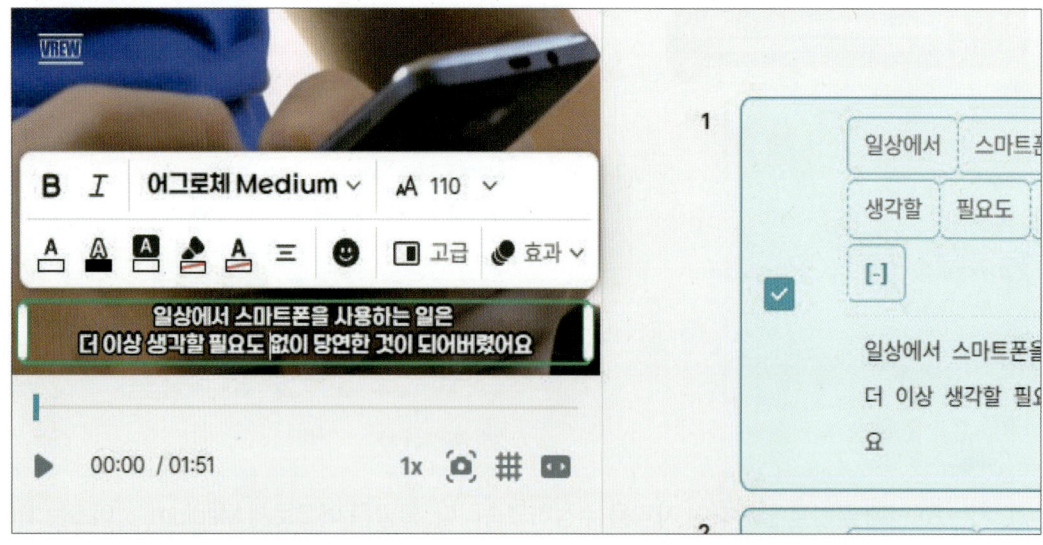

모든 클립의 자막 편집이 완료 되었으며, 클립 하나하나 다시 한번 점검을 해 보고 완료가 되었으면, 로고를 삭제해 보려고 합니다.

| vrew |

로고를 삭제하기 위해 ① 영상 왼쪽 상단에 있는 로고를 클릭 ② 휴지통 클릭합니다.

로고 삭제는 프리미엄 기능이라 무료버전인 사람은 [ 다른 방법은 없나요 ] 클릭합니다.

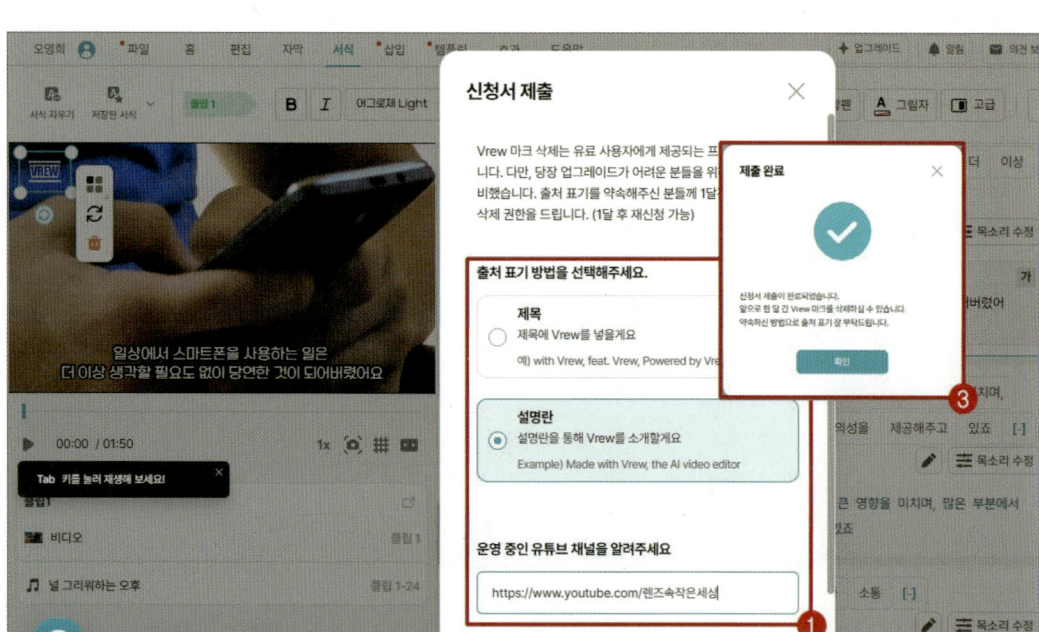

신청서 제출 팝업창이 생기면 ① 출처 표기 방법을 입력하고 ② [ 확인 ]을 클릭합니다.
③ 제출완료 창이 보이면 [ 확인 ] 클릭합니다. 한달동안 로고 삭제할수 있는 권한입니다.

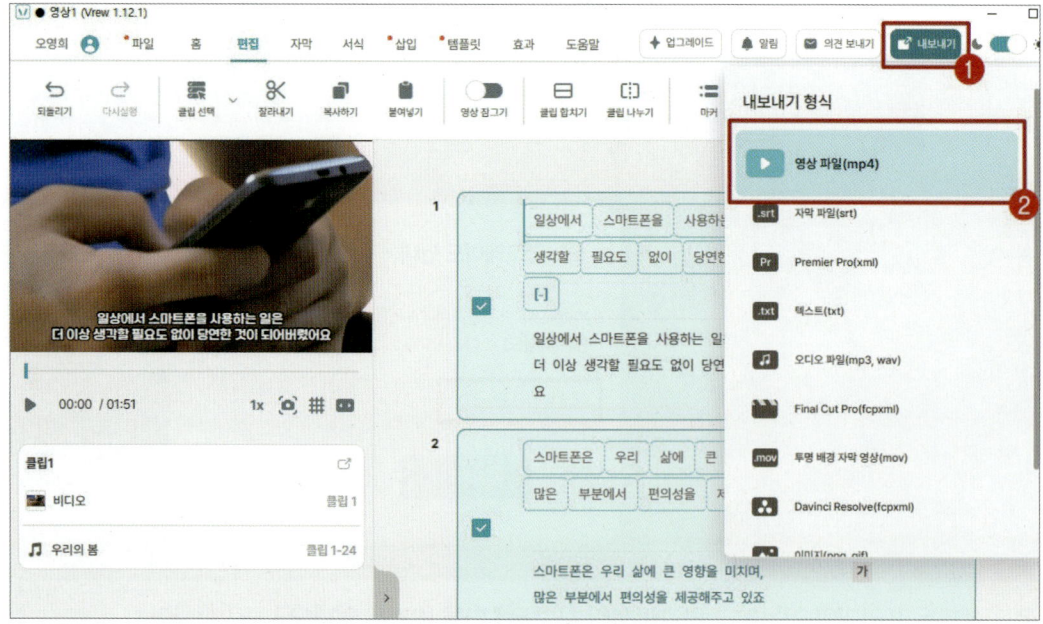

영상을 저장하기 위해 ① [ 내보내기 ] 클릭 ② [ 영상 파일(mp4) ] 클릭합니다.

| vrew |

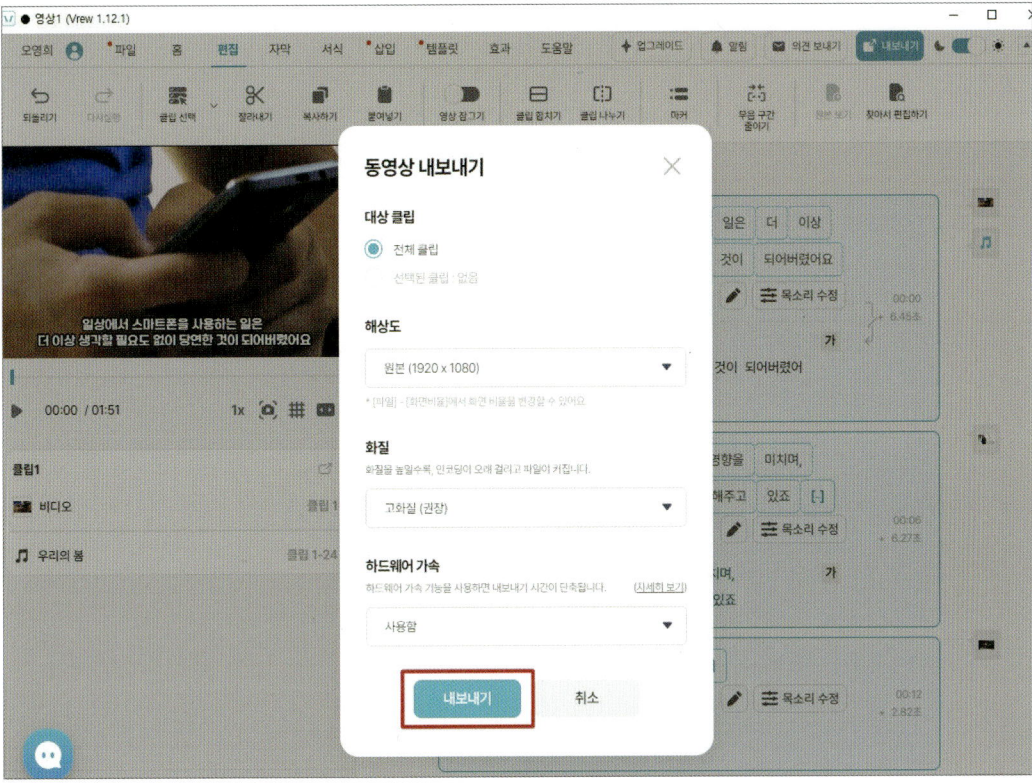

해상도는 1920×1080, 화질은 고화질(권장), 하드웨어 가속은 사용함 에 놓으시고 [ 내보내기 ] 클릭합니다. 저장위치 확인후 저장합니다.

### AI 서비스를 활용 [VREW] 로 유튜브 영상만들기

스마트폰 활용의 필요성 5가지

※ QR코드로 AI가 만든 영상을 감상해 보세요!

## 13강 | Ai 추천 사이트 소개

### 1 음성 생성 인공지능 프로그램

▶ **일레븐랩스(https://elevenlabs.io) :** 일레븐랩스는 사용자의 목소리를 학습하여, 그 목소리와 유사한 목소리를 생성할 수 있습니다. 이 기술은 음성합성 분야에서 매우 유용하며, 다양한 분야에서 활용될 수 있습니다.

▶ **타입캐스트(https://typecast.ai) :** 타입캐스트는 AI 목소리를 만드는 데 사용되는 TTS 기술을 활용하여, 사용자의 목소리를 학습하고, 그 목소리와 유사한 목소리를 생성할 수 있습니다. 이 기술은 음성합성 분야에서 매우 유용하며, 다양한 분야에서 활용될 수 있습니다. 또한, 타입캐스트는 다양한 언어를 지원하므로, 다국적인 환경에서도 활용할 수 있습니다.

▶ **레플리카 :** 레플리카는 사용자와 대화하는 AI 챗봇입니다. 이 기술은 자연어 처리 분야에서 매우 유용하며, 다양한 분야에서 활용될 수 있습니다.
2024년 1월 11일 미국 배우 방송인 노동조합(SAG-AFTRA)이 AI 성우 사용을 공식적으로 승인하였고, SAG-AFTRA는 레플리카 스튜디오와 협력해 '조합원의 목소리를 사용한 디지털 복제물'을 제작하기로 합의했습니다. 이는 조합원의 목소리를 본뜬 생성형 AI 음성 사용을 승인한 것으로, 비디오 게임 개발 및 기타 대화형 미디어 프로젝트에서 사용할 수 있습니다.

▶ **Lalal.ai(https://www.lalal.ai):** Lalal.ai는 음악 파일에서 보컬을 제거하거나, 보컬을 추출하는 기술을 제공합니다. 이 기술은 음악 제작 분야에서 매우 유용하며, 다양한 분야에서 활용될 수 있습니다.

### 2 이미지 생성 인공지능 프로그램

▶ **달리(https://labs.openai.com):** 달리는 **OpenAI에서 개발한 이미지 생성 AI**로, 미드저니나 스테이블 디퓨전과 함께 이미지 생성 AI Top3를 차지하고 있습니다. 프롬프트 따르기에서 달리는 153.3점으로 미드저니 5.2(-104.8점)나 스테이블 디퓨전 XL(-189.5점)을 크게 앞질렀습니다. 하지만, 이미지 퀄리티가 미드저니나 스테이블 디퓨전에 비해 조금 떨어지는 면이 있습니다.

▶ **미드저니(https://www.midjourney.com):** 미드저니는 **AI 그림 생성 도구**로, 기본 모델 퀄리티가 매우 높아서, 단순한 프롬프트를 입력해도 상당히 그럴싸한 이미지를 그려줍니다. 또한, 프롬프팅에 익숙해지면 원하는 느낌에 가까운 그림을 빠르게 뽑아낼 수 있습니다. 미드저니는 기본적으로 유료입니다.

- **스테이블 디퓨전(https://stablediffusionweb.com)**: 스테이블 디퓨전은 AI 그림 생성 도구로, 무료로 사용할 수 있기 때문에, 가격부담은 전혀 없습니다. 하지만, 로컬에서 구동할 시 내 컴퓨터 자원을 소모하기 때문에, 사양이 낮은 경우 원활한 이용은 힘들 수 있습니다.

- **아이디오그램(https://ideogram.ai)** : 아이디오그램은 AI 그림 생성 도구로, 다양한 스타일의 그림을 생성할 수 있습니다. 하지만, 아이디오그램은 대부분의 생성형 AI가 그런 것처럼 무료, 유료 버전이 있으며, 일반인들이 사용하기에 편리성이 많은 프로그램입니다.

### 3 동영상 생성 인공지능 프로그램

- **Gen-2(https://research.runwayml.com/gen2)** : 글자만 입력해도 동영상을 만들어주는 Text-to-Video 기능을 지원하는 생성 AI입니다. 이 기술은 사용자가 원하는 키워드를 입력하면 영상을 바로 만들어줍니다. 하지만, 이미지 퀄리티가 다른 AI에 비해 떨어지는 면이 있습니다.

- **픽토리(https://pictory.ai)** : 픽토리는 사용자가 원하는 이미지와 음악을 업로드하면, 이를 바탕으로 자동으로 동영상을 생성해 주는 서비스입니다. 또한, 픽토리는 다양한 템플릿을 제공하여, 사용자가 원하는 스타일의 동영상을 쉽게 만들 수 있습니다. Pictory는 AI를 사용하여 블로그, 웨비나 및 팟캐스트와 같은 긴 형식의 콘텐츠를 소셜 미디어에서 관심을 끌어 낼 수 있는 매력적인 하이라이트 영상으로 변환하여 콘텐츠 마케팅 전략을 구축하는 많은 도움이 될 것입니다.

- **비디오스튜(https://videostew.com)** : 비디오스튜는 숏폼 제작에 최적화가 된 온라인 영상 제작 사이트입니다. 중요한건 이 비디오스튜는 필모라나 모바비, 어도비 프리미어 프로 같은 프로그램이 아닌 온라인 기반 서비스라는 점입니다. 따라서 PC나 노트북에서 프로그램을 설치하는 것이 아닌 온라인 접속이 가능하면 노트북이나 PC에서 접속해서 사용할 수 있습니다.

- **D-ID(https://www.d-id.com)** : D-ID는 인물 이미지와 음성 혹은 음성화된 스크립트를 활용해서 말하는 아바타 동영상을 생성해 주는 서비스입니다. 인물이 아닌 이미지도 다양한 동영상 생성을 해 줍니다. 배경 이미지를 넣으면 간단한 쇼츠처럼 연출해 주기도 합니다.

| AI 추천 사이트 |

## 쉽고 간편한 업무시간을 90% 이상 줄여주는 웹사이트 소개

**샌드애니웨어**
send-anywhere.com

샌드애니웨어는 **쉽고 빠른 무제한 파일 전송 서비스**입니다. 모바일, PC 어떤 플랫폼에서도 간편하게 파일을 전송할 수 있습니다. 샌드애니웨어는 파일의 종류, 개수, 용량 제한 없이 사용할 수 있습니다.

**웜홀**
wormhole.app

웜홀(Wormhole.app) 서비스는 **10GB 이상의 대용량도 빠른 속도로 전송이 가능한 무료 서비스**입니다. 별도의 설치가 필요하지 않은 웹 서비스로 아이폰(iOS), 안드로이드 스마트폰, 윈도우, 맥 등 구분이 없이 자유롭게 파일 전송이 가능합니다.

**투컬러컴비네이션**
2colors.colorion.co

**파워포인트에서 슬라이드 화면에 사용할 이미지나 폰트 및 도형의 색채, 배색** 생각만 해도 고민이라고 하시는 분들은, 간편하게 투컬러 컴비네이션을 사용해 보시면 좋습니다.

**리무브**
remove.bg

Remove는 **개인이 무료로 사용할 수 있는 배경제거 사이트**입니다. 인공지능 기술을 활용하여 피사체를 인식하고, 배경을 깔끔하게 지워줍니다. 안드로이드폰은 구글 플레이스토어에서도 다운받아 사용할 수 있습니다. 캔바 CANVA 에디터를 활용해서 디자인 만들 수도 있습니다.

**클린업픽쳐스**
cleanup.pictures

모두 사용 가능한 **인공지능 배경 제거 사이트**입니다. 클린업 픽쳐스는 **[인페인팅]이라는 인공지능 기술을 이용**하는 사이트로, '인페인팅'이란 이미지에서 손상된 부분을 채우거나, 누락된 부분을 복원하고 사진에서 원하지 않는 사물이나 인물 및 개체를 제거하는 기술입니다. '인페인팅'은 딥러닝 알고리즘을 활용하여 이미지의 특정 부분을 새로운 이미지로 변경도 가능한 기술입니다.

**플레이스잇**
placeit.net

실제 제품을 만들기 전, 디자인 검토를 위해 **실물과 비슷하게 시제품을 제작하는 작업의 과정을 '목업(Mockup)'**이라고 합니다. 머릿속으로 상상하는 것과 눈에 보이는 형태의 시제품으로 만들어서 작업을 진행하는 것은 정말 큰 차이가 있습니다. 디자이너가 아닌 이상(혹은 우리 팀에 디자이너가 없다면) 목업을 하는 과정이 너무 어렵습니다. 그럴 때 강력 추천하는 것이 **무료 목업 사이트를 활용하는 방법**입니다. 실제로 전자책을 만들 때 썸네일, 상세 페이지에 들어갈 입체적인 전자책 이미지를 만들기 위해 플레이스잇을 사용하면 쉽고 빠르게 만들 수 있습니다.

**셀프**
xelf.io

xelf은 전 세계 수많은 유저들과 함께 **무료 ppt 탬플릿을 제작하고, 공유할 수 있는 커뮤니티 기능을 포함**하고 있습니다. 일단, xelf는 한국어를 지원하기에 영어 울렁증이 있는 당신이라면 보다 편하게 사용해볼 수 있습니다. xelf는 미리캔버스처럼 ppt 탬플릿뿐만 아니라 카드 뉴스, HTMl5를 이용한 게임 소스까지 당신만의 개성을 뽐낼 수 있는 다양한 콘텐츠를 제작하고 웹을 통해 유저들과 공유할 수 있습니다.

**블로그 운영자라면 꼭 알고 활용해야 할 무료 키워드 조회 사이트**

**SNS마케팅 및 블로그를 운영하는데 '키워드 선정'은 매우 중요합니다.** SNS소통연구소에서 마케팅 강의할 때 항상 강조하는 것이 **"콘텐츠 & 키워드"**입니다. "콘텐츠"는 내용이고 "키워드"는 고객의 언어라고 표현합니다. 고객이 어떤 키워드로 검색하는지를 파악하는 것이 SNS마케팅을 하면서 1순위라고 해도 과언이 아닐 것입니다.

좋은 키워드를 선정하여 글을 포스팅할 경우 검색 엔진에서 상위 노출을 할 수 있고, 유입이 증가하여 방문자 수가 늘어나면 내 블로그가 유명해지기도 할 뿐만 아니라 블로그 수익화에 도전하는 사용자라면 수익 창출의 기회까지도 얻을 수 있습니다.

네이버 블로그 운영자라면 꼭 알고 활용해야 할 무료 키워드 조회 사이트와 사용 팁을 알려드리겠습니다.

**1 마피아넷(키워드 대량 조회)** - https://ma-pia.net/keyword/keyword.php

마피아넷은 **키워드 검색량을 쉽게 조회할 수 있는 무료 사이트**입니다.

**[ 키워드 조회기 ]** 탭에서 검색량을 알고 싶은 키워드를 입력하고 조회하기 클릭합니다.
마피아넷은 무료로 키워드 대량 조회가 가능합니다.

| Ai 추천 사이트 |

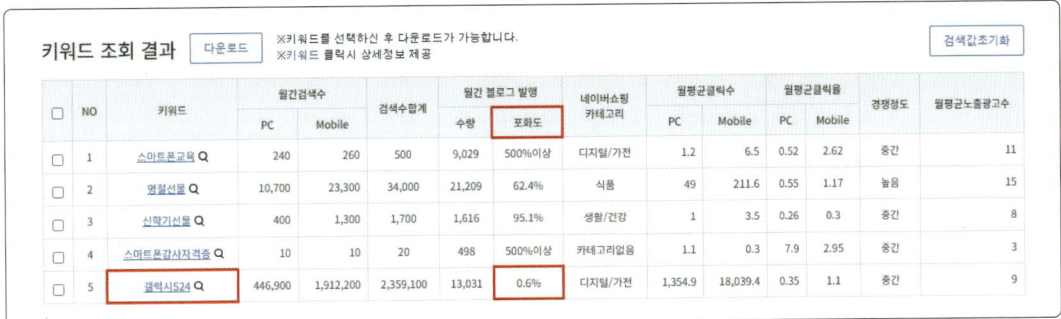

화면 아래 키워드 조회 결과 탭에서 검색한 키워드의 월간 검색수 및 월간 블로그 발행량 등을 확인할 수 있습니다. **여기에서 중요한 점은 포화도를 확인해야 합니다.** 포화도(1.0% 미만)가 낮을수록 검색수 대비 블로그 발행량이 적기 때문에 상위 노출 가능성이 증가합니다.

## 2 블랙키위(보기 편한 UI) - https://blackkiwi.net

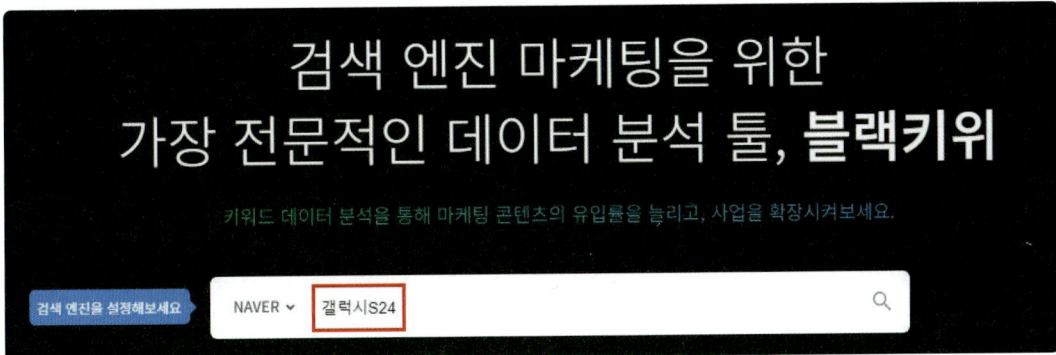

블랙키위는 **키워드 검색량, 경쟁도, 연관 키워드 등 다양한 정보를 제공**합니다.
검색창에 [ 갤럭시S24 ]를 입력합니다. 네이버가 아니고 구글 검색엔진을 사용하고 싶다면 [ NAVER 우측 꺾쇠표시 ⌄ ] 를 클릭하면 [ Google ]로 변경할 수 있습니다.

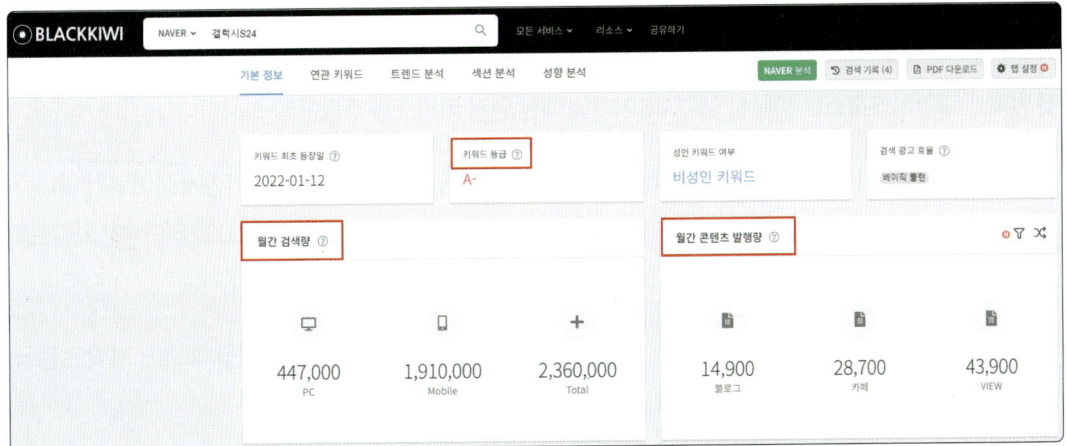

SNS소통연구소 | 215

| Ai 추천 사이트 |

키워드 검색 [ 갤럭시S24 ] **키워드 등급, 월간 검색량, 월간 콘텐츠 발행량을 확인**할 수 있습니다. 상단메뉴 **[ 기본정보 ], [ 연관 키워드 ], [ 트랜드 분석 ]**등 입력한 키워드에 대한 다양한 분석 결과들을 참고할 수 있습니다.

### 3 웨어이즈포스트 (무한키워드) - https://whereispost.com

웨어이즈포스트는 **블로그 검색 노출 누락, 키워드 마스터, 무한 키워드 등을 조회할 수 있는 사이트**입니다.

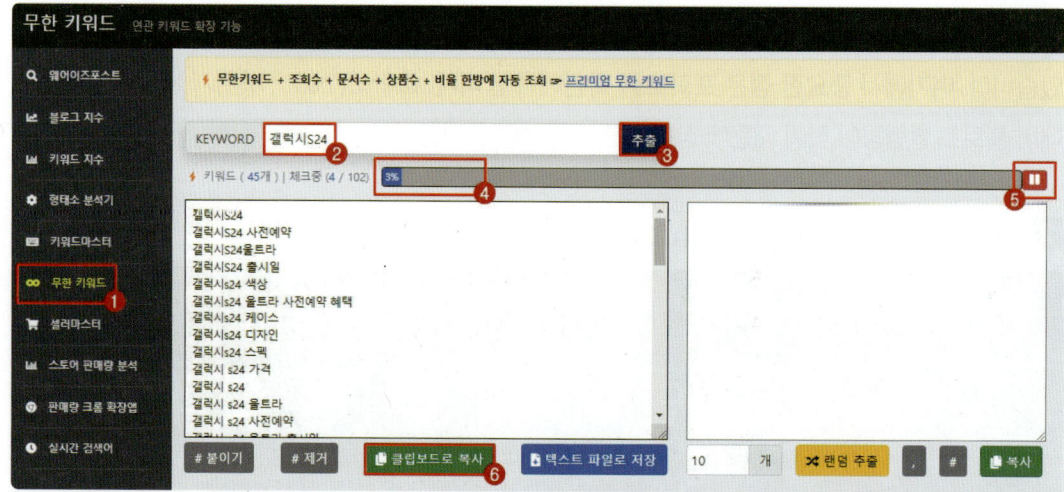

① 왼쪽 **[ 무한 키워드 ]** 클릭합니다. ② 검색창에 **[ 갤럭시S24 ]** 입력한 후 ③ **[ 추출 ]**을 클릭합니다.
④ 파란색 진행 중 막대가 생성됩니다. ⑤ **[ 중지 ]**를 할 수도 있습니다. 수 많은 연관 키워드가 보여지는데
⑥ **[ 클립보드로 복사 ]** 버튼을 클릭하면 모든 연관 키워드가 복사되어 자료로 사용하기가 쉬워집니다.

### 💬 상위에 노출시킬 수 있는 황금 키워드 찾는 방법

만약 [ 갤럭시S24 ]에 대한 포스팅을 한다고 가정해 보겠습니다.
**첫 번째, [ 웨어이즈포스트 ]**에서 **[ 갤럭시S24 ]**에 대한 **연관 키워드를 추출한 후 복사**합니다.

**두 번째, [ 마피아넷 ]**에 접속합니다. **[ 웨어이즈포스트 ]**에서 **복사한 키워드들을 한꺼번에 붙여넣기** 합니다. 최대 100개 까지만 가능합니다. 100개의 연관 키워드 조회 후 그중에서 포화도 **[ 1.0% 미만 ]**인 키워드나 **포화도가 낮은 키워드를 찾아서 사용하면 네이버에서 상위에 노출될 확률이 높습니다.**

**세 번째, [ 블랙키위 ]** 접속해서 포화도가 낮은 키워드를 입력하고 **[ 키워드 조회 ]**를 해보면 **키워드 등급, 월간 검색량, 월간 블로그 콘텐츠 발행량** 외 다양한 분석 결과를 볼 수 있습니다.